Lingüística General II. Guía docente

Lingüística General II. Guía docente

Juan Luis Jiménez Ruiz

Lingüística General II. Guía docente.

© Juan Luis Jiménez Ruiz

ISBN: 978-84-15787-94-5
Depósito legal: A 403-2013

Edita: Editorial Club Universitario Telf.: 96 567 61 33
C/ Decano, n.º 4 – 03690 San Vicente (Alicante)
www.ecu.fm
e-mail: ecu@ecu.fm

Printed in Spain
Imprime: Imprenta Gamma Telf.: 965 67 19 87
C/ Cottolengo, n.º 25 – 03690 San Vicente (Alicante)
www.gamma.fm
gamma@gamma.fm

«Quien dice hombre, dice lenguaje, y quien dice lenguaje, dice sociedad».

C. Lévi-Strauss

Índice

INTRODUCCIÓN

La buena acogida que ha tenido *Lingüística general I* nos ha hecho plantearnos la necesidad de elaborar otra Guía docente, en este caso para la enseñanza y aprendizaje de la segunda parte de la asignatura de Lingüística. Fruto de ello es el libro que ahora presentamos: *Lingüística general II*.

Como la otra Guía anterior, *Lingüística general II* pretende ser un portafolio de trabajo que oriente al alumno en el estudio riguroso del fenómeno de las lenguas. Por ello, la podemos considerar también como un proceso de toma de decisiones que se realiza con anterioridad a la práctica del curriculum, indicando lo que se pretende alcanzar, el por qué y el cómo se piensa conseguir. En este sentido, ofrece al alumno una propuesta coherente que le debe orientar en el proceso de enseñanza y aprendizaje de nuestro objeto de estudio, reflexionando sobre.

a) La segunda y la tercera vía de acercamiento a nuestro objeto de estudio, esto es, la Teoría de las lenguas y la Teorías de las Gramáticas.

b) El conjunto de objetivos a través de los cuales se puede concretar el curriculum.

c) Los contenidos que constituyen el temario de nuestra materia.

d) La metodología docente y el plan de trabajo propuesto.

e) El cronograma temporal específico para que el alumno conozca el desarrollo programático tanto de los contenidos que se van a impartir en clase, como de las actividades prácticas que se deben realizar

f) Los medios bibliográficos que pueden ayudarle en este proceso.

g) Y, finalmente, el sistema con el que será evaluado.

Todo ello se concreta en esta nueva *Guía* docente con la que pretendemos abordar la enseñanza y el aprendizaje de los contenidos de la asignatura *Lingüística general II*. Se trata de un portafolio docente en el que, junto a los contenidos de los temas podemos encontrar una serie de ejercicios y comentarios de textos que pueden realizarse en la propia Guía.

Así, una vez que hemos cubierto con el aprendizaje de *Lingüística general I* la primera vía de los estudios lingüísticos (la *Teoría del lenguaje*), proponemos en esta Guía otra forma de completar estos estudios. Se trata de una aproximación *metodológica* ya, concretada en el análisis lingüístico de nuestro ámbito disciplinario a través de las lenguas como objetos materiales que actualizan nuestra capacidad de lenguaje. Así, iniciamos la *segunda vía* de estudios lingüísticos (la *Teoría de las lenguas*), precisando primero los distintos *niveles de análisis* que se pueden realizar (Capítulo 1), y realizando después un análisis lingüístico desde un planteamiento *intradisciplinar*, es decir estudiando las distintas *divisiones* de la Lingüística (Fonética y Fonología (Capítulo 2), Morfología y Sintaxis (Capítulo 3), Lexicología y Semántica (Capítulo 4)). Continuaremos, tras ello, con el análisis de la Lingüística desde un planteamiento *interdisciplinar*, estudiando en este caso tanto las *ramas de la Lingüística teórica* (Capítulo 5) como las de la *Lingüística aplicada* (Capítulo 6).

Ya sólo nos quedaría por cubrir la *tercera vía* de estudios lingüísticos; a saber, la que reflexiona sobre el propio conocimiento del objeto lingüístico. Se trata de la *Teoría de las gramáticas* que adopta la perspectiva *epistemológica* y que estudiaremos en el capítulo 7.

Para ello, estructuramos los capítulos del libro en una serie de apartados que ayudan a su comprensión y aprendizaje. En primer lugar, la plasmación del *cronograma* específico del tema, que presenta de forma resumida el tiempo en el que se va a tratar el tema en cuestión (una, dos o tres semanas), las horas presenciales (tanto teóricas como prácticas) en las que se va a impartir y los contenidos que se van a explicar en cada una de ellas o las actividades que se van a realizar; las horas no presenciales y lo que el alumno debe realizar en cada una de ellas (lectura previa del tema y anotación de dudas antes de su explicación en clase, resumen del tema, ejercicios prácticos, comentarios de textos, lecturas, autoevaluación, etc.).

Cada capítulo continúa con la presentación de los *objetivos* que deben conseguirse al final del proceso de enseñanza y aprendizaje, con objeto de que el alumno oriente el estudio de los contenidos.

A continuación señalamos las *palabras clave*, o nociones más relevantes sobre las que el alumno debe dirigir su atención cuando estudie el capítulo.

Después, presentamos un índice de los contenidos, con objeto de que el alumno sepa la estructura u *organización que los contenidos* presentan a lo largo del capítulo y tenga así una visión panorámica de los mismos. Además, este esquema general le orientará a la hora de realizar un resumen panorámico del tema que tendrá que hacer en páginas posteriores, demostrando así su capacidad de síntesis y estructuración.

Tras ello, explicamos ya los *contenidos* del capítulo desarrollando los distintos epígrafes en los que lo hemos estructurado con anterioridad. En este apartado hemos evitado las referencias bibliográficas con objeto de posibilitar la lectura fluida y facilitar el estudio.

Finalizamos los contenidos de cada capítulo con un resumen general de los mismos que debe servir al alumno como síntesis globalizante.

Precisamente este deseo didáctico mencionado es el que justifica que junto a los contenidos mencionados, articulemos también une serie de *actividades sugeridas,* que se desarrollarán dependiendo de cada curso en concreto y de los principales aspectos que interesen o preocupen al alumnado. En primer lugar dejamos un espacio abierto para que el alumno anote las dudas que le surgen tras la lectura de los distintos puntos del tema y después su resolución, ya sea por las clases recibidas, el estudio personal o las tutorías realizadas. Después presentamos una serie de *cuestiones* que el alumno debe contestar, para finalizar con unos textos que debe *comentar* según un modelo propuesto.

En el apartado de las *lecturas recomendadas,* ofrecemos una serie de referencias bibliográficas que ayudarán a profundizar en el contenido de cada capítulo.

Continúa una serie de *ejercicios de autoevaluación* constituidos por una serie de preguntas, cada una de ellas con tres alternativas de respuestas, orientadas a que el alumno pueda comprobar en qué medida va progresando en el aprendizaje y reorientar el estudio en función de los ejercicios realizados. Se le pide, además, que justifique la respuesta decidida y que exprese también las razones que invalidan la corrección de las restantes respuestas.

Finalmente, junto a la *bibliografía general* sobre el tema, ofrecemos un *glosario* de las principales nociones lingüísticas aparecidas en el capítulo. La razón es que una de las grandes dificultades que conlleva la enseñanza y aprendizaje de nuestra disciplina estriba precisamente en el carácter excesivamente hermético de su terminología. Para paliar en lo posible la incomprensión que este hecho pueda suponer, presentamos estos *glosarios* en los que explicamos aquellos términos que puedan suscitar más dificultad, precisando el sentido con el que aparecen en el capítulo, con el fin de que el alumno pueda localizar rápidamente la aclaración pertinente. Puesto que a veces las nociones se repiten a lo largo de los capítulos y puede ser difícil su localización, ofrecemos al final del libro un *glosario general* en el que situamos las nociones lingüísticas que aparecen definidas en los glosarios que figuran en los distintos capítulos del libro, indicando el número del capítulo o capítulos en los que pueden consultarse las distintas acepciones de las mismas.

Junto a este glosario general, el texto concluye con una *bibliografía básica.* En ella renunciamos a las largas listas de obras, carentes de sentido, para adoptar una propuesta más razonable y eficaz que tenderá, no ya al conocimiento pormenorizado de las obras, sino de las directrices fundamentales del pensamiento lingüístico entre los que se mueven los hilos del entramado bibliográfico, todo ello dirigido desde una actitud de justa objetividad en la que no cabrán ni el dogmatismo excluyente ni el eclecticismo enciclopedista indiscriminado. Presentamos, por tanto, el complemento bibliográfico de los repertorios generales (bibliografía general sobre Lingüística, enciclopedias y panorámicas de la Lingüística y diccionarios terminológicos), que servirán de orientación al alumno en el proceso de enseñanza y aprendizaje.

Finalmente, en la última página de la Guía, proponemos también el *Contrato de aprendizaje* que debe ser firmado tanto por el alumno como por el profesor, planteando el compromiso del alumno para realizar todas las cuestiones que se le proponen en la Guía así como el reconocimiento de su autoría en esta realización.

Sería el momento ahora de agradecer a todos los que de una forma directa o indirecta nos han ayudado a la realización de este trabajo, ya sea mediante sus obras respecto al tema, consejos o aportaciones teóricas en las que nos basamos. Pero serían tantos que preferimos no hacer una larga lista. Sin embargo, sí queremos en su lugar recordar aquí que somos quienes somos gracias a los *maestros* que nos enseñaron y a los cuales nunca les estaremos lo suficientemente agradecidos. Y también a nuestros alumnos, que cada año, con su quehacer académico nos han ayudado a perfilar mejor el modelo de trabajo propuesto.

Finalmente, sólo nos queda señalar que si con esta nueva *Guía* el proceso de enseñanza y aprendizaje de la Lingüística general llega a buen fin, nos sentiremos satisfechos. Aunque, de todos modos, si en algo hemos ayudado a nuestros alumnos a mejorar este proceso, el esfuerzo seguirá valiendo la pena. Lo tenemos claro.

ESPECIFICACIONES DE LOS ELEMENTOS DE LA GUÍA DOCENTE

1. IDENTIFICACIÓN/CONTEXTUALIZACIÓN.

Esta asignatura continúa ofreciendo en su contenido los pilares básicos de lo que se ha consagrado con el título de **Lingüística general**. En última instancia, el curso está al servicio de una gran finalidad, que podríamos formular en términos de *conocimiento* de las bases y fundamentos de todo discurrir en el dominio de la Lingüística y de todo futuro trabajo en la materia, y de *aplicación* a la descripción del sistema lingüístico; todo ello mediante un acercamiento al objeto lingüístico, en el caso de Lingüística general II, a través ahora de la *Teoría de la lengua* (segunda vía de los estudios lingüísticos) y la *Teoría de la Gramática* (tercera vía de los estudios lingüísticos).

2. REQUISITOS.

Como ya explicamos con anterioridad[1], para establecer estos requisitos, hemos realizado a lo largo de años de docencia un análisis de las dificultades a las que se enfrentaban los alumnos y que tenían consecuencias negativas en la evaluación de la materia. En realidad, no existen requisitos previos de obligado cumplimiento para los alumnos, ya sea por exigencias legales o administrativas (titulación previa, por ejemplo), pero sí recomendaciones, que mejorarán el resultado académico final.

Aunque podemos admitir que los alumnos tienen un nivel de conocimientos previos derivados del aprendizaje de las lenguas en el bachillerato y podíamos planificar nuestra asignatura contando con el conocimiento de tal base teórica y metodológica, creemos más útil didácticamente renunciar a presuponer conocimientos previos de Lingüística por varias razones:

---

[1] Cf. Nuestro trabajo, AAVV, Propuesta metodológica para la aplicación de créditos ECTS en Lingüística, *apud* Martínez, M. A. y V. Carrasco, *La multidimensionalidad de la Educación universitaria*, Marfil, Alcoy, 2007, pp. 421-438.

1.   Porque han estudiado lenguas y no lingüística, supeditando los conocimientos lingüísticos adquiridos al aprendizaje de una lengua en concreto, ya sea español, valenciano, inglés, etc.

2.   Porque, debido a lo anterior, los conocimientos en el ámbito de la teoría del lenguaje son muy reducidos.

3.   Porque planificar la asignatura contando con el conocimiento de la Teoría lingüística por parte de todos los alumnos podría suponer la dificultad por parte de una mayoría para seguir con buen ritmo el curso.

4.   Porque la experiencia nos ha confirmado que alumnos sin ninguna base inicial han ido madurando y han superado sin dificultad el aprendizaje de nuestra asignatura.

Por todo ello, renunciamos a los conocimientos previos en Lingüística general planificando el proceso de enseñanza y aprendizaje de tal manera que todos los alumnos, con o sin nivel inicial, puedan seguir la marcha del curso.

De ningún modo ello quiere decir que conocimientos lingüísticos adquiridos previamente durante el bachillerato no vayan a repercutir positivamente en el proceso de enseñanza y aprendizaje de nuestra materia. Sin embargo, lo harán en una propuesta teórica diferente, con unos objetivos también distintos a los adquiridos durante su formación previa: el conocimiento de la organización metodológica que prepara la esquematización de la descripción estructural de los distintos sistemas lingüísticos.

También consideramos necesarios unos requisitos, en forma de *competencias y contenidos mínimos* que, aún siendo comunes a todas las asignaturas de Filología, son imprescindibles para superar el estudio de la Lingüística. Entre las *competencias* mínimas que deben exigirse a un alumno de primero de Filología en la asignatura de Lingüística podemos destacar las siguientes:

1.   Capacidad de expresión oral y escrita de forma correcta, clara y coherente en la lengua vehicular.

2.   Capacidad de lectura y escucha comprensiva.

Por lo que se refiere a los *contenidos* mínimos, y debido a que la asignatura de "Lingüística" no existe como tal en los estudios preuniversitarios, tal como decíamos anteriormente, se entiende que nuestros alumnos parten de cero en lo relativo a conocimientos teóricos sobre la materia, si bien es cierto que en otras asignaturas cursadas durante el Bachillerato tales como "Castellano" y "Valenciano" sí se ofrecen informaciones y referencias que pueden ser aprovechadas en el primer curso de lingüística ya en la universidad. En concreto, es muy usual que los alumnos hayan leído a instancias del profesor en la asignatura de valenciano alguna obra sobre cuestiones sociolingüísticas (como, por ejemplo, *Manual de sociolingüística per a joves, Mal de llengües, Una imatge no val més que mil paraules*, etc.). Teniendo todo ello en cuenta, podemos establecer como contenidos mínimos los siguientes:

1. Conocimiento de la realidad lingüística de España y del mundo
2. Dominio de la gramática básica de la lengua propia y conocimientos básicos de sintaxis aplicables a cualquier lengua.
3. Dominio de un vocabulario amplio de la lengua propia, con especial atención a la terminología lingüística básica.
4. Conocimientos básicos de una segunda lengua para poder, por un lado, entender determinados fenómenos lingüísticos generales de todas las lenguas y los ejemplos a este respecto se pongan en la clase, y, por otro lado, para acceder en su caso a bibliografía de especial interés escrita en inglés o francés.

3. OBJETIVOS/RESULTADOS DE APRENDIZAJE.

Teniendo en cuenta el perfil de la titulación de los distintos grados de Filología, las previsiones globales que queremos obtener de los alumnos al final del proceso de enseñanza y aprendizaje de nuestra materia son las siguientes:

A) Objetivos conceptuales

1. Comprender la organización metodológica del signo lingüístico, valorando la importancia de la noción de nivel y la de las distintas disciplinas encargadas de la descripción del signo.
2. Comprender la estructuración del plano de la expresión del signo lingüístico desde una aproximación lineal, determinando las disciplinas que lo estudian y especificando sus objetos.
3. Entender la noción, estructura y tipos de unidades lingüísticas del plano de la expresión.
4. Comprender la estructuración del plano del contenido gramatical del signo lingüístico desde una aproximación lineal, determinando las disciplinas que lo estudian y especificando sus objetos.
5. Conocer las unidades lingüísticas del plano del contenido gramatical.
6. Comprender la estructuración del plano del contenido lexicosemántico del signo lingüístico desde una aproximación lineal, determinando las disciplinas que lo estudian y especificando sus objetos.

7. Conocer las unidades lingüísticas del plano del contenido lexicosemántico.

8. Valorar la importancia del texto como unidad cualitativamente superior.

9. Comprender la situación y los marcos de existencia de los hechos lingüísticos y las ramas de la Lingüística que se han acercado a ellos tomándolos como objeto de estudio e investigación.

10. Entender los fundamentos de la Psicolingüística a partir de las distintas aportaciones teóricas a lo largo de la historia.

11. Conocer los fundamentos de la Neurolingüística así como su trayectoria histórica hasta ser entendida tal y como se hace en la actualidad.

12. Entender en qué consiste la Sociolingüística, valorando las distintas aportaciones teóricas y sus líneas principales de investigación en la actualidad.

13. Comprender la importancia de la Pragmática en la Lingüística actual, conociendo sus teorías más importantes.

14. Conocer en qué consiste la Antropología lingüística, diferenciándola de la Sociolingüística y valorando la importancia de los análisis conversacionales.

15. Adquirir una visión panorámica de las principales aportaciones en el ámbito de la Filosofía del lenguaje.

16. *Comprender* la noción de Lingüística aplicada así como su ámbito disciplinario.

17. *Conocer* el ámbito de la Glosodidáctica, valorando los distintos métodos educativos así como la importancia del enfoque comunicativo en el proceso de enseñanza y aprendizaje de una lengua.

18. *Conocer* el ámbito disciplinario de la Traductología realizando una breve aproximación histórica.

19. *Entender* la noción de Planificación lingüística, conociendo sus principales objetivos así como el proceso de aplicación.

20. *Relacionar* el ámbito de la Lingüística clínica con la Neurolingüística, comprendiendo sus distintas áreas de exploración.

21. *Conocer* el ámbito de la Lingüística computacional así como algunos trabajos realizados, valorando sus ventajas e inconvenientes.

B) Objetivos procedimentales

1. Aplicar las técnicas instrumentales para la investigación lingüística.
2. Desarrollar las destrezas para la utilización de estas técnicas.

3. Desarrollar la capacidad de comprender y elaborar discursos propios del ámbito académico, manejando las nociones básicas y las teorías más relevantes de las disciplinas lingüísticas y aprendiendo los procedimientos de trabajo intelectual.

4. Aplicar los conocimientos teóricos en la realización de una serie de actividades prácticas sobre los contenidos de la asignatura.

C) Objetivos actitudinales

1. Ser consciente del papel de las lenguas en la conformación de las culturas de las comunidades que las hablan.

2. Ser consciente de la importancia de esta disciplina en la configuración de los estudios filológicos, ubicándola en el conjunto de las ciencias humanas.

3. Desarrollar una visión personal y razonada de la disciplina lingüística.

4. Valorar la importancia de la diversidad lingüística, entender la igualdad de las lenguas y ser sensible a las consecuencias negativas de la desaparición de las lenguas.

5. Desarrollar una actitud de respeto e interés hacia todas las lenguas, a partir de la identificación de los patrones formales y funcionales comunes a todas ellas.

4. CONTENIDOS.

El temario de nuestra materia refleja el marco común al que debe acomodarse su tarea educativa (por ello se afirma el carácter normativo del mismo), adecuándose a los objetivos anteriores.

En este sentido, y puesto que se plantea en términos prescriptivos, podemos referirnos a él como el conjunto de experiencias de aprendizaje que deben pasar los alumnos que cursen nuestra materia.

Desde el ámbito funcional (atendiendo a su capacidad para generar una dinámica educativa efectiva), el temario está vinculado a determinadas condiciones, entre las que podríamos destacar las siguientes[2]:

A) Su virtualidad para integrar lo antiguo y válido todavía con las nuevas propuestas tanto teóricas como metodológicas.

B) La posibilidad de introducir ordenadamente la visión particular del profesor que elabora el mismo.

---

[2] Véase para todo ello, M. A. Zabalza, *Diseño y desarrollo curricular*, Narcea, Madrid, 1991, pp. 16 y ss.

C) La posibilidad de verificar la adquisición de la competencia glotológica al final del período de enseñanza y aprendizaje, atendiendo a los diferentes puntos programáticos.

D) El hecho de concretar desde el principio de la tarea educativa los puntos principales sobre los que va a trabajar el profesor, para que exista un conocimiento directo por parte del alumno de la planificación general del curso.

E) Finalmente, esto exige una indicación del compromiso que se les pide a los alumnos para la superación de la asignatura, haciéndoles conscientes del sentido y dirección del proceso formativo y de la colaboración que deben prestar para el éxito final[3].

Todo ello pone de relieve la necesidad de cuidar los aspectos formales de nuestro temario con el objeto de evitar la ambigüedad. En este sentido, el temario no sólo debe estar formulado en términos claros y comprensibles, sino que debe presentarse con caracteres de legibilidad, descifrabilidad y practicabilidad, para que sea una ayuda al alumno y no una complicación añadida.

A su vez, en el aspecto epistémico, la selección de los contenidos debe hacerse atendiendo, primero, a la particular concepción que el profesor tenga de la asignatura (por lo que, lo que ofrecemos ahora, es simplemente una sugerencia teórica, susceptible, obviamente, de ampliaciones o restricciones y, en definitiva, de un desarrollo distinto al que proponemos, fruto de la visión particular de cada profesor) y, segundo, a los aspectos prácticos de todo desarrollo curricular; a saber, el número de créditos, el tiempo disponible, los objetivos de esta materia respecto de los de la titulación en que se inserta y la amplitud temática.

Por ello, podemos decir que el temario, en cuanto maqueta de lo que es el *iter* formativo para el conjunto de los alumnos es una pieza de considerable importancia en el modelo curricular universitario y, consecuentemente, en la *Guía docente* que presentamos.

Considerados todos estos aspectos, hemos decidido establecer 6 unidades temáticas que se agrupan a su vez en varios módulos, tal como puede verse a continuación:

---

[3] Un interesante trabajo en el que se organizan las principales funciones tanto de profesores como de alumnos en el diseño curricular puede verse en C. Scurati, *apud* F. Frabboni (ed.), *L'Innovazione nella Scuola*, La Nuova Italia, Florencia, 1982, pp. 85-123.

MÓDULO I. SEGUNDA VÍA DE LOS ESTUDIOS LINGÜÍSTICOS: LA TEORÍA DE LAS LENGUAS. DIVISIONES DE LA LINGÜÍSTICA.

Tema 1: La organización estructural de las lenguas: divisiones y ramas de la Lingüística.

1. La estructuración de nuestro objeto de estudio: divisiones y ramas de la Lingüística.
2. La organización estructural de las lenguas.
3. Distintas propuestas de organización estructural del signo lingüístico.
4. El método estructural en Lingüística.
5. La estructura lingüística desde la postura tipológica.

Tema 2: Las unidades lingüísticas del plano de la expresión.

1. Fonética y Fonología Objetos y diferencias. Visión histórica.
2. La Fonética: distintos planteamientos.
3. La Fonología: distintos planteamientos.
4. Las unidades del plano de la expresión.
5. Los sistemas del plano de la expresión.
6. La estructura del sistema foneticofonológico.

Tema 3: Las unidades lingüísticas del plano del contenido gramatical.

1. Visión histórica.
2. La Morfología y la Sintaxis como disciplinas autónomas.
3. La concepción unitaria del contenido gramatical.
4. Las unidades del plano del contenido gramatical.
5. La estructura del sistema morfosintáctico.

Tema 4: Las unidades lingüísticas del plano del contenido lexicosemántico.

1. Visión histórica.
2. La Lexicología: distintos planteamientos.
3. La Semántica: distintos planteamientos.
4. Las unidades del plano del contenido absoluto.
5. Los sistemas del plano del contenido absoluto.
6. La estructura del sistema lexicosemántico.
7. Relaciones sémicas.
8. El nivel textual.

MÓDULO II. SEGUNDA VÍA DE LOS ESTUDIOS LINGÜÍSTICOS: LA TEORÍA DE LAS LENGUAS. RAMAS DE LA LINGÜÍSTICA.

Tema 5: Las ramas de la Lingüística teórica.

1. Introducción. La Lingüística teórica.
2. La Psicolingüística.
3. La Neurolingüística.
4. La Sociolingüística.
5. La Pragmática.
6. La Antropología lingüística.
7. La Filosofía del lenguaje.

Tema 6: Las ramas de la Lingüística aplicada.

1. Introducción. La Lingüística aplicada.
2. La Glosodidáctica.
3. La Traductología.
4. La Planificación lingüística.
5. La Lingüística clínica.
6. La Lingüística computacional.

MÓDULO III. TERCERA VÍA DE LOS ESTUDIOS LINGÜÍSTICOS: LA TEORÍA DE LAS GRAMÁTICAS.

Tema 7: Consideraciones epistemológicas de la Lingüística actual.

1. Planteamiento temático.
2. La vertiente sincrónica de la reflexión glotológica lingüística.
3. Las tesis de la Lingüística desde la Filosofía de la ciencia.
4. Líneas de demarcación entre lo fenomenológico y lo trascendental.
5. Conocimiento del objeto lingüístico y visión del mundo.
6. La vertiente diacrónica de la reflexión glotológica lingüística.
7. La filosofía espontánea de los discursos lingüísticos desde la vertiente historiográfica.
8. Otras formulaciones hermenéuticas.

5. METODOLOGÍA DOCENTE Y PLAN DE APRENDIZAJE.

La asignatura de *Lingüística general II* tiene asignados 6 créditos ECTS, que equivalen a 150 horas de trabajo del alumno. El estudiante tendrá 60 *horas presenciales* (2,4 créditos) en las diversas modalidades descritas a continuación, para las cuales se prevén aproximadamente, según el factor aplicable que consta en el cuadro expuesto en 6.2., unas 90 horas de trabajo personal *no presencial* (3,6 créditos), que sumadas a las 60 anteriores, completan la dedicación prevista para los 6 créditos de la asignatura (150 h. en total).

1/ Las 60 *horas presenciales (2,4 créditos)* se distribuyen del siguiente modo:
• **Sesiones teóricas**, con todo el grupo de estudiantes: 30 h. (1,2 créditos). Se dedicarán a la exposición panorámica de los contenidos de la materia, tras la lectura obligada de la bibliografía que se le indique, con una metodología de enseñanza-aprendizaje basada en la lección magistral, la resolución de dudas y el debate y/u otras estrategias didácticas, como el aprendizaje cooperativo (AC) o el aprendizaje basado en proyectos (PBL), con el objetivo de cubrir principalmente las competencias conceptuales. En el caso de AC y PBL, el elemento vertebrador de la materia no serán sus contenidos, sino el trabajo individual y grupal en torno a casos y proyectos.
• **Sesiones prácticas**, con todo el grupo de estudiantes o con grupos reducidos: 30 h. (1,2 créditos). Las actividades prácticas propuestas para

cada módulo (destinadas a adquirir o profundizar en las competencias procedimentales y actitudinales) se centrarán en una serie de actividades relativas a la aplicación práctica de los contenidos teóricos trabajados en clase. Dichas actividades podrán ser las siguientes:

– Confección de una reseña de uno de los libros de la bibliografía de la asignatura indicada a tal efecto, con el fin de favorecer la reflexión sobre alguno de los contenidos de la materia, así como el progreso en el dominio del discurso académico.

– Confección de un fichero bibliográfico y temático sobre las lecturas realizadas durante el curso.

– Realización de cuadros sinópticos o esquemas en los que aparezcan las principales divisiones y ramas de la Lingüística, las principales aportaciones relativas al estudio del lenguaje a lo largo de la historia, etc.

– Análisis y debates sobre algunos de los tópicos y creencias erróneas más comunes sobre la Lingüística y su objeto de estudio, su estatuto como ámbito del saber, etc. con el fin de conocer realmente la disciplina.

– Comentario de diversos textos sobre el lenguaje, las lenguas y la lingüística.

– Visionado de vídeos con reportajes sobre el lenguaje y posterior redacción de un breve comentario con la valoración personal del mismo: aspectos de mayor interés o novedad, utilidad de cara a la asignatura, etc.

– Búsqueda de documentos escritos o visuales que ejemplifiquen aspectos estudiados a lo largo de la asignatura y posterior análisis de los mismos.

– Realización de ejercicios que conlleven la aplicación práctica de los contendidos así como el uso correcto de la terminología específica de la Lingüística de manera tanto escrita como oral.

– Diseño y resolución de un proyecto a partir de una 'pregunta motriz' de carácter lingüístico.

– Actividades de autoevaluación de los conocimientos mínimos exigidos para superar la materia.

2/ Las 90 horas de *trabajo personal no presencial (3,6 créditos)*, se reparten del siguiente modo:

• **Estudio personal de cada tema**, 36 horas.

• **Realización de ejercicios teóricos y prácticos fuera del horario de cada tema**, 30 horas.

• **Tutorías no presenciales**, en las que, tras el trabajo autónomo del alumno, ya sea individual o en grupo, el profesor podrá comprobar el seguimiento del proceso de enseñanza y aprendizaje, y orientar las prácticas y el estudio de la materia, atendiendo las dudas y consultas tanto de los créditos teóricos como de los prácticos de cada tema. 4 horas por 6 temas 24 horas. El alumno podrá optar por pasar por el despacho del profesor en las horas indicadas para cada tema, ponerse en contacto con el/ella a través del campus virtual en las fechas previstas para cada tema o emplear estas horas en un ejercicio de autoresolución de dudas consultando los materiales disponibles.

ACTIVIDAD DOCENTE	METODOLOGÍA	HORAS PRESEN-CIALES	HORAS NO PRESEN-CIALES
Clase de teoría (T)	Clases teóricas en las que se trabajan los contenidos conceptuales, con una metodología de enseñanza-aprendizaje basada en la lección magistral/participativa, la resolución de dudas, el debate, el aprendizaje cooperativo y/o aprendizaje basado en proyectos.	30	
Clase de problemas (P)	Clases prácticas centradas en la resolución de problemas o casos, desarrolladas con una metodología de aprendizaje basada, según proceda, en la resolución de problemas, el estudio de casos, el análisis crítico de textos, las exposiciones discentes de trabajos individuales o grupales, los debates mediante trabajo individual y colaborativo, etc.	30	
Estudio independiente del alumno	Trabajo con bibliografía y materiales de clase.		36
Trabajo autónomo, individual o en grupo	Realización de ejercicios y actividades teóricas y prácticas.		30
Tutorías	Seguimiento del trabajo del estudiante respondiendo a sus consultas y dudas tanto de los contenidos teóricos de la asignatura como de las actividades prácticas.		24
Total volumen de trabajo		150 HORAS	

6. BIBLIOGRAFÍA GENERAL.

AA.VV. (1983): *Introducción a la lingüística*, Alhambra Universidad, Madrid.

AA.VV. (1999): *Manual de Lingüística*, Xerais, Vigo.

ABAD, F. & GARCÍA BERRIO, A. (1977): *Introducción a la lingüística*, Alhambra, Madrid.

AKMAJIAN, A. *et alii* (1984): *Lingüística: una introducción al lenguaje y a la comunicación*, Alianza Universidad, Madrid.

ALONSO CORTÉS, A. & PINTO, A. (1994): *Ejercicios de Lingüística*, Universidad Complutense, Madrid.

ALVAR, M. (dir.) (2000): *Introducción a la lingüística española*, Ariel, Barcelona.

ARENS, H. (1975): *La lingüística*, Gredos, Madrid.

ATKINSON, M., KILBY, D. & ROCA, I. (1982): *Foundations of General Linguistics*, G. Allen, Londres.

BENVENISTE, E. (1974): *Problemas de Lingüística general*, Siglo XXI, México.

BLOOMFIELD, L. (1976): *Language*, Allen y Unwin, Londres.

CASADO VELARDE, M. (1988): *Lenguaje y cultura*, Síntesis, Madrid, 1988.

CATALÁN, D. (1967): *La lengua de lingüística española y concepción del lenguaje*, Gredos, Madrid.

CERDÁ, R. (1979): *Lingüística hoy*, Teide, Barcelona.

CLARK, H. (1996): *Using language*, Cambridge University Press, Cambridge.

COLLADO, J. A. (1973): *Historia de la lingüística*, Gredos, Madrid.

COLLADO, J. A. (1978): *Fundamentos de lingüística general*, Gredos, Madrid.

COSERIU, E. (1967): *Teoría del lenguaje y lingüística general*, Gredos, Madrid.

COSERIU, E. (1973): *Tradición y novedad de la ciencia del lenguaje*, Gredos, Madrid.

COSERIU, E. (1981): *Lecciones de lingüística general,* Gredos, Madrid.

COSERIU, E. (1986): *Introducción a la lingüística*, Gredos, Madrid.

CHAO, Y. R. (1975): *Introducción a la lingüística*, Cátedra, Madrid.

CHOMSKY, N. (1974): *Estructuras sintácticas*, Siglo XXI, México.

CHOMSKY, N. (1975): *Lingüística cartesiana*, Gredos, Madrid.

CHOMSKY, N. (1970): *Aspectos de la teoría de la sintaxis*, Aguilar, Madrid.

GARCÍA BERRIO, A. (1977): *La lingüística moderna*, Planeta, Barcelona.

GLEASON, H. A. (1975): *Introducción a la lingüística descriptiva*, Gredos, Madrid.

CRANE, L., YEAGER, E. & WHITMAN, R. (1981): *An Introduction to Linguistics*, Brown, Boston.

FERNÁNDEZ PÉREZ, M. (1999): *Introducción a la Lingüística*, Ariel, Barcelona.

FINCH, G. (1998): *How to study Linguistics*, Macmillan, London.

FINCH, G. (2000): *Linguistic terms and concepts*, Series How to Study, Macmillan Press, London.

GRACIA, F. (1972): *Presentación del lenguaje*, Taurus, Madrid.

HEESCHEN, C. (1975): *Cuestiones fundamentales de lingüística*, Gredos, Madrid

HEILMANN, L. (1983): *Linguistica e Umanesimo*, Il Mulino, Bolonia,.

HJELMSLEV, L. (1969): *Prolegómenos a una teoría del lenguaje,* Gredos, Madrid.

HJELMSLEV, L. (1972): *Ensayos lingüísticos*, Gredos, Madrid.

HOCKETT, Ch. (1972): *Curso de lingüística moderna*, Eudeba, Buenos Aires.

JAKOBSON, R. (1975): *Ensayos de lingüística general,* Seix Barral, Barcelona.

JIMÉNEZ RUIZ, J.L. (2001): *Iniciación a la lingüística*, Club Universitario, Alicante.

KURYLOWICZ, J. (1973): *Esquisse Linguistiques*, Wilhem Fink, Munich.

LAMÍQUIZ, V. (1975): *Lingüística española*, PUS, Sevilla.

LAMÍQUIZ, V. (1987): *Lengua española. Métodos y estructuras lingüísticas*, Ariel, Barcelona.

LÁZARO CARRETER, F. (1980): *Estudios de lingüística,* Crítica, Barcelona.

LEPSCHY, G. (1971): *La lingüística estructural,* Anagrama, Barcelona.

LEROY, M. (1974): *Las grandes corrientes de la lingüística*, F.C.E., México.

LLORENTE MALDONADO, A. (1967): *Teoría de la lengua e historia de la lingüística*, Alcalá, Madrid.

LOPE BLANCH, J. M. (1990): *Estudios de historia lingüística hispánica*, Arco/Libros, Madrid.

LÓPEZ GARCÍA, A. *et alii* (1990): *Lingüística general y aplicada*, Universidad de Valencia, Valencia.

LÓPEZ MORALES, H. (ed.) (1983): *Introducción a la lingüística actual,* Playor, Madrid.

LYONS, J. (1975): *Nuevos horizontes de la lingüística*, Alianza, Madrid.

LYONS, J. (1981): *Introducción en la lingüística teórica*, Teide, Barcelona.

LYONS, J. (1993): *Introducción al lenguaje y a la lingüística*, Teide, Barcelona.

MALMBERG, B. (1966): *La lengua y el hombre*, Istmo, Madrid.

MALMBERG, B. (1970): *Los nuevos caminos de la lingüística*, Siglo XXI, México.

MANOLIU, M. (1977): *El estructuralismo lingüístico*, Cátedra, Madrid.

MANTECA, A. (1987): *Lingüística general*, Cátedra, Madrid.

MARCOS MARÍN, F. (1975): *Lingüística y lengua española: introducción, historia y métodos*, Cincel, Madrid.

MARCOS MARÍN, F. (1990): *Introducción a la lingüística. Historia y modelo*, Síntesis, Madrid.

MARCOS MARÍN, R. & SÁNCHEZ LOBATO, J. (1991): *Lingüística aplicada*, Síntesis, Madrid.

MARTÍN VIDE, C. (ed.) (1996): *Elementos de Lingüística*, Octaedro, Barcelona.

MARTINET, A. (1965): *Elementos de lingüística general*, Gredos, Madrid.

MARTINET, A. (1971): *La lingüística sincrónica*, Gredos, Madrid.

MARTINET, A. (1972): *La lingüística*, Anagrama, Barcelona, 1972.

MARTÍNEZ CELDRÁN, E. (1995): *Bases para el estudio del lenguaje*, Octaedro, Barcelona.

MARSÁ, F. (2001): *Nuevos modelos para ejercicio lingüístico*, Ariel, Barcelona.

MEILLET, A. (1921): *Linguistique Historique et Linguistique Générale*, Société Linguistique de París, París.

MORENO CABRERA, J. C. (1991, 1995): *Curso universitario de Lingüística general I, II,* Síntesis, Madrid.

MOUNIN, G. (1969): *Claves para la lingüística*, Anagrama, Barcelona.

MOUNIN, G. (1976): *La lingüística en el siglo XX*, Gredos, Madrid.

MOUNIN, G. (1983): *Historia de la lingüística*, Gredos, Madrid, 1983.

MOURELLE DE LEMA, M. (1977): *Historia y principios fundamentales de la lingüística*, Prensa Española, Madrid.

NEWMEYER, F. (comp.) (1988): *Panorama de la lingüística moderna de la Universidad de Cambridge I. Teoría lingüística: Fundamentos*, Visor, Madrid.

O'GRADY, W., DOBROVOLSKY, M. & KATAMBA, F. (1997): *Contemporary Linguistics. An Introduction*, Longman, Londres.

PALMER, L. R. (1975): *Introducción crítica a la lingüística descriptiva y comparada*, Gredos, Madrid.

PEDRETTI DE BOLÓN, A. (1978): *Antigua y nueva gramática*, Panel editores, Uruguay.

PORZIG, W. (1974): *El mundo maravilloso del lenguaje*, Gredos, Madrid.

POTTIER, B. (1968): *Lingüística moderna y filología hispánica*, Gredos, Madrid.

POTTIER, B. (1968): *Presentación de la lingüística*, Alcalá, Madrid.

POTTIER, B. (1977): *Lingüística general*, Gredos, Madrid.

PRIETO, L. J. (1977): *Estudios de lingüística y semiología generales*, Nueva Imagen, México.

ROBINS, R. H. (1964): *Lingüística general*, Gredos, Madrid.

ROBINS, R. H. (1980): *Breve historia de la lingüística*, Paraninfo, Madrid.

RODRÍGUEZ ADRADOS, F. (1969): *Estudios de lingüística general*, Planeta, Barcelona.

RODRÍGUEZ ADRADOS, F. (1969): *Lingüística estructural*, Gredos, Madrid.

RODRÍGUEZ ADRADOS, F. (1988): *Nuevos estudios de lingüística general y de teoría literaria*, Ariel, Barcelona.

SABIN, A. & URRUTIA, J. (1974): *Semiología y Lingüística general*, Alcalá, Madrid.

SALAZAR GARCÍA, V. (1998): *Léxico y teoría gramatical en la Lingüística del siglo xx*, Sabir ediciones, Barcelona.

SANTERRE, R. (1969): *Introducción al estructuralismo*, Nueva Visión, Buenos Aires.

SAPIR, E. (1974): *El lenguaje*, F.C.E., México.

SAUSSURE, F. de (1945): *Curso de Lingüística general*, Losada, Buenos Aires.

SIMONE, R. (1993): *Fundamentos de Lingüística*, Ariel, Barcelona.

SMITH, N. & WILSON, D. (1983): *Lingüística moderna*, Anagrama Barcelona.

TODOROV, T. (1969): *Introducción al estructuralismo*, Nueva Visión, Buenos Aires.

TRASK, L. (1998): *Language: the basics*, Routledge, Londres.

TUSÓN, J. (1984): *Lingüística. Una introducción al estudio del lenguaje con textos comentados y ejercicios*, Barcanova, Barcelona.

VERA LUJÁN, A. & GARCÍA BERRIO, A. (1977): *Fundamentos de teoría lingüística*, Comunicación, Madrid.

WANDRUSZKA, M. (1980): *Interlingüística. Esbozo para una nueva ciencia del lenguaje*, Gredos, Madrid.

WARDHAUGH, R. (1993): *Investigating Language. Central problems in linguistics*, Blackwell, Oxford.

WIDDOWSON, H. G. (1996): *Linguistics*, Oxford University Press, Oxford.

YLLERA, A. *et alii* (1983): *Introducción a la lingüística,* Alhambra, Madrid.

7. EVALUACIÓN.

La evaluación merece ser destacada especialmente. El curso cuenta con una *prueba presencial final* y un *trabajo teórico práctico continuo* que determinarán la nota de la asignatura *Lingüística general II.*

Veamos cada elemento:

1/ La *prueba presencial final* versará sobre los temas del primer y segundo módulo temático y se realizará en la fecha que determine el calendario oficial de exámenes.

El contenido de la prueba se centra en la *información comprendida y recordada*, siendo la básica, esencial, y exigible la trabajada en las clases así como la contenida en la bibliografía que se recomiende para cada tema.

2/ El *trabajo teórico práctico continuo* consistirá en la realización de una serie de actividades que permitirán al alumno la adquisición de las competencias procedimentales y actitudinales propuestas para el presente curso.

Por tanto, la evaluación del aprendizaje de los alumnos en relación con los objetivos de la asignatura de *Lingüística general II* se realizará de manera continuada a lo largo del curso y mediante un examen final. Los porcentajes de evaluación serán los siguientes:

• El 50% de la calificación final corresponde al examen en el que se valorará la consecución de las competencias conceptuales.

• El 40%, corresponde a las actividades teórico prácticas anteriormente descritas, mediante las que se juzgarán las competencias procedimentales y actitudinales.

• Y el 10% restante, se valorará teniendo en cuenta la asistencia, la atención y participación en clase, así como el seguimiento de los debates y actividades ya sea en clase o a través del campus virtual, lo cual permitirá evaluar también las competencias actitudinales.

EVALUACIÓN		DESCRIPCIÓN CRITERIOS	PORCENTAJE
Evaluación continua	Pruebas escritas/orales	5,6,7,8,9	40%
	Asistencia, atención y participación en clase	10	10%
Prueba final		1,2,3,4	50%

El estudio de la asignatura no es un mero *conocer* hechos o datos, sino que implica *comprensión, aplicación* y *valoración,* así como la *síntesis personal,* fruto del estudio reflexivo. La preparación, por tanto, de las pruebas debe realizarse teniendo en cuenta los criterios e instrumentos que se indican a continuación, entre los que el profesor podrá optar en cada momento por aquellos que considere más adecuados.

INSTRUMENTOS DE EVALUACIÓN	CRITERIOS DE EVALUACIÓN	OBJETIVOS EVALUADOS	POR-CEN-TAJE
1. Realización de cuadros sinópticos o esquemas para la organización de los contenidos globales correspondientes al tema que se le requiera.	Con este ejercicio se pretende apreciar la capacidad de sintetizar, ordenar y estructurar una información de cierta amplitud	Conceptuales Todos las descritos en el apartado 3. sobre Objetivos/ resultados de aprendizaje en relación a las competencias de la titulación; a saber: 1,2,3,4,5,6,7,8.	50%
2. Desarrollo de los contenidos que se le propongan al alumno a través de la formulación de preguntas específicas que serán respondidas de manera breve o más amplia, según se le indique.	Las claves de valoración de este ejercicio residen además de en los aspectos materiales, tales como la presentación, corrección ortográfica, y la calidad en la expresión, en el nivel de información, la estructuración personal, la documentación científica en que se basa, el dominio y precisión en el uso técnico del lenguaje, y la calidad en la argumentación.		

3. Tema o prueba de ensayo, que debe presentar una estructura clara y, en la medida de lo posible, seguir el esquema siguiente: Introducción: * Requiere definir y delimitar el ámbito del tema propuesto desde una perspectiva sistemática como histórica o comparativa, insertándolo dentro de su contexto temático. * Destacar los aspectos esenciales de la cuestión propuesta señalando los puntos principales sobre los que giran su problemática. * Exponer el plan de trabajo que se va a seguir en el desarrollo y su lógica interna elaborando un esquema. Desarrollo: * Debe seguirse el plan de trabajo expuesto en la introducción y no otro. El desarrollo puede ser sincrónico, diacrónico, teórico, metodológico, etc. * Sería el momento de incluir gráficos y ejemplos si el tema así lo requiere. Conclusiones: * Tiene que ofrecer una respuesta clara (una o varias, obviamente) a la problemática que el tema plantea. * Según el nivel de objetivación que el tema requiera, el alumno podrá o no introducir sus propias conceptualizaciones y reflexiones sobre el mismo. Bibliografía: * Para terminar, el alumno deberá reflejar la relación de textos a los que se ha hecho referencia a lo largo del tema y que le han servido para su preparación. * También podrá citarse el resto de los trabajos conocidos relativos a dicho tema.	Las claves de valoración de esta prueba residen además de en los aspectos materiales, tales como la presentación, corrección ortográfica, y la calidad en la expresión, en el nivel de información, la estructuración personal, la documentación científica en que se basa, el dominio y precisión en el uso técnico del lenguaje, y la calidad en la argumentación.		

4. Glosario terminológico. En este ejercicio, el alumno deberá definir las nociones que se le planteen, indicar las nociones que se correspondan con las definiciones propuestas o relacionar definiciones con nociones.	La claridad, precisión y brevedad de las respuestas son los criterios a tener en cuenta.		
5. Realización de una serie de actividades sugeridas, ya sean éstas, ejercicios prácticos, cuestiones breves o pruebas objetivas, del mismo tipo de las planteadas en el apartado de actividades.	En el caso de los ejercicios, se toman en consideración tanto la corrección del planteamiento inicial y su justificación, como la correcta elaboración. En el de las cuestiones, la claridad, conocimiento, y dominio en el uso técnico del lenguaje serán los criterios de valoración. Y, finalmente, en el de las pruebas objetivas, la elección de la respuesta correcta entre varias alternativas.	Procedimentales y actitudinales. Todos los descritos en el apartado 3 sobre Objetivos/resultados de aprendizaje en relación a las competencias de la titulación; a saber, 9,10,11,12, 13,14,15,16,17.	40%
6. Realización de una serie de comentarios de texto lingüísticos a partir de las lecturas recomendadas. Aquí el alumno pondrá de relieve la lectura y conocimiento de los textos señalados, analizando críticamente los textos que se le presenten, contestando a las preguntas que se le formulen sobre los mismos, o identificando sus autorías con la consiguiente justificación.	Para los comentarios, se valorará la capacidad de análisis y crítica, el conocimiento sobre los temas planteados, la correcta identificación de autores o épocas y la capacidad para articular una valoración personal.		

7. Redacción de una reseña, atendiendo al siguiente esquema: * Referencia bibliográfica completa de la obra. * Breve información sobre el autor. * Presentación de la obra. * Descripción del esquema del libro. * Resumen del contenido. * Descripción de los recursos utilizados. Crítica de la obra y conclusión.	Los criterios a tener en cuenta son la adecuación a la extensión máxima propuesta, por lo que ello implica de capacidad de síntesis, la corrección en la redacción, la adecuación de lo expuesto con los contenidos de la obra reseñada y la calidad de la exposición, la argumentación y la opinión personal.		
8. Confección de ficheros (temático y bibliográfico) sobre las lecturas realizadas en el curso	Con este trabajo se pretende apreciar la capacidad de sintetizar, ordenar y estructurar las lecturas realizadas durante el curso y la bibliografía general consultada.		
9. Diseño y elaboración de un proyecto a partir de una 'pregunta motriz' de carácter lingüístico. Sus objetivos son: * Integrar conocimientos y habilidades de varias áreas. * Desarrollar habilidades intelectuales de nivel alto. * Promover el aprendizaje y trabajo independientes. * Promover el trabajo en equipo. * Promover la autoevaluación.	Los principales criterios a tener en cuenta serán: * Establecer un plan detallado de trabajo. * Identificar fuentes de información. * Entrega de un primer borrador del proyecto. * Escribir un informe global. * Presentar y defender el proyecto en público.		

	Se tendrá en cuenta la asistencia, atención y participación activa en las clases y tutorías, así como la implicación personal respecto de los objetivos de la asignatura; el dominio y manejo adecuado de los aspectos teóricos de la materia y del metalenguaje especializado y profesional; el cumplimiento de los requisitos de realización (fechas, formatos, etc.) de las actividades; etc.	Actitudinales. Todos los descritos en el apartado 3. sobre Objetivos/resultados de aprendizaje en relación a las competencias de la titulación; a saber, 13,14,15,16,17.	
10. Seguimiento personalizado a través de las tutorías presenciales y no presenciales, las clases teóricas y las prácticas			10 %
Total			100%

-   Si el(la) alumno(a) suspendiese la prueba final, pero hubiese aprobado la tareas académicas dirigidas correspondientes a la actividad tutorada, esta última nota se le guardará para la siguiente convocatoria dentro del mismo curso académico; en caso contrario, el(la) alumno(a) podrá recuperar esa parte, si el profesor lo aprueba, con las actividades que le proponga el profesor.

-   Los alumnos que no puedan asistir a las diversas modalidades organizativas previstas de modo justificado o estén matriculados a tiempo parcial, deberán ponerse en contacto con el profesor para establecer un contrato de aprendizaje específico.

-   A todos los ejercicios de la asignatura escritos en español se aplicará el *Baremo de reducción de puntuación* aprobado por el Consejo de Departamento de Filología Española, Lingüística General y Teoría de la Literatura (08/07/2003); a saber, la reducción de 0,5 puntos por cada falta de tipo A y 0,25 puntos por cada falta de tipo B, de acuerdo con el siguiente detalle:

Tipo A = Falta grave	1. Se consideran faltas graves las de ortografía, excluidos los acentos; la invención de palabras no incluidas en los diccionarios normativos y de uso de la lengua española o que no se consideren como tecnicismos del área de conocimiento o campo científico en cuestión; el uso de palabras con significado distinto del que tienen, por confusión con otras; los errores que atenten contra las normas elementales de la gramática, etc.
	2. Se tendrán en cuenta a partir de la segunda falta en el primer ciclo y a partir de la primera en el segundo.
	3. Sólo se computará una falta por palabra, aunque ésta contenga más de un error. Si la misma palabra apareciera erróneamente más de una vez, incluso con errores diferentes, se computaría una sola falta.
Tipo B = Falta leve	1. Se consideran faltas leves las de acentuación, puntuación, uso de mayúsculas y minúsculas, cursiva, comillas, etc.
	2. Se computará una falta por cada diez errores de estos tipos.

8. EVALUACIÓN DEL PROCESO DOCENTE.

8.1. Valoración del alumnado.

Se trata de una asignatura en la que se van a utilizar diferentes metodologías docentes y estrategias de aprendizaje. Su aplicación supone el desarrollo de un proceso de evaluación continua en la que se tendrá en cuenta la opinión y participación del alumnado, tanto individual, como colectiva; la calidad de las contribuciones y, especialmente, la motivación mostrada por el alumnado por la asignatura. Por esta razón, en el desarrollo de la misma se tendrá en cuenta las reacciones del alumnado, las sugerencias que puedan ir realizando en la mejora del proceso docente, en las dificultades que puedan ir encontrando en su proceso de aprendizaje y en la evaluación de los aprendizajes.

Es obvio que la opinión de los alumnos resulta fundamental para evaluar el proceso docente, pues su visión es insustituible. Su valoración por lo que respecta a la metodología y actuación del profesor, los contenidos de la asignatura y su adecuación tanto a los objetivos de la misma como a los del grado, las actividades prácticas propuestas, los métodos de evaluación, etc. ayudan a ir perfilando año a año el programa de la materia en un sentido amplio. En el caso del PBL, esta evaluación se realizará también mediante Cuestionarios de Incidencias Críticas (CUICs) a lo largo de la materia.

La cuestión es cómo obtener esa información de una manera fidedigna. Un modo, por supuesto, en la propia encuesta que el ICE realiza desde hace años a los alumnos sobre estos temas, muy completa y detallada, que ofrece al profesor la ventaja de no tener que preocuparse de elaborarla ni de pasarla y cuyos resultados, en forma también de gráficas fácilmente interpretables, le son remitidos a través del campus virtual. El único inconveniente es que ésta es una evaluación que se realiza al final del curso y cuyas conclusiones sólo pueden ser aplicadas en el curso siguiente, con otro grupo que tal vez tenga otras características. Otro modo de ir haciendo un seguimiento de la marcha del curso, más personal y por ello también quizá más subjetivo, pero también tradicionalmente utilizado, es simplemente ir chequeando la opinión de los alumnos respecto a todas estas cuestiones, de modo que se tenga tiempo durante el propio curso para realizar alguna modificación que sea pertinente.

8.2. Valoración del profesorado y decisiones de cambio.

Para valorar el proceso docente y del profesorado se tiene previsto la realización de encuestas orales y escritas al alumnado. También se tendrán en cuenta las opiniones de otros profesores del departamento sobre posibles mejoras en aquellos aspectos en los que se observen problemas y carencias.

En el caso de observar situaciones que generen problemas que afecten al conjunto o a buena parte del alumnado, se decidirá realizar cambios consensuados que sirvan para corregir y mejorar la situación, siempre en beneficio del proceso de aprendizaje de los estudiantes.

Además de la opinión de los alumnos, la del propio profesor resulta también, como es lógico, crucial. Los instrumentos que puede usar el docente para autoevaluarse y evaluar también la marcha del curso son diversos: grabaciones de las clases, redacción de diarios de enseñanza, responder a cuestionarios para el profesor como los que hace tiempo proporcionó también el ICE, y, sobre todo, la observación crítica de hechos absolutamente objetivos como el número de alumnos no presentados teniendo en cuenta la cantidad de matriculados y el índice de suspensos y aprobados de entre los presentados. Estas cifras pueden ofrecer información muy valiosa para reflexionar desde la perspectiva del docente sobre qué es posible o debe cambiarse. Y ello, unido a la valoración de los propios alumnos, sin duda ofrecerá argumentos para mantener o modificar los aspectos del programa que contribuyan a mejorarlo en posteriores convocatorias.

MÓDULO I

SEGUNDA VÍA DE LOS ESTUDIOS LINGÜÍSTICOS: LA TEORÍA DE LAS LENGUAS. DIVISIONES DE LA LINGÜÍSTICA.

Capítulo 1

LA ORGANIZACIÓN ESTRUCTURAL DE LAS LENGUAS: DIVISIONES Y RAMAS DE LA LINGÜÍSTICA.

A. Cronograma.

Semana 1

Actividad docente	Horas presenciales		Horas no presenciales		
	Teóricas	Prácticas	Estudio	Ejercicios	Tutorías
1. Lectura de los puntos 1 y 2 del tema y anotación de dudas			1		
2. Exposición panorámica de los puntos 1 y 2 y resolución de dudas	2				
3. Realización de actividades teóricas y prácticas 1, 2, 3 y 4 y texto 1				2	
4. Estudio de los contenidos y nociones de los puntos 1 y 2			1		
5. Sesión práctica sobre los contenidos y actividades realizadas		2			

Semana 2

Actividad docente	Horas presenciales		Horas no presenciales		
	Teóricas	Prácticas	Estudio	Ejercicios	Tutorías
1. Lectura de los puntos 3, 4 y 5 del tema y anotación de dudas			1		
2. Exposición panorámica de los puntos 3, 4 y 5 y resolución de dudas	2				
3. Realización de actividades teóricas y prácticas 5, 6, y 7 y 8, texto 2 y lecturas recomendadas				2	
4. Estudio de los contenidos y nociones de los puntos 3, 4 y 5			1		
5. Sesión práctica sobre los contenidos y actividades realizadas		2			
6. Proceso de autoevaluación			1		
7. Tutorías o resolución de dudas					2
Total volumen de trabajo del tema en las dos semanas	4	4	5	4	2
	8		11		

B. Objetivos.

1. *Comprender* la organización metodológica del signo lingüístico, valorando la importancia de la noción de nivel y la de las distintas disciplinas encargadas de la descripción del signo.

2. *Entender* el proceso mediante el cual el signo lingüístico aprehende la realidad extralingüística y la configura lingüísticamente.

3. *Conocer* las distintas propuestas teóricas que han caracterizado la organización estructural del signo lingüístico.

4. *Comprender* las características principales de la metodología estructural en el ámbito lingüístico.

5. *Comprender* la Tipología lingüística en cuanto estudio comparativo entre las estructuras de diferentes lenguas.

C. Palabras clave.

– Signo lingüístico.
– Nivel.
– Expresión.
– Contenido.
– Significado absoluto.
– Significado relativo.
– Materia.
– Sustancia.
– Forma.
– Función.
– Combinación.
– Oposición.
– Relaciones sintagmáticas.
– Relaciones paradigmáticas.
– Distribución.
– Marca funcional.

D. Organización de los contenidos.

1. Introducción.
2. La organización estructural de las lenguas.
   2.1. Los niveles de la estructura lingüística.
   2.2. El carácter lingüístico del signo.
   2.3. El carácter funcional de las formas lingüísticas.
   2.4. La materialización lingüística del valor funcional de las formas.
   2.5. Síntesis final.
   2.6. Planteamiento histórico.

3. Distintas propuestas de organización estructural del signo lingüístico.
   3.1. El signo como entidad monoplana.
   3.2. El signo como entidad biplánica.
   3.3. La entrada de la realidad extralingüística en la concepción sígnica.
4. El método estructural en Lingüística.
   4.1. Distinción entre sistema y proceso.
   4.2. Concepto de distribución. Tipos.
   4.3. Funciones de las unidades de la lengua.
   4.4. Relaciones sintagmáticas y relaciones paradigmáticas.
   4.5. La marca funcional.
   4.6. Tipos de relaciones.
5. La estructura lingüística desde la postura tipológica.

Una vez que haya estudiado el tema y con el fin de que alcance una visión panorámica del mismo que le ayude a *sintetizar, ordenar* y *estructurar* una información de cierta amplitud y a preparar una posible prueba de examen, realice un **cuadro sinóptico o esquema** en el que, partiendo de la estructuración propuesta anteriormente, organice de manera resumida los contenidos fundamentales del tema. Utilice para ello únicamente el espacio que se le propone.

E. Desarrollo de los contenidos.

1. Introducción.

Como expusimos el curso pasado, nuestro objeto de estudio es el lenguaje natural humano, pero, puesto que éste es inaprehensible a través de los sentidos, tuvimos que acercarnos a él de varias maneras para poder estudiarlo completamente: *primero* lo hicimos de forma *ontológica*, es decir, presentando en primer lugar una caracterización general del mismo como objeto de estudio e investigación —con lo que abordamos la primera parte del sintagma *Lingüística* general (Capítulo 3 de *Lingüística general I*)— y después estudiamos sus peculiaridades desde distintos puntos de vista: el *social* (Capítulo 6 de *Lingüística general I*), que nos permitió abordar la diversidad lingüística; el punto de vista *simbólico*, que nos permitió en esa ocasión estudiarlo desde el ámbito semiótico (Capítulo 4 de *Lingüística general I*); y, finalmente, el punto de vista *neuropsicológico* (Capítulo 5 de *Lingüística general I*).

Con ello quedó cubierta una de las tres vías de estudios lingüísticos que propusimos en aquel libro (la *Teoría del lenguaje*), pero no llegamos a conocerlo completamente. Por ello, proponemos en *Lingüística general II* la *segunda* forma de hacerlo. Se trata de una aproximación *metodológica* ya, es decir, al análisis lingüístico de nuestro objeto, que, como ya dijimos, no podemos aprehender a través de los sentidos, y que debe ser ahora analizado a través de las lenguas como objetos materiales que actualizan nuestra capacidad de lenguaje (con lo que culminaremos el segundo miembro del sintagma Lingüística *general*). Así, iniciaremos la *segunda vía* de estudios lingüísticos (la *Teoría de la lengua*), precisando primero los distintos *niveles de análisis* que se pueden realizar (Capítulo 1), y elaborando después un análisis de la Lingüística desde un planteamiento *intradisciplinar*, es decir estudiando las distintas *divisiones* de la Lingüística (Fonética y Fonología (Capítulo 2), Morfología y Sintaxis (Capítulo 3), Lexicología y Semántica (Capítulo 4). Continuaremos, tras ello, con el análisis de la Lingüística desde un ámbito *interdisciplinar*, estudiando en este caso tanto las *ramas de la Lingüística teórica* (Capítulo 5) como las de la *Lingüística aplicada* (Capítulo 6).

Con esto, sólo nos quedaría por cubrir la *tercera vía* de estudios lingüísticos; a saber, la que reflexiona sobre el propio conocimiento del objeto lingüístico. Se trata de la *Teoría de la gramática* que adopta la perspectiva *epistemológica* y que estudiaremos en el Capítulo 7.

De manera esquemática nuestra propuesta metodológica es la siguiente:

	Vías	Aproximación	Estudios	Asignatura y capítulo
Propuesta metodoló-gica	Teoría del lenguaje	Ontológica	El lenguaje como objeto de investigación	LG I
			El lenguaje como hecho social: la diversidad lingüística	LG I
			El lenguaje como hecho simbólico: la semiótica	LG I
			El lenguaje como hecho neuropsicológico	LG I
	Teoría de la lengua	Metodológica	Niveles de formalización teórica	LG II, 1
			La Lingüística desde un planteamiento intradisciplinar: divisiones	LG II, 2, 3, 4
			La Lingüística desde un planteamiento interdisciplinar: las ramas de la Lingüística teórica	LG II, 5
			La Lingüística desde un planteamiento interdisciplinar: las ramas de la Lingüística aplicada	LG II, 6
	Teoría de la gramática	Global	Consideraciones epistemológicas de la Lingüística	LG II, 7

Fig. 1: Propuesta metodológica para el estudio del lenguaje y las lenguas en los cursos de *Lingüística general I* y *II*.

Para desarrollar esta propuesta, vamos en este capítulo a estudiar cómo es la organización que se puede hacer de nuestro objeto de estudio (el signo lingüístico) para poder analizarlo posteriormente. Como vimos en el capítulo 4 de *Lingüística general I*, las lenguas como manifestación simbólica del lenguaje, presentan una estructura semiótica; por lo tanto debemos precisar ahora cómo se establece la organización de esta estructura en nuestro objeto de estudio. Completaremos esta reflexión con el estudio de las distintas propuestas que los lingüistas han realizado para organizar estructuralmente el signo lingüístico.

Tras ello, veremos los principios del análisis estructural y finalizaremos con la presentación de las propuestas que realiza la postura tipológica de la Lingüística general para llegar a la estructura lingüística, pasando posteriormente a un acercamiento intradisciplinar (en el que estudiaremos las divisiones de la Lingüística) e interdisciplinar (en el que veremos las grandes ramas de la Lingüística).

Lingüística	Teórica	Divisiones	Fonética y Fonología, Morfología y Sintaxis, Lexicología y Semántica
		Ramas	Psicolingüística, Neurolingüística, Sociolingüística, Antropología lingüística, Pragmática, Filosofía del lenguaje
	Aplicada	Ramas	Planificación lingüística, Didáctica de lenguas, Traductología, Lingüística clínica, Lingüística computacional

Fig. 2: Divisiones y ramas de la Lingüística.

Como precisamos en el capítulo 1 de *Lingüística general I*, Fernández Pérez sistematiza las disciplinas lingüísticas que se han perfilado a lo largo del tiempo y diferencia entre una Lingüística de carácter teórico y otra de carácter aplicado. Dentro de las primeras estarían aquellas que se ocupan de la organización interna de las lenguas —llamadas divisiones de la Lingüística— y que estudiaremos en los capítulos 2, 3 y 4 (Fonética y Fonología, Morfología y Sintaxis, Lexicología y Semántica); y las que se interesan por la situación y los marcos de existencia de los hechos lingüísticos —llamadas ahora ramas de la Lingüística— y que estudiaremos en el capítulo 5 (Psicolingüística, Neurolingüística, Sociolingüística, Antropología lingüística, Pragmática y Filosofía del lenguaje). Finalmente, la Lingüística aplicada estudiará las aplicaciones de la Lingüística destinadas a resolver problemas reales (Planificación lingüística, Didáctica de lenguas, Traductología, Lingüística clínica, Lingüística computacional, etc.). Lo estudiaremos en el capítulo 6.

2. La organización estructural de las lenguas.

El carácter estructural de las lenguas es resultado precisamente de la naturaleza semiótica de sus unidades (recuérdese lo visto en el capítulo 4 de *Lingüística general I*). Por ello vamos en este apartado a ver las repercusiones lingüísticas que tiene en nuestro objeto su consideración semiótica, para pasar posteriormente a concretar las particularidades estructurales de nuestro objeto frente a otros objetos semióticos.

Así pues, desarrollaremos las teorías saussureanas a partir de las observaciones de Hjelmslev y Coseriu (Capítulo 6 de *Lingüística general I*) para precisar la noción de nivel y pasar, a continuación, a estudiar las características generales de los mismos.

Lo primero que debemos saber es que se ha producido un cambio terminológico de las dos infraestructuras en las que se puede dividir el signo lingüístico; a saber, significante y significado. Los términos de estas dos infraestructuras metodológicas que nos van a permitir la organización estructural del signo lingüístico han sido sustituidos por los de expresión y contenido. Este cambio responde precisamente a una ampliación objetual que conviene señalar. Mientras para Saussure el significante es la imagen acústica y el significado la idea, para Hjelmslev el contenido es lo expresado (que es distinto del sentido) y la expresión es la entidad mediante la cual se expresa el contenido, que es distinta del sonido.

Por ello, el análisis sígnico debe entenderse como análisis de los planos de la expresión y del contenido a partir de cuatro premisas:

– La *carencia* de existencia propia del contenido y de la expresión.

– La necesaria relación de *presuposición* entre ambos planos para poder aprehender la realidad de dichos términos.

– La existencia del contenido en virtud de que es un contenido de una expresión.

– La existencia de la expresión en virtud de que es expresión de un contenido.

Consecuentemente, el carácter igualitario de ambos planos nos plantea la duda del orden que debe seguirse en la descripción de nuestro objeto de estudio, puesto que ambos planos tienen idéntica importancia. Sin embargo, y aunque pueda pensarse que es irrelevante el orden en su estudio, desde un planteamiento metodológico este pensamiento no es correcto puesto que lo primero que captamos del signo es su expresión, siendo ésta la que proporciona el criterio para saber si una idea es o no un significado y no al revés. De ahí que para comprender la estructura de las lenguas debamos comenzar por la expresión aunque sin olvidar la interdependencia de los planos, puesto que tanto el estudio de la expresión como el del contenido son el estudio de la relación entre la expresión y el contenido.

2.1. Los niveles de la estructura lingüística.

La organización semiótica de las lenguas ha posibilitado el desarrollo de la noción de *nivel*, hasta tal punto que constituye uno de los aspectos más importantes de la metodología de nuestro siglo.

Aunque bajo el rótulo de nivel, podamos encontrar distintas acepciones lingüísticas —piénsese, por ejemplo, en los niveles sociolingüísticos con los que se alude a la estratificación social del uso lingüístico—, en el sentido que se presenta en la formulación que estamos realizando se asocia con las distintas etapas de análisis estructural. Alude, pues, al hecho de que el funcionamiento de toda lengua debe ser considerado como una serie de escalonamientos jerárquicos distintos, en cada uno de los cuales se advierte un principio de organización unitario y coherente.

La noción de nivel deriva, en última instancia, de la concepción de lo lingüístico basada en el principio de valor saussureano. Según esta concepción, la definición de cualquier elemento será sólo practicable en la medida en que las oposiciones paradigmáticas de la lengua, de las que se desprenden su valor virtual, resulten actuadas sobre la base del contraste con unidades semejantes.

Desde el ámbito estructural, se ha considerado la noción de nivel como sinónimo de cada una de las etapas en que es posible establecer y definir unidades lingüísticas cuya combinación con las de niveles superiores se traducirá en el reflejo de la estructura funcional de la lengua, que sería, de esta manera, el resultado de la articulación de una serie de unidades del nivel más elemental, el fonético, en unidades de un nivel superior, el morfológico; combinatoria ascendente, gracias a la cual podría articularse un número innumerable de frases a partir de un reducido número de unidades fónicas.

En este sentido, vamos a distinguir, en primera instancia, dos niveles lingüísticos: un primer nivel del significante o de la *expresión* (el foneticofonológico) y un segundo nivel del significado o del *contenido*, estructurado a su vez en dos subniveles; el del contenido *relativo* (el morfosintáctico) y el del contenido *absoluto* (el lexicosemántico).

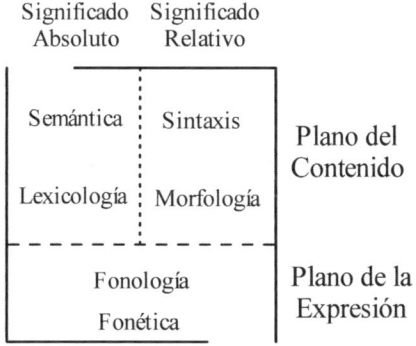

Fig. 3: Infraestructuras del signo lingüístico y divisiones que lo estudian.

En el gráfico que presentamos puede verse las distintas infraestructuras del signo lingüístico; a saber, el *plano de la expresión*, estudiado por la Fonética y la Fonología; el *plano del significado absoluto*, estudiado por la Lexicología y la Semántica; y el *plano del significado relativo*, estudiado por la Morfología y la Sintaxis. De ahí surgen las primeras definiciones de las divisiones de la Lingüística que deben completarse con los razonamientos posteriores.

La estructura de una lengua consta, pues, de sus elementos situados en diferentes planos y de sus relaciones mutuas, pues la lengua tiene el carácter de un sistema basado únicamente en la oposición de unidades concretas.

Sin embargo, al ser el signo lingüístico una unidad semiótica nos preguntamos por las particularidades que presenta frente a otras unidades, es decir qué es lo que hace que la estructura de los signos que constituyen las lenguas tenga una naturaleza lingüística. Es lo que vamos a ver a continuación.

2.2. El carácter lingüístico del signo.

El análisis lingüístico de nuestro objeto comienza precisamente con la reflexión que los lingüistas realizan sobre las particularidades que hacen que nuestro objeto sea un objeto lingüístico.

Se trata, por tanto, de precisar las características que le confieren al signo el estatuto de lingüístico y, por ello mismo, su configuración como objeto de estudio de nuestra disciplina, frente a otros signos que no son lingüísticos (y que no pertenecen a nuestro ámbito disciplinario).

Para responder a esta problemática vamos a realizar una triple diferenciación entre tres categorías; a saber:

– *Materia*: masa amorfa de los sonidos y del pensamiento, sin organizar por las estructuras lingüísticas.

– *Forma*: conjunto de reglas lingüísticas que al aplicarlas sobre una materia nos permite obtener una sustancia.

– *Sustancia*: configuración de la materia aplicando una forma.

La materia es extralingüística puesto que en ella no participa el signo lingüístico; es exterior al signo. Sería la realidad fónica o semántica considerada independientemente de toda consideración lingüística. La materia en el plano de la expresión sería la masa del continuo físico de los sonidos; en el plano del contenido, la masa amorfa del pensamiento, sin estructurar por los esquemas lingüísticos.

La realidad es variable; sin embargo, también las ideas sustanciales del concepto pueden ser diferentes entre personas e incluso en una misma persona pueden serlo también. La sustancia es, pues, un fenómeno del habla, frente a la forma que, en cuanto conjunto de reglas, es lo común y, por ello, un fenómeno de la lengua. En este sentido, la forma sería entendida como funcionamiento frente a la sustancia que no sería funcional.

La forma sería la red relacional que define las unidades en el interior de la sustancia. Según Lyons, la estructura abstracta de relaciones que una lengua determinada impone sobre la misma sustancia subyacente.

Por ello, hay que entender que la materia es universal para todos los hombres y la sustancia y la forma son propias de cada lengua.

Vamos a representar a continuación la dualidad sustancia/forma en el interior del signo lingüístico de la siguiente manera, reservando siempre para la sustancia la zona que entra en contacto con la realidad extralingüística (materia) y, por tanto, ajena al signo:

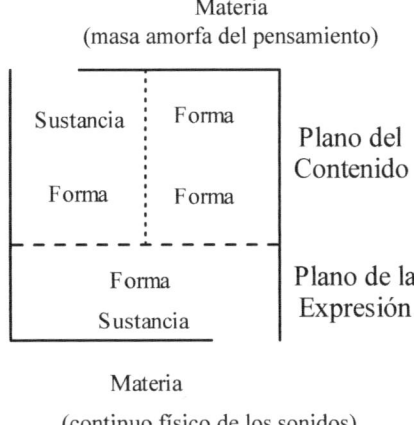

Materia
(masa amorfa del pensamiento)

Fig. 4: Sustancia y forma de las infraestructuras del signo lingüístico.

Según el esquema propuesto, ya podemos dar una definición más precisa de las distintas disciplinas o divisiones de la Lingüística encargadas de organizar el estudio del signo lingüístico:

– *Fonética*: es la división de la Lingüística que estudia la sustancia del plano de la expresión del signo lingüístico.

– *Fonología*: es la división de la Lingüística que estudia la forma del plano de la expresión del signo lingüístico.

– *Lexicología*: es la división de la Lingüística que estudia la forma del significado absoluto, designativo o predicativo del plano del contenido del signo lingüístico.

– *Semántica*: es la división de la Lingüística que estudia la sustancia del significado absoluto, designativo o predicativo del plano del contenido del signo lingüístico.

– *Morfología*: es la división de la Lingüística que estudia la forma del significado relativo o gramatical del plano del contenido del signo lingüístico.

– *Sintaxis*: es la división de la Lingüística que estudia la forma del significado relativo o gramatical del plano del contenido del signo lingüístico.

Como puede apreciarse, los tres elementos existen en ambos planos:

– *En el plano de la expresión*: el sonido es una parte de un fenómeno más general llamado de tipo ondulatorio. De esta realidad se separa una parte, a la que llamamos sonido, y dentro de ésta, otra, que es el sonido audible, es decir, el que puede percibir el hombre. Además, podemos hacer una nueva división en sonido articulado. Es este sonido articulado (que es materia) el que mediante las formas lingüísticas se separa en unidades distintas.

– *En el plano del contenido*: sustancia y forma se pueden entender de la misma manera. Supongamos que tengo la realidad del color. Esa realidad pertenece a la materia del plano del contenido, pertenece a la masa amorfa de los pensamientos. Una lengua habla de *rojo, amarillo, anaranjado y azul*, así que esa parte de la materia se ha convertido en sustancia mediante los lexemas que la designan.

Entre estas categorías se pueden establecer distintas dependencias, a saber:

– La materia preexiste tanto a la sustancia como a la forma, aunque permanece informe y desconocida hasta que no existe una forma que se manifieste en ella mediante una sustancia. Por ello la materia no interesa en el estudio lingüístico; solo la parte que se transforma en sustancia.

– Tanto la materia como la sustancia dependen de la forma. Si no hay forma lingüística no existe tampoco ni sustancia ni materia. Por ello, tanto materia como sustancia están subordinadas a la forma.

– Las dependencias entre sustancia y forma varían según se considere el proceso (habla) o el sistema (lengua). En el proceso, una forma puede manifestarse mediante sustancias distintas. Existe entre ambas una función de determinación (recuérdese lo expuesto en el Capítulo 4 de *Lingüística general I*). En el sistema, tanto sustancia como forma son constantes. Existe, por tanto, entre ellas una función de interdependencia.

Por todo ello, podemos concluir afirmando que en el análisis lingüístico la materia queda fuera. La sustancia es previa a la forma entendiendo que la sustancia no es el objeto estricto del análisis de la lengua, que es el de la forma, por eso la sustancia no puede fundamentar por sí sola la descripción de la forma. Es solo el objeto material resultante de la aplicación formal.

Por tanto, y como respuesta a nuestro interrogante volvemos a decir que es la forma del signo la que le otorga el rango de lingüístico, frente a la materia (que pertenece a la realidad extralingüística) y a la sustancia (que es un fenómeno del habla).

En este sentido, va a ser la concepción que se tenga de la *forma* de estas unidades la que determine la propia *estructura lingüística*. Es lo que veremos a continuación.

2.3. El carácter funcional de las formas lingüísticas.

Una vez que hemos precisado el carácter lingüístico de la forma sígnica, podemos preguntarnos ¿en qué sentido la forma es lingüística?

Para poder contestar a esta pregunta hay que diferenciar *forma* de *función*. Toda forma adquiere el rango de lingüística porque posee una función dentro de la lengua; es decir, toda forma es portadora de una función y toda función se actualiza a través de una forma.

Como puede comprenderse, ahora concebimos la forma en cuanto expresión opuesta a la función en cuanto comportamiento lingüístico de esa forma, estableciéndose entre ambos términos la relación de presuposición mutua que hemos mencionado según la cual toda forma es portadora de una función y toda función se manifiesta mediante una forma.

Partiendo de esta relación de presuposición mutua, la presentación de la dualidad forma/función en el interior del signo lingüístico sería la siguiente:

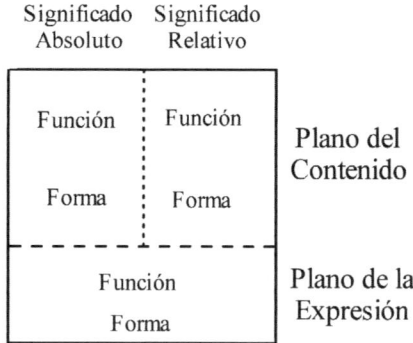

Fig. 5: Forma y función de las infraestructuras del signo lingüístico.

Esta concepción nos permite también establecer la definición de las distintas disciplinas o divisiones de la Lingüística, precisando las diferencias entre Morfología y Sintaxis que en el planteamiento anterior se ocupaban de un mismo objeto.

– *Fonética*: es la división de la Lingüística que estudia la forma del plano de la expresión del signo lingüístico.

– *Fonología*: es la división de la Lingüística que estudia la función del plano de la expresión del signo lingüístico.

– *Lexicología*: es la división de la Lingüística que estudia la forma del significado absoluto, designativo o predicativo del plano del contenido del signo lingüístico.

– *Semántica*: es la división de la Lingüística que estudia la función del significado absoluto, designativo o predicativo del plano del contenido del signo lingüístico.

– *Morfología*: es la división de la Lingüística que estudia la forma del significado relativo o gramatical del plano del contenido del signo lingüístico.

– *Sintaxis*: es la división de la Lingüística que estudia la función del significado relativo o gramatical del plano del contenido del signo lingüístico.

2.4. La materialización lingüística del valor funcional de las formas.

Para actualizar el valor funcional que una forma adquiere en el habla hay que tener en cuenta las relaciones opositivas que la unidad lingüística puede contraer con otras que aparece en el mismo contexto (relaciones sintagmáticas) o con las que podría aparecer en su lugar (relaciones paradigmáticas), de las que surgen su valor.

– *Relaciones paradigmáticas*: son aquellas que contrae un elemento con otros que pueden aparecer en su mismo contexto. En este sentido, los elementos pueden sustituirse mutuamente y la utilización de uno exige la exclusión de todos los demás del paradigma. Un ejemplo sería las desinencias verbales en el nivel morfosintáctico.

– *Relaciones sintagmáticas*: son aquellas que contrae un elemento con otros del mismo nivel con los que aparece y constituye un contexto.

De esta forma queda precisado nuestro objeto de estudio: un signo que es lingüístico gracias a la función que su forma desempeña dentro de la lengua, a partir de las relaciones sintagmáticas y paradigmáticas que contrae con otros signos del sistema.

2.5. Síntesis final.

Ambos planteamientos no son excluyentes y responden a dos maneras de concebir la forma de nuestro objeto lingüístico; a saber, una basada en la distinción entre materia, sustancia y forma, que concibe la forma como *funcionamiento*, y otra atendiendo a la dualidad forma/función, que concibe, en este caso, la forma como *expresión*. Este carácter complementario puede determinarse en función del procedimiento mediante el cual el signo lingüístico *aprehende la realidad extralingüística*, procedimiento que sintetizamos siguiendo las claras propuestas de Lamíquiz:

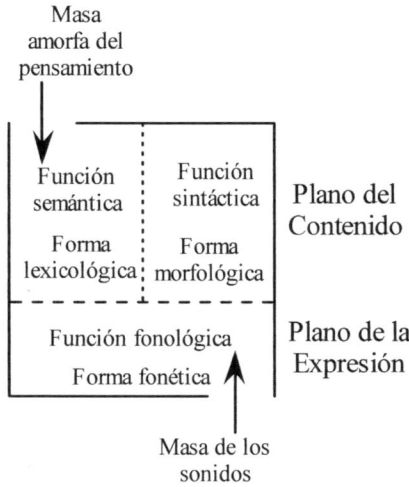

Fig. 6: Procedimiento de aprehensión de la realidad extralingüística por parte del signo lingüístico.

– La materia extralingüística en cuanto masa amorfa del pensamiento entra en contacto con el signo lingüístico, transformándose en una sustancia que se expresa en la lengua gracias a las funciones semánticas que se manifiestan por medio de formas lexicológicas.

– Unas funciones sintácticas se manifiestan en la lengua por medio de formas morfológicas.

– Unas funciones fonológicas que se expresan gracias a las formas fonéticas participan de la sustancia acústica que desborda los dominios del signo constituyendo el terreno de la materia extralingüística en cuanto masa del continuo físico de los sonidos.

2.6. Planteamiento histórico.

Recordemos, en primer lugar, la reflexión formulada por la *gramática de los griegos*, que distinguía entre *Prosodia* (estudio de los sonidos fundamentales, aunque sin hacer distinción entre fonemas y variantes y sin estudiar funcionalmente los sonidos); *Analogía* (estudio de las partes de la oración); *Sintaxis* (estudio del orden de las palabras y de su construcción); y, finalmente, *Etimología* (estudio del origen de las palabras).

Hasta el *siglo XVIII* no se van a producir novedades importantes, imperando la división medieval entre Ortografía, Prosodia, Analogía y Sintaxis. Con todo va a comenzar la separación entre lo morfofuncional y lo semántico y lexicológico.

En la primera mitad del *siglo XIX* se imponen los estudios históricos con base en la Fonética y en la Morfología, y, al incorporarse la Sintaxis, se impone el criterio de considerar la Morfología como el estudio de las formas frente a la Sintaxis que estudiaría las significaciones y la oración.

A lo largo del *siglo XX*, algunos lingüistas como Hjelmslev excluyen del análisis lingüístico los estudios fonéticos, pero no los fonológicos (pues la Fonología es la disciplina que estudia la forma del plano de la expresión y no la sustancia, y lo lingüístico, para Hjelmslev, es sólo lo formal).

Mucho más complejo es el problema en torno a la Semántica, porque las concepciones sobre la misma son muy diversas, aunque suele ser considerada en un sentido genérico como el estudio de las significaciones de las palabras. Sin embargo, para unos estudiaría los cambios de significación, para otros la significación en sentido estático (debiendo ser objeto por tanto, de la lexicología), para un tercer grupo, la significación en sentido evolutivo y estático, pero dentro del léxico, y, finalmente, para un cuarto grupo comprendería también las significaciones gramaticales.

Todo ello nos lleva a la necesidad de precisar tanto el objeto de estudio como el ámbito de trabajo de los diferentes planteamientos disciplinares, con el fin de situar en su lugar adecuado las reflexiones epistémicas que sustentan nuestra concepción. Para ello, abordaremos en los temas posteriores los distintos niveles que componen la estructura foneticofonológica (Capítulo 2), morfosintáctica (Capítulo 3), y lexicosemántica (Capítulo 4) de las lenguas, describiendo las distintas unidades que lo constituyen, según el esquema que proponemos.

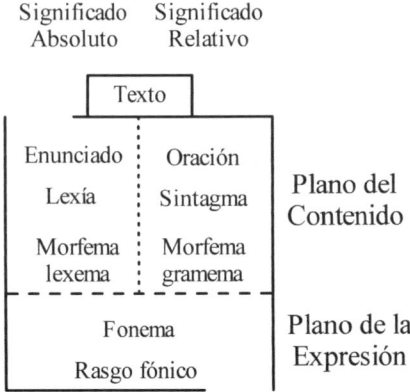

Fig. 7: Unidades que intgran los distintos niveles que componen la estructura foneticofonológica, morfosintáctica y lexicosemántica de las lenguas.

Recuérdese, sin embargo, que realizamos esta división por razones exclusivamente metodológicas, puesto que las unidades que constituyen los distintos niveles en los que estructuramos el signo lingüístico están recíprocamente relacionadas y condicionadas.

La tarea del lingüista consiste, pues, en el estudio de los niveles lingüísticos así como de las principales unidades de funcionamiento de cada uno de ellos. Sin embargo, antes de realizar este estudio, vamos a ver algunas de las principales propuestas de caracterización estructural del signo lingüístico.

3. Distintas propuestas de organización estructural del signo lingüístico.

No todos los lingüistas han concebido de manera similar nuestro objeto de estudio, debido, principalmente, al carácter complejo de su naturaleza —sobre todo en lo relativo a los distintos planos en los que se puede estructurar—.

Vamos, por ello, a recoger algunas aportaciones al respecto, teniendo en cuenta las distintas respuestas que se han dado a esta problemática, a partir de las explicaciones de M. Manoliu.

3.1. El signo como entidad monoplana.

Esta propuesta ha sido defendida por Bloomfield. Para este autor el signo sería una entidad formada por un solo plano (la expresión), que se pondría en contacto con el no-signo (concepto) a través de un mecanismo de estímulos y respuestas.

Bloomfield prescinde de toda relación entre lengua y pensamiento, proceso de reflexión y denominación, por lo que los no-signos (estudiados por la semántica) estarían fuera de las preocupaciones lingüísticas.

Hoy en día la inclusión de la semántica como disciplina lingüística así como la necesidad de estudiar el sistema que vincula el signo monoplano con la realidad, constituye una respuesta a la inadecuación del planteamiento bloomfieldiano.

De manara gráfica el signo sería para Bloomfield tal y como lo representamos.

```
┌─────────────────────┐
│     EXPRESIÓN       │
└─────────────────────┘
```

3.2. El signo como entidad biplánica.

Esta propuesta ha sido defendida entre otros por los siguientes lingüistas.

a) *Saussure* concibe el signo como una entidad psíquica formada por la unión de dos caras: la *imagen acústica*, es decir, la huella psíquica del sonido material, la representación que de este sonido nos da el testimonio de nuestros sentidos; y el *concepto*, generalmente de carácter más abstracto. Estos términos fueron sustituidos en el propio *Curso de Lingüística general* por los de *significante* y *significado*, respectivamente, con el objeto de evitar ambigüedades. Así, el *significante* sería la traducción fónica de un concepto; y el *significado*, el correlato mental del significante. Ambos estarían unidos por una consustancialidad cuantitativa (un significante para un significado y viceversa) que aseguraría la unidad estructural del signo.

Sus planteamientos, que han sido tachados de psicologistas, son criticables desde el momento en que presentan el signo como una unión (en lugar de una relación), y como un ente estático en lugar de dinámico.

```
┌─────────────────────┐
│    SIGNIFICADO      │
│ ─  ─  ─  ─  ─  ─    │
│    SIGNIFICANTE     │
└─────────────────────┘
```

b) Por ello, *Hjelmslev* lo concibe como una asociación, como un sistema de relaciones solidarias (entre una forma del contenido y una de la expresión), puesto que la presencia de una requiere la presencia de la otra. Como puede verse, para Hjelmslev, la sustancia no es lingüística; sólo lo es la forma.

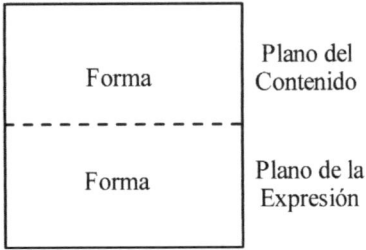

c) *Coseriu*, por su parte, considera que, además de una sustancia de naturaleza extralingüística, también hay una sustancia lingüística, tanto en el plano de la expresión (estudiada por la Fonética) como en el plano del contenido (estudiada por la Semántica).

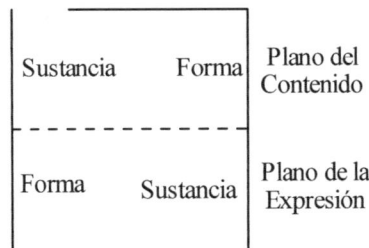

3.3. La entrada de la realidad extralingüística en la concepción sígnica.

En el modelo anterior no hay nada que se corresponda a los objetos, relaciones, ni emisor ni receptor, porque son realidades extralingüísticas. Sin embargo, este elemento también se considerará en el modelo sígnico a través de representaciones triangulares. Veamos algunas de ellas.

a) La idea de las relaciones tripartitas entre la lengua (significante y significado) y la realidad extralingüística no es nueva. Ya *Aristóteles* decía que el signo estaba formado por un lado material, que pertenecía a la voz, y un lado del contenido, que era consciente, y que ambos lados se oponían al objeto.

b) Los *escolásticos* en la Edad Media (recuérdese lo explicado en el capítulo 2 de *Lingüística general I*) decían que había que tener en cuenta el modo de ser, de significar y de decir de las palabras (por eso se llamaban modalistas). Así estudiaban desde la lógica (siguiendo los planteamientos aristotélicos) si los signos estaban motivados por la realidad o no.

c) Sin embargo, *C. Ogden* y *A. Richards* fueron los primeros en introducir sistemáticamente el referente en el esquema del signo, con el propósito de presentar las relaciones entre lengua, pensamiento y referencia (objeto), para ver si esta relación era adecuada, verdadera y correcta.

d) Por su parte, *Bühler*, al presentar su modelo teniendo en cuenta la relación con la realidad que se quiere comunicar, introduce el resto de elementos que intervienen en la comunicación, presentando un enfoque psicológico, en el que el lenguaje se refiere siempre a la realidad, ya sea para simbolizarla, expresarla o modificarla (cf. el esquema adjunto).

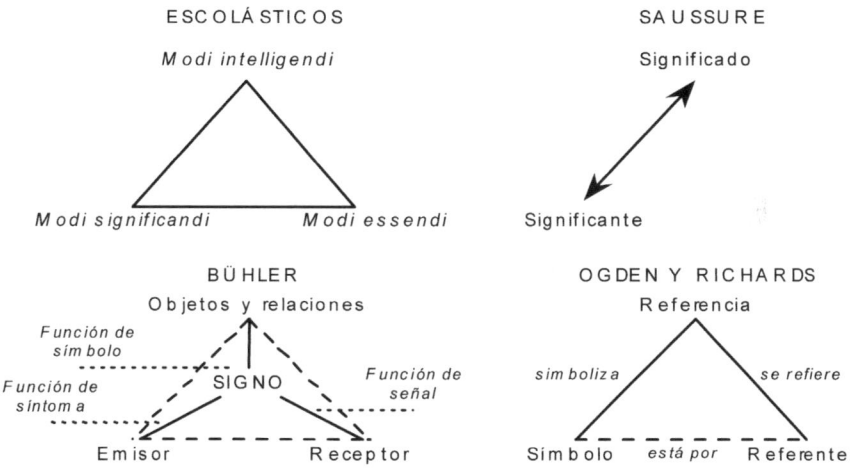

Fig. 8: Representación gráfica de las distintas concepciones sígnicas.

e) *Heger* comenta el desarrollo del triángulo metodológico y su transformación en trapecio porque el vértice superior confunde significado y concepto y porque no soluciona el problema de la polisemia y la sinonimia.

Para superar estas deficiencias, Heger transforma el triángulo en trapecio.

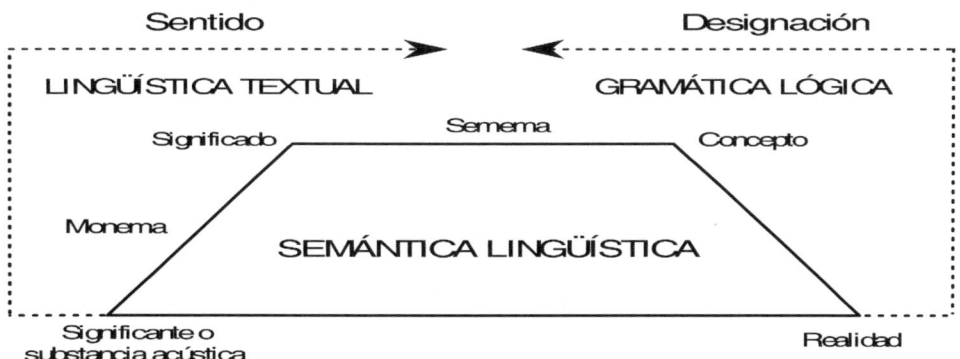

Fig. 9: Trapecio de Heger.

Si observamos el trapecio podemos comprobar que:
– el *lado izquierdo* corresponde a las dos caras inseparables del signo lingüístico; simboliza la relación de consustancialidad cuantitativa;
– el *lado superior* representa la consustancialidad cualitativa; relaciona el signo, en cuanto significación, con los conceptos universales, y separa lo lingüístico de lo extralingüístico;
– el *lado derecho* es independiente de la estructura de una lengua dada; pertenece a la mente, sea cual sea la lengua que se habla;
– la *base* del trapecio simboliza la arbitrariedad e inmotivación de la relación que representa.

4. El método estructural en Lingüística.

El análisis estructural se basa en un conjunto de investigaciones lingüísticas que arrancan con Saussure y que conforman los pilares de las nuevas tendencias que conforman la renovación lingüística de la primera mitad del siglo xx.

Lo esencial del nuevo movimiento es que pone de relieve el carácter de la lengua como un sistema de relaciones latentes en el propio objeto lingüístico, lo que supone una sustitución del carácter atomista de las investigaciones lingüísticas precedentes —centradas en los hechos particulares, aislados y estudiados unidimensionalmente— por la consideración de los hechos individuales a través del prisma de la totalidad, interdependencia, sistema de hechos, contexto o estructura.

De ahí que los términos «sistema» y «estructura» revisados el curso pasado (Capítulo 4 de *Lingüística general I*), sean necesarios para la compresión de la Lingüística moderna, porque, precisamente, la prioridad de la concepción estructural será el principio que conducirá a la Lingüística a adquirir el estatuto de disciplina autónoma, a través de un acercamiento inmanente a su objeto de estudio.

Para ello y, como sostiene Domínguez Hidalgo, el Estructuralismo parte de la totalidad y separando criterios, a través de niveles, relaciones, describe exhaustiva, objetiva, funcional e inmanentemente los elementos que la conforman y descubre su correlatividad con otras totalidades. El estructuralista ordena oposiciones en lugar de agrupar parecidos, para llegar a una jerarquía de valores.

Por ello, las características principales del método estructural que a continuación describe Domínguez Hidalgo, son las siguientes:

a)   *objetividad* (ya que sólo analiza lo que ve, es decir, la parte inmanente del lenguaje, sin idealismos ni fantasías);

b)   *inmanencia* (porque la causa buscada radica en el propio objetivo);

c)   *funcionalidad* (porque le interesa más las funciones de los elementos y del todo que su historia o su origen, aunque no está en contra de la postura histórica);

d) *exhaustividad* (porque no cesa su actividad hasta no agotar el análisis);

e) *descriptivo* (porque rinde cuenta de un estado actual sin realizar prescripciones);

f) *distributivo* (porque coloca los elementos en las funciones que le pertenecen y no los mezcla caóticamente);

g) *estratificacional* (porque en su descenso hacia el elemento mínimo, separa los elementos en unidades menores y mayores según van apareciendo en diversos niveles);

h) *universalizador* (porque descrito el objeto generaliza sus observaciones a objetos semejantes);

i) *integral* (porque analiza el objeto totalmente);

j) y, finalmente, *global* (porque parte de la totalidad al elemento, sin dejar un solo instante de presentar una visión de conjunto).

Este método nos permitirá acercarnos a la lengua como un sistema de funtivos organizados cuyo valor depende de la relación de estos funtivos con los demás. La estructura de la lengua consta, por tanto, de los funtivos situados en los distintos planos y de sus relaciones mutuas porque la lengua es un sistema de valores establecidos por oposición. Y, puesto que un sistema se diferencia de otro por la organización interna de sus elementos (estructura), nuestra tarea, como ya hemos dicho con anterioridad, consistirá en el análisis de su estructura.

Dicho de otra manera, todo proceso lingüístico tiene un sistema subyacente cuya estructura debemos encontrar. Para ello, los pasos son los siguientes.

4.1. Distinción entre sistema y proceso.

Para Hjelmslev, la finalidad de la Lingüística en su perspectiva más científica es probar la tesis de que todos los procesos tienen un sistema subyacente. Desde esta perspectiva, debemos diferenciar (recordando lo expuesto en el Capítulo 6 de *Lingüística general I*) entre:

a) Proceso, discurso o habla: conjunto finito de elementos recurrentes (que se pueden repetir) y susceptibles de asociarse según ciertas reglas; y

b) sistema o lengua, que agrupa a los elementos que forman el proceso según sus afinidades en las combinaciones y presenta las reglas que permiten dar cuenta de sus compatibilidades.

Mientras el proceso aparece como dado, el sistema es hipotético. El proceso es un objeto sintagmático y el sistema es paradigmático. Nuestra tarea consiste en identificar y clasificar las unidades de la lengua a partir de sus relaciones.

Para ello, tenemos que precisar la manera de comportarse de estas unidades en el interior de un proceso, puesto que todas las unidades, a excepción de la oración, se encuentran determinadas por los contextos en los que puede aparecer. Y es la Teoría de Conjuntos, en cuanto división de las Matemáticas, la que aporta la manera de estudiar las propiedades y las relaciones de los sistemas de elementos. Dicho de otra manera, toda unidad lingüística tiene una distribución característica que posibilita la delimitación del sistema en cuanto conjuntos de elementos ya sea por *extensión* (indicando cada elemento del sistema) o por *comprensión* (indicando, en este caso, una propiedad que caracteriza a todos los elementos del sistema).

4.2. Concepto de distribución. Tipos.

La distribución es el conjunto de contextos en los que puede aparecer una unidad lingüística. Como las unidades no existen independientemente sino relacionadas entre sí, debemos saber las posiciones relativas de las distribuciones de dos unidades. Éstas son, según Lyons:

a) *Equivalencia distribucional*: los contextos en los que puede aparecer una unidad x son los mismos en los que puede aparecer una unidad y. De ahí podemos decir que distribución de la unidad x sería igual a la de la unidad y. Por ejemplo, entre *por y par*. Hay equivalencia entre los fonemas /o/ y /a/. Si al sustituir un elemento por otro hay un cambio de significado, la equivalencia es contrastiva, como en el ejemplo citado.

b) *Distribución complementaria*: en los contextos en los que puede aparecer la unidad x, nunca puede aparecer la unidad y. De ahí podemos decir que la distribución de la unidad x no es igual a la de la unidad y. Por ejemplo, una b fricativa y otra oclusiva en una misma palabra. La complementariedad, por tanto, de un conjunto son los elementos que le faltan a un conjunto A para llegar a ser igual a B.

c) *Inclusión distribucional*: en todos los contextos en los que aparece y puede aparecer también x, pero los hay en los que aparece x y no y. En este caso, y sería aloforma de x. En el nivel semántico, *ir* está en relación de inclusión distribucional con *andar* porque hay casos en que *andar* no puede tener como sujeto una serie de lexías que sí tiene *ir*. Es el caso de: *la bombilla no anda* frente a *la bombilla no va*. En Teoría de Conjuntos, podemos decir que un conjunto A está incluido en otro B si todo elemento de A es también elemento de B.

$$A \subset B \iff \forall x \in A \Rightarrow x \in B$$

d) *Intersección distribucional*: hay contextos en los que puede aparecer tanto X como Y pero hay otros en los que solo puede aparecer x o y. Por ejemplo, el caso de r simple y múltiple. Hay casos en que solo puede aparecer r simple (*mar*) y otros en los que puede aparecer también múltiple (*caro, carro*).

La intersección de conjuntos, por tanto, es el conjunto formado por todos los elementos que pertenecen a un conjunto A y a otro B también.

$$A \cap B \Leftrightarrow \{x | x \in A \land x \in B\}$$

Todas las unidades del sistema que son distribucionalmente equivalentes en un mismo nivel constituyen una *clase distribucional*. Los elementos de esta clase pueden ser *distintivos* (unidades lingüísticamente pertinentes) o *variaciones libres* (unidades lingüísticamente no pertinentes). El paradigma estaría formado solo por los elementos distintivos.

4.3. Funciones de las unidades de la lengua.

Sea cual sea el nivel, las unidades de la lengua que entran en relación funcional (funtivos) realizan dos funciones:

a) *Combinatoria*: resultado de la unión de distintas unidades entre sí. Esta función da lugar a tres tipos de combinaciones:

• *Combinaciones realizadas*: son aquellas combinaciones aceptables porque sus elementos respetan la distribución que les corresponden como unidades de un nivel concreto y porque ofrecen funcionalidad lingüística.

• *Combinaciones posibles*: aceptables, en este caso, por su distribución, aunque no tienen funcionalidad lingüística. Como ejemplo podemos citar la secuencia *pracario*.

• *Combinaciones imposibles*: son aquellas que no responden a las normas de distribución de una lengua, por lo que no podrían darse en ella. Sería el caso de la secuencia *prslamtaaav* en español.

b) *Contrastiva* u *opositiva*: es la capacidad de diferenciación recíproca que una unidad tiene con respecto a otra. Para que se desarrolle esta función ha de darse que la permutación de una unidad por otra determine una unidad diferente y, por tanto, un cambio de significado. Es lo que ocurre por ejemplo, entre las palabras *mal* y *mar*. Para que se dé esta función no pueden estar en distribución complementaria.

Todas estas funciones se realizarán, según lo planteado con anterioridad, tanto en el sistema como en el proceso. De ahí que podamos tener distintos tipos de determinación (CφV), interdependencia (CφC) y constelación (VφV), según sean los tipos de funtivos que se relacionan funcionalmente (recuérdese lo expuesto en el Capítulo 4 de *Lingüística general I*) y el lugar en el que se relacionen (el sistema o el proceso). De manera esquemática sería así:

	En el proceso	En la lengua
Determinación	SELECCIÓN	ESPECIFICACIÓN
Interdependencia	SOLIDARIDAD	COMPLEMENTARIEDAD
Constelación	COMBINACIÓN	AUTONOMÍA

Fig. 10: Funciones lingüísticas en el proceso y en la lengua.

A partir del siguiente cuadro podemos entender las distintas funciones que pueden contraer los funtivos; a saber, de *selección*, cuando un funtivo constante y otro variable entran en relación funcional en el proceso; o de *especificación*, cuando lo hacen en la lengua. De *solidaridad*, cuando dos funtivos contantes entran en relación funcional en el proceso, o de *complementariedad*, cuando lo hacen en la lengua. Y, finalmente, de *combinación*, cuando dos funtivos variables entran en relación funcional en el proceso, o de *autonomía*, cuando lo hacen en la lengua.

4.4. Relaciones sintagmáticas y paradigmáticas.

Ahora podemos precisar estas relaciones, vistas con anterioridad, en virtud de la aparición de las unidades en un determinado contexto, puesto que las unidades lingüísticas no se delimitan por su definición sino por la relación que contrae con otras. Así, toda unidad lingüística establece dos tipos diferentes de relaciones:

a) *Relaciones paradigmáticas*: son aquellas que contrae un elemento con otros que pueden aparecer en su mismo contexto. Están en contraste. En el nivel fonológico, *mesa, misa, musa, masa, mosa*. La presencia de una de las vocales supone la ausencia de las demás. El paradigma constituye un conjunto cerrado y acabado en sincronía. Hay que intuirlas, están en ausencia.

b) *Relaciones sintagmáticas*: como hemos dicho, son aquellas que contrae un elemento con otros del mismo nivel con los que aparece y constituye un contexto. Pueden designarse como variación libre y son directamente observables, estando en presencia.

c) *Ambas a la vez*: se manifiestan en todos los niveles lingüísticos. Las relaciones paradigmáticas responden a la constitución de categorías lingüísticas y las sintagmáticas responden a la determinación de las relaciones entre ellas. Por ello, toda unidad lingüística carece de validez independientemente de sus relaciones sintagmáticas y paradigmáticas con otras unidades.

El procedimiento descriptivo de una lengua implica *sintagmática* o división de las unidades en otras más pequeñas y éstas a su vez en otras menores hasta llegar a las irreducibles; y *paradigmática* o clasificación de todos estos elementos que se reparten según sus mutuas funciones en la sintagmática.

Si el análisis sintagmático precede cronológicamente al paradigmático parece que queremos decir que el proceso es previo al sistema y esto no es cierto porque todo proceso tiene un sistema subyacente. La razón es que se mezclan planteamientos ontológicos (sistema anterior al proceso) con metodológicos (proceso anterior al sistema). En la lengua hay dos órdenes: el *lineal*, impuesto por el carácter acústico del significante) y el *estructural*, impuesto por la lógica del sistema. En este sentido, lo paradigmático no implica lo lineal sino lo estructural.

Así pues, hablar una lengua (onomasiología) es trasladar el orden estructural al lineal; comprender una lengua (semasiología) es trasladar el orden lineal al estructural. Por ello, lo sintagmático no es exclusivo del proceso sino también del sistema puesto que está determinado por las reglas del propio sistema.

Las relaciones paradigmáticas se actualizan sustancialmente en el proceso mediante lo que se conoce como *marca funcional*.

4.5. La marca funcional.

Existen unidades lingüísticas que pueden tener un contraste con consecuencias en lo paradigmático, pero no siempre son algo más que una relación de tipo lógico, puesto que no tienen realización funcional en el discurso. La explicación de este contraste puede hacerse desde un enfoque binario (niña + niño-).

¿Por qué el femenino es el término marcado (+) frente al masculino que no lo es (-)? Esto se explica observando el comportamiento lógico lingüístico de los contrastes:

$$\text{Término A marcado} \Rightarrow \text{No término B}$$
$$\text{Término B no marcado} \not\Rightarrow \text{No término A}$$

¿Cómo se desarrolla esta operación? ¿Cuál de los dos términos es anterior y cual posterior? La respuesta es doble: desde un planteamiento ontológico el marcado es anterior al no marcado porque ontológicamente no puede desaparecer la marca si antes no existía. Metodológicamente, el no marcado es anterior al marcado. No marcado es lo más frecuente atendiendo a su distribución, lo menos específico atendiendo al significado y lo morfológicamente más simple.

La marca funcional viene a ser el aspecto del que se parte para la construcción de un paradigma y es, por lo general, una señal formal que indica la presencia de un rasgo diferenciador.

4.6. Tipos de relaciones.

Por tanto, tal y como vimos en el capítulo 4 de *Lingüística general I*, el carácter sistemático del conjunto de unidades que componen los distintos niveles lingüísticos viene dado por las relaciones que contraen estas unidades de la lengua (funtivos) en los mencionados niveles. De ahí la necesidad de estudiar los tipos de relaciones que contraen estos funtivos. Estas relaciones (tanto sintagmáticas como paradigmáticas) pueden ser de diferente naturaleza:

– *Relaciones formales*: establecidas entre los funtivos del sistema foneticofonológico.

– *Relaciones funcionales*: establecidas entre los funtivos del sistema morfosintáctico.

– *Relaciones significativas*: establecidas entre los funtivos del sistema lexicosemántico.

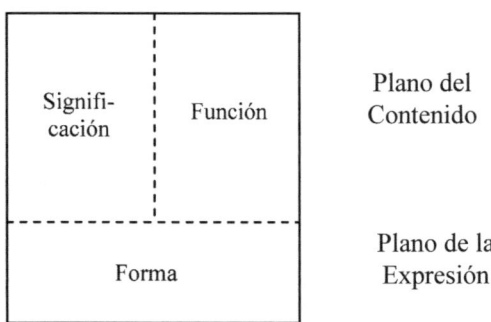

Fig. 11: Tipos de relaciones lingüísticas e infraestructuras en las que se producen.

Nuestra tarea como lingüistas es describir la organización estructural de las formas foneticofonológicas (Capítulo 2), del funcionamiento morfosintáctico (Capítulo 3), y de la significación lexicosemántica (Capítulo 4), a partir de las relaciones señaladas, puesto que, como decía Martinet, *las lenguas son formas que funcionan para una significación*. En el fondo no son otra cosa que significantes (formas) que se articulan semánticamente (significados) para dar muestra de un estado de conciencia (funcionamiento).

Por ello, los tres tipos de relaciones se presentan entre sí mediante la *interdependencia*, puesto que un único tipo de relación se muestra imposible para explicar la estructura del sistema lingüístico. En el caso de las relaciones solo formales no podríamos explicar las diferencias entre el sustantivo y el adjetivo, por ejemplo, ya que ambos tienen los mismos morfemas de género; tampoco entre verbos y sustantivos diciendo que los verbos terminan en –ar (también lo serían *mar, hangar, telar* y, sin embargo no lo son; etc.). Por ello, las relaciones formales deben complementarse con las significativas. Y éstas últimas tampoco se bastan a sí mismas. Si decimos que el adjetivo expresa sustancia, el adjetivo cualidad y el verbo acción, sustantivos como *carrera* no podrían significar acción, puesto que no es un verbo. Existe, por tanto, una interdependencia interactiva de las tres relaciones que posibilita que una unidad en el sistema se pueda clasificar a partir de su forma, como categoría básica en la lengua y que, en el proceso, deba precisarse a partir de sus relaciones funcionales, para llegar a una correcta significación. Y es que, semasiológicamente, por la forma se deduce la función y la significación y onomasiológicamente, la función se manifiesta por una forma significativa.

Así, en el nivel foneticofonológico, la Fonética estudiaría las formas y la Fonología la función que desempeñan, puesto que toda forma fonética es portadora de una función fonológica y toda función fonológica se manifiesta mediante una forma fonética.

En el nivel morfosintáctico, la Morfología estudiaría las formas y la Sintaxis el funcionamiento gramatical de estas formas, es decir, la combinatoria distribucional (reglas que permiten distribuir las unidades) y el empleo funcional de estas unidades formales en interior de esta infraestructura.

Finalmente, en el nivel lexicosemántico, la Lexicología estudiaría la forma y la Semántica la función que realizan estas formas. De esta manera llegaremos también a la correcta significación.

5. La estructura lingüística desde la postura tipológica.

Finalmente, nos queda por decir que cada lengua organiza la realidad extralingüística de una manera diferente, lo que se manifiesta, obviamente, en una estructura lingüística distinta.

Así, por ejemplo, la presentación de una realidad de manera indeterminada, que en español se realiza en el nivel sintagmático mediante un artículo indeterminado y un sustantivo, en el persa, por poner un caso, se realiza en el nivel léxico; o la presentación de la realidad de manera determinada, mediante el artículo determinado y el sustantivo en español, en hebreo se realiza mediante una sola lexía.

Si reflexionamos ahora sobre la categoría gramatical del género, podremos comprobar que los presentadores actualizadores presentan diferentes formas para el masculino y femenino en algunas lenguas (el español y el alemán, por ejemplo), mientras que, en otras, su forma es la misma (en el caso del persa).

Ello ha justificado los estudios comparativos con el objeto de determinar las particularidades estructurales de cada lengua. Sirva como ejemplo final el esquema que proponemos y que nos servirá para el análisis tipológico final que realizaremos tras el estudio de la estructura lingüística (capítulo 4).

ESPAÑOL (Lengua indoeuropea de la rama occidental románica del latín)	ALEMÁN (Lengua indoeuropea de la rama occidental germánica del protogermánico)	PERSA (Lengua indoeuropea de la rama oriental)	HEBREO (Lengua semítica)
1. Hombre	Mann	Maerd	Iš
2. Un hombre	Ein mann	Maerdi	Iš
3. El hombre	Der mann	An maerd	Haiš
4. La mujer	Die frau	An zaen	Haiša
5. Un hombre bueno	Ein guter mann	Maerdi xub	Iš tov
6. El hombre bueno	Der gute mann	An maerde xub	Haiš hatov
7. Una mujer buena	Eine gute frau	Zaeni xub	Iša tova
8. La mujer buena	Die gute frau	An zaene xub	Haiša hatova

Finalmente, considere que para haber alcanzado correctamente los objetivos propuestos en el proceso de enseñanza y aprendizaje del tema finalizado, debe haber comprendido con claridad que:

1. Desde el ámbito estructural, se ha considerado la noción de *nivel* como sinónimo de cada una de las etapas en que es posible establecer y definir unidades lingüísticas cuya combinación con las de niveles superiores se traducirá en el reflejo de la estructura funcional de la lengua. Distinguimos dos niveles lingüísticos: un primer nivel del *significante* o de la *expresión* (el foneticofonológico) y un segundo nivel del *significado* o del *contenido*, estructurado a su vez en dos subniveles; el del *contenido relativo* (el morfosintáctico) y el del *contenido absoluto* (el lexicosemántico). La estructura de una lengua consta, pues, de sus *elementos* situados en diferentes planos y de sus *relaciones* mutuas, pues la lengua tiene el carácter de un sistema basado únicamente en la oposición de unidades concretas.

2. Lo que hace que la estructura de los signos que constituyen las lenguas tenga una naturaleza lingüística es su *forma*, frente a la materia (que pertenece a la realidad extralingüística) y a la sustancia (que es un fenómeno del habla). La forma es lingüística porque posee una *función*. Para ac-

tualizar el valor funcional que una forma adquiere en el habla hay que tener en cuenta las *relaciones opositivas* que la unidad lingüística puede contraer con otras que aparece en el mismo contexto (relaciones *sintagmáticas*) o con las que podría aparecer en su lugar (relaciones *paradigmáticas*), de las que surgen su valor.

3. No todos los lingüistas han concebido de manera similar nuestro objeto de estudio, debido, principalmente, al carácter complejo de su naturaleza —sobre todo en lo relativo a los distintos planos en los que se puede estructurar—. De ahí que se pueda considerar como una entidad monoplánica (Bloomfield); biplánica (Saussure, Hjelmslev, Coseriu) o como una entidad en la que también se considera la realidad extralingüística (Bühler, Heger).

4. La estructura de la lengua consta de los *funtivos* situados en los distintos planos y de sus *relaciones* mutuas porque la lengua es un sistema de valores establecidos por oposición. Y, puesto que un sistema se diferencia de otro por la organización interna de sus elementos (estructura), nuestra tarea consiste en el análisis de su estructura. Para ello debemos diferenciar entre *sistema* y *proceso*; considerar el concepto de *distribución* y sus *tipos*; diferenciar las *funciones* que pueden realizar las unidades de la lengua; precisar las *relaciones sintagmáticas* y *paradigmáticas*; comprobar la actualización sustancial en el discurso de las relaciones paradigmáticas mediante la *marca funcional*; estudiar los distintos *tipos de relaciones* que contraen los funtivos; a saber, las relaciones *formales* establecidas entre los funtivos del sistema foneticofonológico, las relaciones *funcionales* establecidas entre los funtivos del sistema morfosintáctico y las relaciones *significativas* establecidas entre los funtivos del sistema lexicosemántico.

5. Cada lengua organiza la realidad extralingüística de una manera diferente, lo que se manifiesta, obviamente, en una estructura lingüística distinta. Ello ha justificado los estudios *tipológicos* con el objeto de determinar las particularidades estructurales de cada lengua.

F. Actividades sugeridas.

— A continuación vaya anotando las dudas que le van surgiendo tras la lectura de los distintos puntos del tema y después la resolución de las mismas, ya sea por las clases recibidas, el estudio personal o las tutorías realizadas. Este proceso le servirá tanto para la mejor comprensión de la materia como para la preparación de la prueba final.

— Conteste a las siguientes cuestiones:

1. Explique el procedimiento metodológico que lleva a la organización estructural del signo lingüístico.

2. Haga un cuadro en el que aparezcan los distintos niveles de la estructura lingüística así como las divisiones que lo estudian.

3. Explique el procedimiento mediante el cual el signo lingüístico aprehende la realidad extralingüística y le da forma lingüística.

4. ¿Es la Semántica una disciplina lingüística? Razone su respuesta.

5. Explique las razones por las cuales Heger transformó el triángulo metodológico en un trapecio.

6. ¿Cuáles son las funciones que pueden realizar las unidades lingüísticas?

7. ¿Por qué existe una relación de interdependencia entre las tres infraestructuras del signo lingüístico?

8. Explique el concepto de clase distribucional a partir de los siguientes ejemplos tomados del japonés.

1	Ikkai	Primer piso	6	Iciban	Primero
2	Nikai	Segundo piso	7	Niban	Segundo
3	Sangai	Tercer piso	8	Samban	Tercero
4	Yongai	Cuarto piso	9	Yomban	Cuarto
5	Gokai	Quinto piso	10	Goban	Quinto

A continuación, utilice este espacio para resolver los ejercicios adicionales que le pueda proponer su profesor o para contestar a las preguntas de los posibles documentales visionados durante las clases.

— Comente los siguientes textos explicando su contenido y realizando la pertinente valoración. Como orientación para el análisis crítico sugerimos el presente modelo:

1. Breve noticia sobre el autor del texto.
2. Determinación de la problemática del texto, señalando su unidad específica y la formulación teórica en la que se ubica la misma.
3. Establecimiento de la estructura que presenta el texto; esto es, división en partes temáticas.
4. Exposición de la tesis que defiende el autor sobre la problemática planteada, señalando:

    4.1. La filosofía espontánea que afecta a su propuesta.

    4.2. Las ideas principales y secundarias del texto.
5. Precisión como conclusión de la respuesta que se pueda dar a la problemática planteada.
6. Valoración del texto en su conjunto a partir de una breve opinión personal.

1. Texto de Martinet.

«Una lengua es un instrumento de comunicación con arreglo al cual la experiencia humana se analiza de modo diferente en cada comunidad, en unidades dotadas de un contenido semántico y de una expresión fónica. Esta expresión fónica se articula a su vez en unidades distintivas y sucesivas, los fonemas, en número determinado en cada lengua, cuya naturaleza y relaciones mutuas difieren también de una lengua a otra. Esto implica: 1°) que reservamos el término de lengua para designar un instrumento de comunicación doblemente articulado y de manifestación vocal, y 2°) que, a parte de esta base común, como lo indican las expresiones "de modo diferente" y "difieren" en la formulación precedente, no hay nada propiamente lingüístico que no pueda diferir de una lengua a otra. En este sentido es en el que se debe entender la afirmación de que los hechos de lengua son "arbitrarios" o "convencionales"».

(A. Martinet, *Elementos de Lingüística general*, Gredos, Madrid, 1960).

2. Texto de Hjelmslev.

«Hasta ahora hemos sido intencionalmente fieles a la vieja tradición de acuerdo con la cual un signo es primera y principalmente signo de algo. En este punto estamos de acuerdo con la concepción popular, ampliamente difundida entre lógicos y epistemólogos. Pero queda por demostrar que tal concepción es lingüísticamente insostenible, y en esto estamos de acuerdo con el más reciente pensamiento lingüístico.

Mientras que, de acuerdo con el primer punto de vista, el signo es una expresión que señala hacia un contenido que hay fuera del signo mismo, de acuerdo con el segundo punto de vista (que ha expuesto especialmente Saussure [...]) el signo es una entidad generada por la conexión entre una expresión y un contenido [entiéndase que Hjelmslev utiliza el sintagma *punto de vista* en sentido genérico]».

(L. Hjelmslev, *Prolegómenos a una teoría del lenguaje*, Gredos, Madrid, 1969).

G. Lecturas recomendadas.

BENVENISTE, E., «Los niveles del análisis lingüístico» *apud Problemas de Lingüística general,* Siglo XXI, México, 1974, pp. 118-130.
Clara presentación de los niveles que deben ser establecidos y estudiados en el análisis lingüístico.

VERA LUJÁN, A., «Planteamientos metodológicos: niveles y unidades» *apud Fundamentos de análisis sintáctico*, Universidad de Murcia, Murcia, 1994, pp. 9-55.
Certera presentación de los niveles lingüísticos así como de sus unidades constitutivas desde el monema hasta el texto.

H. Ejercicios de autoevaluación.

Con el fin de que se pueda comprobar el grado de asimilación de los contenidos, presentamos una serie de cuestiones, cada una con tres alternativas de respuestas. Una vez que haya estudiado el tema, realice el test rodeando con un círculo la letra correspondiente a la alternativa que considere más acertada. Después justifique en el espacio que se deja a continuación las razones por las que piensa que la respuesta elegida es la correcta, indicando también las razones que invalidan la corrección de las restantes.

Cuando tenga dudas en alguna de las respuestas vuelva a repasar la parte correspondiente del capítulo e inténtelo otra vez.

1. Los términos de expresión y contenido fueron acuñados por

A Coseriu.
B Saussure.
C Hjelmslev.

2. El cambio de los términos significante y significado por los de expresión y contenido se debe

A A un planteamiento de análisis distinto.
B A una ampliación del objeto de estudio.
C A una ruptura con los estudios anteriores.

3. El análisis del signo lingüístico debe entenderse como el estudio

A De la unión entre el plano de la expresión y el del contenido.
B De la relación entre el plano de la expresión y el del contenido.
C De la estructura del plano de la expresión y la del contenido.

4. La división en el signo lingüístico entre un plano de la expresión y otro del contenido es de naturaleza

A Teórica.
B Metodológica.
C Real.

5. La relación que se puede establecer entre el plano de la expresión y el del contenido es de

A Exclusión.
B Presuposición.
C Reciprocidad.

6. ¿En qué plano debe comenzar el análisis lingüístico?

A. En la expresión.
B. En el contenido.
C. En cualquiera de los dos.

7. El signo lingüístico se diferencia de otros signos no lingüísticos por su

A Sustancia.
B Forma.
C Función.

8. La organización estructural del signo lingüístico se debe a

A La forma opuesta a la sustancia.
B La forma opuesta a la función.
C La forma opuesta a la materia.

9. Desde los presupuestos estructuralistas, nivel puede entenderse como

A La estratificación social del uso lingüístico.
B Las etapas de definición y análisis de las unidades lingüísticas.
C Las respuestas A y B son correctas.

10. El nivel más elemental de la lengua es el

A Foneticofonológico.
B Morfosintáctico.
C Lexicosemántico.

11. La forma del plano del contenido es la ordenación de la sustancia para obtener determinada unidad

A La respuesta es verdadera.
B No existe forma del contenido.
C Las respuestas A y B son correctas.

12. La división que estudia la forma del plano de la expresión del signo lingüístico es la

A Fonética.
B Fonología.
C Las respuestas A y B son correctas.

13. La función en cuanto comportamiento lingüístico se opondría a la

A Forma en cuanto conjunto de reglas.
B Forma en cuanto expresión.
C Forma opuesta a sustancia.

14. La sustancia de los universales penetra en el signo y se expresa en la lengua gracias a las

A Funciones semánticas.
B Funciones sintácticas.
C Formas lexicológicas.

15. Es incorrecto afirmar que la sustancia es un fenómeno que pertenece al habla

A Sí.
B Sí, aunque depende de la perspectiva.
C No.

16. La lengua no es sustancia sino forma que por su esencia es funcionamiento.

A La afirmación es verdadera.
B La afirmación es falsa.
C Sólo desde un planteamiento semasiológico.

17. La forma no necesita materializarse en ninguna sustancia para tener una existencia independiente

A Siempre.
B Nunca.
C A veces.

18. La masa del continuo físico de los sonidos constituye

A La materia que entra en el plano del contenido.
B La materia que entra en el plano de la expresión.
C La sustancia configurada en el plano de la expresión.

19. Las funciones sintácticas se manifiestan en la lengua por medio de

A Formas lexicológicas.
B Formas morfológicas.
C Formas fonológicas.

20. El nivel lexicosemántico presenta unidades

A De contenido absoluto.
B De contenido relativo.
C De significante o expresión.

21. El nivel morfosintáctico presenta unidades

A Poco numerosas y muy sistemáticas.
B Muy numerosas y poco sistemáticas.
C Muy numerosas y muy sistemáticas.

22. La separación entre lo morfosintáctico y lo lexicosemántico comienza

A En el siglo XVIII.
B En el siglo XIX.
C En el siglo XX.

23. En la primera mitad del siglo XIX, los estudios lingüísticos son de índole

A Idealista.
B Positivista.
C Historicista.

24. Durante el siglo xx, Hjelmslev excluye de los análisis lingüísticos

A El estudio fonético.
B El estudio semántico.
C Las respuestas A y B son correctas.

25. La marca funcional es la que permite la realización sustancial en la lengua

A De las relaciones paradigmáticas.
B De las relaciones sintagmáticas.
C Las respuestas A y B no son correctas

I. Glosario.

Adecuación: Propiedad del discurso consistente en la correcta elección de soluciones lingüísticas en situaciones comunicativas concretas.

Atomismo: En las investigaciones lingüísticas preestructurales, análisis de hechos particulares, aislados y estudiados unidimensionalmente.

Clase distribucional: conjunto de todas las unidades del sistema que son distribucionalmente equivalentes en un mismo nivel.

Consustancialidad cuantitativa: Relación que, según las propuestas saussurianas, se establece entre significante y significado y que permite la unión de un solo significante con un significado y viceversa.

Contenido absoluto: Infraestructura del plano del contenido formada por las unidades muy numerosas y poco sistematizadas que constituyen los niveles de la estructura lexicosemántica de una lengua.

Contenido relativo: Infraestructura del plano del contenido formada por las unidades poco numerosas y muy sistematizadas que constituyen los niveles de la estructura morfosintáctica de una lengua.

Contenido: Plano del signo lingüístico que corresponde a lo que se manifiesta a través de la expresión.

Distribución: Conjunto de contextos en los que puede aparecer una unidad lingüística.

Distribución complementaria: Se produce cuando en los contextos en los que puede aparecer la unidad x, nunca puede aparecer la unidad y.

Equivalencia distribucional: Se produce cuando los contextos en los que puede aparecer una unidad x son los mismos en los que puede aparecer una unidad y.

Expresión: Plano del signo lingüístico que sirve para manifestar el contenido.

Forma fonética: Expresión portadora de una función fonológica.

Forma lexicológica: Expresión portadora de una función semántica.

Forma morfológica: Expresión portadora de una función sintáctica.

Forma: 1. Conjunto de reglas lingüísticas que al aplicarlas sobre una materia nos permite obtener una sustancia. **2**. Expresión.

Función combinatoria: La que contraen dos unidades lingüísticas cuando se unen entre sí.

Función contrastiva: La que contraen dos unidades lingüísticas cuando se diferencian entre sí.

Función fonológica: Comportamiento lingüístico que se materializa a través de una forma fonética.

Función semántica: Comportamiento lingüístico que se materializa a través de una forma lexicológica.

Función sintáctica: Comportamiento lingüístico que se materializa a través de una forma morfológica.

Hilemórfico: Planteamiento mediante el cual se pretende precisar lo lingüístico del signo mediante la distinción entre materia, sustancia y forma.

Inclusión distribucional: Se produce cuando en todos los contextos en los que aparece Y puede aparecer también X, pero los hay en los que aparece X y no Y.

Infraestructura: División de carácter metodológico realizada en el interior de una estructura.

Intersección distribucional: Se produce cuando hay contextos en los que puede aparecer tanto X como Y pero hay otros en los que solo puede aparecer X o Y.

Marca funcional: la que permite actualizar sustancialmente en el proceso las relaciones paradigmáticas.

Materia: Masa amorfa del pensamiento sin organizar por las estructuras lingüísticas.

Método estructural: Conjunto de pasos con los que se actualiza formalmente las distintas propuestas teóricas del paradigma cientificista lingüístico para llegar al conocimiento de su objeto de estudio.

Paradigma: Conjunto de elementos lingüísticos que constituyen un modelo cerrado desde la postura sincrónica y permiten la organización y funcionamiento de las unidades lingüísticas en los distintos niveles.

Proceso: Conjunto finito de elementos recurrentes (que se pueden repetir) y susceptibles de asociarse según ciertas reglas.

Rasgo distintivo: Unidad de una clase distribucional que es lingüísticamente pertinente.

Relación: Conexión de dos o más elementos lingüísticos.

Relación formal: La que se establece entre los funtivos del sistema foneticofonológico.

Relación funcional: la que se establece entre los funtivos del sistema morfosintáctico.

Relación paradigmática: Aquélla que las unidades lingüísticas contraen con otras unidades que pueden aparecer en su mismo lugar.

Relación significativa: la que se establece entre los funtivos del sistema lexicosemántico.

Relación sintagmática: Aquélla que las unidades lingüísticas contraen con otras unidades que aparecen en su mismo contexto.

Significado: Según la terminología saussuriana, la cara más abstracta de las que constituyen el signo lingüístico, correlato mental del significante.

Significante: Según la terminología saussuriana, una de las caras que constituye el signo lingüístico; a saber, la que responde a la representación que de los sonidos nos da nuestro sentido.

Sistema o Lengua: agrupación de los elementos que forman el proceso según sus afinidades en las combinaciones y que presenta las reglas que permiten dar cuenta de sus compatibilidades.

Sustancia: Resultado del procedimiento de configuración de la materia aplicando una forma lingüística.

Trapecio metodológico: Formulación hegeriana con las que se pretende superar las deficiencias de los triángulos metodológicos.

Triángulo metodológico: Formulación mediante la cual se pretende representar el signo lingüístico como un sistema de relaciones tripartitas entre significante, significado y referente.

Variación libre: Unidad lingüísticamente no pertinente.

J. Bibliografía general.

AUZÍAS, J. M., *El Estructuralismo*, Alianza, Madrid, 1969.

BALDINGER, K., «Structures et systèmes Linguistiques», *Travaux de Linguistique et Littérature de l'Université de Strasbourg*, 5, I (1967), pp. 123-140; (hay traducción española en *Teoría Semántica*, Alcalá, Madrid, 1970, pp. 151-160 y 211 y ss.).

CHAFE, W. L., *Significado y estructura de la lengua*, Planeta, Barcelona, 1976.

CORNEILLE, J. P., *La Lingüística estructural*, Gredos, Madrid, 1979.

DAIX, P., *Claves del Estructuralismo*, Calden, Buenos Aires, 1969.

DOMÍNGUEZ HIDALGO, A., *Iniciación a las estructuras lingüísticas*, Porrúa, México, 1974.

DOSSE, F., *Historia del estructuralismo*, Akal, Madrid, 2004.

DUCROT, O., *El Estructuralismo en lingüística*, Losada, Buenos Aires, 1975.

ECO, U., *Signos*, Labor, Barcelona, 1976.

HAMMARSTRÖM, G., *Las unidades lingüísticas en el marco de la lingüística moderna*, Gredos, Madrid, 1974.

IBÁÑEZ, J. M., *Sobre el Estructuralismo*, Eunsa, Pamplona, 1985.

LAMÍQUIZ, V., *Lengua española. Métodos y estructuras lingüísticas*, Ariel, Barcelona, 1987.

MANOLIU, M., *El Estructuralismo lingüístico*, Cátedra, Madrid, 1977.

PIAGET, J., *El Estructuralismo*, Oikos-Tau, Barcelona, 1980.

SANTERRE, R., *Introducción al Estructuralismo*, Nueva Visión, Buenos Aires, 1969.

SNELL, B., *Estructura del lenguaje*, Gredos, Madrid, 1966.

Capítulo 2

LAS UNIDADES LINGÜÍSTICAS DEL PLANO DE LA EXPRESIÓN: ORGANIZACIÓN ESTRUCTURAL DE LAS FORMAS FONETICOFONOLÓGICAS.

A. Cronograma.

Semana 3

Actividad docente	Horas presenciales		Horas no presenciales		
	Teóricas	Prácticas	Estudio	Ejercicios	Tutorías
1. Lectura de los puntos 1, 2, 3 y 4 del tema y anotación de dudas			1		
2. Exposición panorámica de los puntos 1, 2, 3 y 4 y resolución de dudas	2				
3. Realización de actividades teóricas y prácticas 1, 2, 3, 4 y 5 y texto 1				2	
4. Estudio de los contenidos y nociones de los puntos 1, 2, 3 y 4			1		
5. Sesión práctica sobre los contenidos y actividades realizadas		2			
6. Tutorías o resolución de dudas					2

Semana 4

Actividad docente	Horas presenciales		Horas no presenciales		
	Teóricas	Prácticas	Estudio	Ejercicios	Tutorías
1. Lectura de los puntos 5 y 6 del tema y anotación de dudas			1		
2. Exposición panorámica de los puntos 5 y 6 y resolución de dudas	2				
3. Realización de actividades teóricas y prácticas 6 y 7, texto 2 y lecturas recomendadas				2	
4. Estudio de los contenidos y nociones de los puntos 5 y 6			1		
5. Sesión práctica sobre los contenidos y actividades realizadas		2			
6. Proceso de autoevaluación			1		
7. Tutorías o resolución de dudas					2
Total volumen de trabajo del tema en las dos semanas	4	4	5	4	4
	8		13		

B. Objetivos.

1. Comprender la estructuración del plano de la expresión del signo lingüístico desde una concepción lineal, determinando las disciplinas o divisiones que lo estudian y especificando sus objetos.

2. Conocer los distintos aspectos en los que se puede estructurar la descripción fonética de la lengua.

3. Conocer los distintos aspectos en los que se puede estructurar la descripción fonológica de la lengua.

4. Comprender la noción, estructura y tipos de rasgos fónicos.

5. Comprender la noción, estructura y tipos de fonemas.

6. Conocer la organización estructural del funcionamiento fonológico.

C. Palabras clave.

– Fonética.	– Fonología.
– Fonética General.	– Fonética Descriptiva.
– Fonética Histórica.	– Ortofonía.
– Fonología General.	– Fonología Descriptiva.
– Fonología Diacrónica.	– Fonemática.
– Rasgo fónico.	– Fonón.
– Aliedad.	– Fonema.
– Fono.	– Alteridad.

D. Organización de los contenidos.

1. Fonética y Fonología: objetos y diferencias. Visión histórica.
   1.1. La reflexión griega.
   1.2. El siglo xix y la experimentalidad.
   1.3. El siglo xx: propuestas de Alarcos y M. Marín.
2. La Fonética: distintos planteamientos.
   2.1. Características generales.
   2.2. Aspectos básicos según Malmberg.
   2.3. Posturas en la investigación fonética.
3. La Fonología: distintos planteamientos.
   3.1. Presupuestos generales.

3.2. Aspectos básicos según Malmberg.

3.3. Propuestas de Alarcos.

3.4. Propuestas de Jakobson.

4. Las unidades lingüísticas del plano de la expresión.

    4.1. El rasgo fónico.

    4.2. El fonema.

5. Los sistemas del plano de la expresión.

    5.1. El sistema fonético de la lengua.

    5.2. El sistema fonemático de la lengua.

    5.3. El sistema fonológico de la lengua.

6. La estructura del sistema foneticofonológico: oposiciones, relaciones entre oposiciones, haces de correlación.

    6.1. Establecimiento de oposiciones.

    6.2. Relaciones entre oposiciones.

    6.3. Correlación de haces.

Una vez que haya estudiado el tema y con el fin de que alcance una visión panorámica del mismo que le ayude a *sintetizar, ordenar* y *estructurar* una información de cierta amplitud y a preparar una posible prueba de examen, realice un **cuadro sinóptico o esquema** en el que, partiendo de la estructuración propuesta anteriormente, organice de manera resumida los contenidos fundamentales del tema. Utilice para ello únicamente el espacio que se le propone.

E. Desarrollo de los contenidos.

1. Fonética y Fonología: objetos y diferencias. Visión histórica.

1.1. La reflexión griega.

La comprensión de lo que se entiende hoy en día por Fonética y Fonología viene determinada por una serie de clasificaciones de los elementos mínimos debidas, sobre todo, a Platón, Aristóteles y los estoicos, puesto que la división en vocales y consonantes, el reconocimiento de la sílaba, así como la caracterización tripartita de las letras en *potestas*, *figura* y *nomen*, prácticamente ha llegado sin modificación hasta el siglo XIX. Por ello, nuestra historia lineal de la Lingüística debe arrancar desde aquí, aunque sólo sea para hacer una breve mención, puesto que, todo hay que decirlo, las propuestas señaladas basaban sus descripciones en términos acústicos e impresionistas, lo que iba en detrimento de la exhaustividad y rigor de sus clasificaciones.

1.2. El siglo XIX y la experimentalidad.

Sin embargo, será en el siglo XIX cuando, en contacto con la tradición hindú, que había llevado a cabo análisis fónicos extremadamente precisos, una serie de nociones cercanas al ámbito articulatorio se vieron revestidas del conceptualismo positivista, sentando las bases para una Fonética objetivista, pasando a hablar en términos de sonidos en lugar de letras y de mutaciones de letras.

En este sentido, asistimos en la segunda mitad del siglo XIX a un auténtico desarrollo de la Fonética como disciplina experimental, ya sea desde el ámbito físico o acústico como articulatorio y a la necesidad de resolver el problema que suponía el hecho de que los hablantes de una lengua pudiesen identificar, por ejemplo, las vocales y las consonantes de sus interlocutores, tan distintas de las suyas propias.

1.3. El siglo XX: propuestas de Alarcos y M. Marín.

Ello justificó el nacimiento de la Fonología en cuanto estudio de aquellos rasgos que tienen una función lingüística y la necesidad de establecer líneas de demarcación tanto en el objeto como en el método de investigación.

En este sentido, siguiendo las propuestas de Marcos Marín y Alarcos, y partiendo de una distinción que tiene sus orígenes en el Círculo de Praga, podemos definir la Fonética como la división de la Lingüística que estudia la sustancia de la expresión, es decir, el acto concreto de manifestación fónica de un sonido; frente a la Fonología que se ocuparía de los fonemas en cuanto formas sonoras en el plano de la lengua.

2. La Fonética: distintos planteamientos.

La Fonética es la más experimentable de las disciplinas lingüísticas; por ello, no han faltado quienes consideraron a la Fonética como una división puramente acústica.

Sin embargo, posee otras peculiaridades. Veamos, pues, sus características, así como sus distintos aspectos en la investigación fonética.

2.1. Características generales.

La Fonética presenta las siguientes características:

— *experimentalidad*, puesto que opera con ciertos aparatos con una tecnología precisa;

— *carácter fisiológico*, porque estudia la forma de realizarse los sonidos en el aparato fonador y articulatorio;

— *carácter auditivo*, cuando analiza la reacción a los sonidos;

— y, finalmente, su carácter *acústico*, porque analiza la estructura física de los sonidos.

En una relación más estrecha con el ámbito lingüístico podemos incluso diferenciar entre:

a) Fonética *evolutiva*, que estudia la historia de los sonidos;

b) Fonética *sincrónica*, que estudia los sonidos de una lengua en un momento dado;

c) y Fonética *descriptiva*, que analiza los órganos, mecanismos y factores que intervienen en la producción del sonido.

2.2. Aspectos básicos según Malmberg.

Partiendo ahora de las propuestas de Malmberg, podemos distinguir cuatro aspectos básicos en la Fonética:

a) la *Fonética general*, que estudia las posibilidades acústicas del hombre y el funcionamiento de su aparato fonador;

b) la *Fonética descriptiva*, que estudia las particularidades fonéticas de cada lengua;

c) la *Fonética histórica*, encargada de los cambios fonéticos de una lengua en su historia;

d) y, finalmente, la *Ortofonía*, orientada a la formulación de las normas para la correcta realización de la estructura fónica de una lengua.

2.3. Posturas en la investigación fonética.

Ahora bien, las abundantes características experimentales, acústicas, fisiológicas y auditivas no constituyen una justificación suficiente para aislar a la Fonética de las disciplinas lingüísticas, máxime cuando el planteamiento integral que estamos estableciendo debe recoger las dos concepciones de la forma antes mencionadas; por tanto, aunque desde un acercamiento hilemórfico la Fonética sea el estudio de la sustancia, desde el ámbito funcional es el soporte de la función fonológica y, por ello, objeto de estudio lingüístico.

Ello se traduce, desde un acercamiento metodológico, en el hecho de que la descripción del nivel foneticofonológico debe considerar la independencia de ambas divisiones a la vez que la complementariedad de las mismas. Para ello, la descripción de los datos del análisis fonético será el paso previo a la identificación de los elementos distintivos que dará como resultado la configuración del sistema fonológico de la lengua que se describe.

Según esto, aunque el trabajo del fonetista podría darse desde múltiples planteamientos, todos éstos se caracterizan por considerar el lenguaje desde uno de los dos siguientes acercamientos; a saber,

– el *semasiológico*, preocupado por las características acústicas de la sustancia del significante;

– o el *onomasiológico*, interesado en los caracteres articulatorios de la producción del sonido.

Así pues, la Fonética articulatoria y acústica son las dos propuestas complementarias para la visión totalizadora del hecho fónico:

a) la *Fonética articulatoria*, por cuanto ha proporcionado los parámetros clasificatorios más extendidos en los manuales clásicos de pronunciación;

b) y la *Fonética acústica*, por cuanto ha analizado la onda sonora del lenguaje en sus componentes.

3. La Fonología: distintos planteamientos.

Junto a ello, la Fonología jerarquiza los datos fonéticos según la noción de pertinencia comunicativa, nacida de la aplicación coherente de los presupuestos saussureanos al ámbito del significante, llevada a cabo por el Círculo de Praga. Veamos, pues, estos presupuestos generales, así como sus distintos aspectos básicos.

3.1. Presupuestos generales.

Los presupuestos generales de la Fonología según Duchet son los siguientes:

– La concepción de la lengua como un *sistema funcional* cuyas finalidades son la expresión y la comunicación.

– La *importancia del sonido*, como hecho físico–objetivo; la representación acústica de dicho sonido; y su integración en un sistema funcional, como puntos fundamentales del estudio del componente fónico.

– La consideración de las *relaciones recíprocas* de las unidades fónicas antes que su «contenido sensorial», con el objeto de determinar la carga funcional de los distintos fonemas del sistema.

La Fonología, pues, estudia las diferencias fónicas asociadas a diferencias de significación, el componente mutuo de tales elementos diferenciales, así como las reglas según las cuales éstos se combinan para formar significantes.

3.2. Aspectos básicos según Malmberg.

Partiendo también de las propuestas de Malmberg, podemos distinguir una serie de aspectos básicos dentro la Fonología:

a) la *Fonología general*, que estudia los universales de la forma en el plano de la expresión;

b) la *Fonología descriptiva*, encargada del estudio de las relaciones entre las formas en el plano de la expresión;

c) y, finalmente, la *Fonología diacrónica*, que estudia el cambio del plano de la expresión de una lengua a lo largo de la historia.

A su vez, cada uno de estos grandes grupos se subdividiría en:

a) la *Fonología del sonido* o *Fonemática*, que estudia cómo los rasgos fónicos distintivos componen fonemas y la estructura de los mismos;

b) la *Fonología de la palabr*a, que estudia el comportamiento que en las unidades superiores a la 1ª articulación tiene el fonema;

c) y, para terminar, la *Fonología del enunciado*, encargada de establecer la estructura fonológica de las unidades superiores al sintagma.

3.3. Propuestas de Alarcos.

Con todo, y aunque ha habido autores que extienden el término Fonología al estudio de todos los hechos lingüísticos tomando como base el criterio de la funcionalidad en la lengua (Fonología morfológica, Fonología sintáctica y Fonología lexical), siguiendo las propuestas de E. Alarcos Llorach, creemos que debe reservarse el nombre de Fonología al estudio funcional y estructural de los elementos fónicos.

En definitiva, se trata de establecer el contenido fonológico de cada fonema en particular a partir de la posición que éste ocupa en el sistema fonológico, es decir, dependiendo exclusivamente de los otros fonemas a los que se opone.

3.4. Propuestas de Jakobson.

Partiendo de la sistemática establecida por Trubetzkoy para la clasificación de las oposiciones distintivas, Jakobson establecerá cuatro aspectos decisivos para el desarrollo de la metodología fonológica; a saber, los relativos a la naturaleza de los rasgos fónicos, al perfilamiento a partir de ellos de la noción de fonema, al establecimiento de criterios binarios de clasificación de rasgos y, finalmente, a la justificación de tal binarismo en la esencia misma del hecho lingüístico.

Aunque sometido en los últimos años a no pocas revisiones que han afectado tanto al carácter binario de sus propuestas como a la identidad de los rasgos fónicos, el planteamiento de Jakobson constituye, según Martinet, el punto más próximo en que ha podido accederse en el ámbito del Estructuralismo, al escudriñamiento de los universales lingüísticos del componente fonológico.

4. Las unidades lingüísticas del plano de la expresión.

Son las unidades mínimas de la Lengua en el plano de la expresión que constituyen los funtivos de los niveles de la estructura foneticofonológica. Podemos distinguir dos unidades diferentes:

4.1. El rasgo fónico.

Es un microsigno cuya función es la de diferenciar los significados y categorizar los elementos de la cadena hablada. Se diferencia del resto de las unidades tanto de este nivel como de las del resto de los niveles en el hecho de que es la única que rompe el carácter lineal del significante del signo lingüístico. De ahí que el rasgo fónico sea la única unidad lingüística que no puede segmentarse en el tiempo.

Como en todo signo, puede diferenciarse metodológicamente dentro de él dos *infraestructuras*, la expresión, que en este caso recibe el nombre de *fonón*, y el contenido, que se denomina *aliedad*.

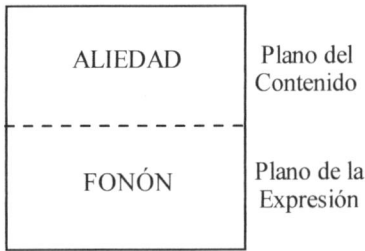

ALIEDAD	Plano del Contenido
FONÓN	Plano de la Expresión

Fig. 1: Representación gráfica de la estructura del rasgo fónico.

Frente a los rasgos fónicos *no relevantes*, que son ajenos a la consideración lingüística y se comportan, por tanto, como un índice, los rasgos fónicos *relevantes* son aquellos que tienen intención comunicativa y, consecuentemente, funcionan dentro de sistema lingüístico que constituye este nivel.

Son estos últimos los que nos interesan, y de entre ellos no los que tienen un carácter redundante, es decir, los que ayudan a identificar un rasgo no relevante, sino aquellos que funcionan diferenciando fonemas, los *rasgos distintivos intrínsecos*, ya sean de *sonoridad*, basados en la cantidad e intensidad de la energía acústica para producir un fonema (nasalidad, vocal, continuidad, tensión, densidad, etc.) o de *tonalidad*, basados en la altura o el tono de la voz (grave/agudo); y los que señalan la división del enunciado en unidades gramaticales, los *rasgos distintivos configurativos*, ya sean para poner de relieve las unidades del discurso, una sílaba frente a otra mediante la cantidad, intensidad o tono (*culminativos*) o para delimitar las unidades del mismo (*demarcativos*).

4.2. El fonema.

Alarcos define el fonema como el conjunto de propiedades fonológicamente relevantes de un complejo fónico, definición que coincide con la de Mariner, para quien el fonema es el conjunto de características fónicas distintivas.

Así, frente al sonido, el fonema, según la R.A.E., es una clase de sonido constituido por un complejo de rasgos fónicos. Siguiendo con las propuestas de Pottier, podemos decir que, atendiendo a su *estructura*, está formado por un plano de la expresión llamado *fono* y por un plano del contenido llamado *alteridad*.

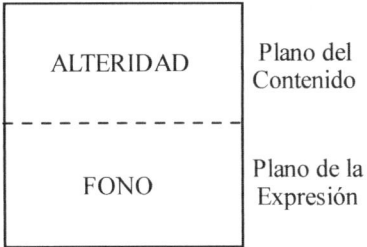

Fig. 2: Representación gráfica de la estructura del fonema.

Dependiendo de sus relaciones paradigmáticas los fonemas se pueden clasificar en dos grupos:

a) *Segmentables*, aquellos que pueden aislarse en su realización sustancial (vocales, consonantes, diptongos, triptongos, etc.).

b) *No segmentables*, los que no pueden hacerlo (ritmo, entonación).

Si tenemos en cuenta ahora las relaciones sintagmáticas que pueden contraer, los fonemas pueden ser:

a) *Centrales*, los que pueden formar sílabas por sí solos (vocales).

b) *Marginales*, los que no pueden hacerlo (consonantes).

5. Los sistemas del plano de la expresión.

El análisis debe comenzar por la Fonética porque desde una perspectiva realista (usada en la segunda Vía de la Lingüística porque su objeto de estudio, la lengua, es empírico) hay que seguir una aproximación metodológica.

Lo primero que existe es la materia, después una forma concreta (las reglas de cada lengua) que se aplica a la materia para dar una sustancia. En este sentido, la Fonética es anterior a la Fonología, aunque nadie ha estado presente durante este proceso. Somos meros espectadores de la sustancia. Sabemos el producto y solo podemos saber esto. Para descubrir el esquema (siguiendo a Hjelmslev) que hace posible la comunicación tenemos que partir de la sustancia y la Fonética es la división de la Lingüística que la estudia.

Frente a la propuesta teórica de naturaleza sintagmática, que descubre los fonemas sin considerar la existencia de los rasgos fónicos, presentamos la propuesta teórica de Trubetzkoy, de naturaleza paradigmática, que parte del rasgo fónico para llegar al fonema como conjunto de rasgos fónicos que se realizan simultáneamente en el tiempo.

Para llegar al fonema presenta unas reglas que permiten analizar los sonidos y ver cuáles son pertinentes y cuáles no. Siguiendo la propuesta de Hjelmslev presentada en el capítulo 6 de *Lingüística general I,* el procedimiento sería el siguiente:

SISTEMA FONOLÓGICO	ESQUEMA
↑	Forma pura. Fonema
SISTEMA FONEMÁTICO	NORMA
↑	Valores pertinentes
SISTEMA FONÉTICO	USO
↑	Sonidos y rasgos fónicos

Fig. 3: Sistemas del plano de la expresión.

Recuérdese que, tal y como expusimos en *Lingüística general I*, las funciones que se pueden establecer entre estos elementos son de *interdependencia* (C φ C), basada en la presuposición mutua (confróntese el capítulo 4). Así, *uso* y *acto* se presuponen mutuamente, la *norma* nace de ellos y presupone su existencia y, finalmente el *esquema* está determinado por el *acto*, el *uso* y la *norma*. Ello quiere decir que los sistemas fonético y fonemático son los que nos llevarán al conocimiento del fonema.

5.1. El sistema fonético de la lengua.

El sistema fonético de una lengua se compone por los siguientes factores:

a)   Un conjunto V de valores o rasgos. Se entiende por valor cada una de las cualidades físicoacústicas (semasiológicas) o articulatorias (onomasiológicas) que puedan definir un sonido.

Bilabial, oclusivo y *sonoro* serían valores del fonema /p/ en español.

El conjunto de valores se distribuye en clases de valores:

–   Lugar de articulación: bilabial, labiodental, dental, interdental, alveolar, etc.

–   Modo de articulación: oclusiva, fricativa, lateral, vibrante, etc.

–   Acción de las cuerdas vocales: sonoras, sordas, etc.

b)   Un conjunto X de sonidos. Cada sonido posee solo un valor de cada clase y de todas las clases.

c)   La definición de los sonidos de cualquier lengua a partir de los valores.

d)   Las relaciones entre los valores. Estas relaciones pueden ser *homogéneas* (si los valores pertenecen a una misma clase de valores) o *heterogéneas* (cuando pertenecen a distintas clases de valores) y *compatibles* (son valores que aparecen al mismo tiempo en la definición del sonido) e *incompatibles* (que no aparecen a la vez).

Ser *homogéneo* implica ser *incompatible* y ser *compatible* implica ser *heterogéneo*.

5.2. El sistema fonemático de la lengua.

Amplía el sistema fonético. En el anterior no habíamos hablado de signo. Ahora se precisan los significantes como parte de un signo. Interesa ver:

a) Los *valores relevantes*; esto es, aquellos valores que permiten diferenciar un signo de otro. Por ejemplo, *bilabial* sería un rasgo relevante para /b/ porque lo diferencia de /d/ que sería *dental*. *Consonante* sería un rasgo no relevante para ambas unidades.

b) Los valores *ligados* o *alternativos*: un valor *ligado* es aquel que no es relevante o que, si lo es, lo es por el contexto. *Alternativo* es cualquier valor que no es ligado. Ser *alternativo* implica ser *relevante*.

c) Los valores *distintivos* o *pertinentes*: son valores *alternativos*. Al sustituirse por otro valor de la secuencia fónica, ésta se presenta como un signo distinto al anterior: cuando sustituimos el valor *sonoro* de /b/ por *sordo*, la unidad se transforma en /p/. Ser *pertinente* implica ser *alternativo* y ser *relevante*.

5.3. El sistema fonológico de la lengua.

El estudio del sistema fonológico sería el paso siguiente. Aquí definiríamos los fonemas de la lengua desde el ámbito acústico y siempre de forma binaria; esto es, estableciendo los rasgos distintivos o pertinentes intrínsecos de *sonoridad* (vocal/no vocal; consonante/no consonante; nasal/ no nasal; continuo/interrupto; sonoro/sordo; tenso/flojo; denso/difuso) y de *tonalidad* (grave/agudo). Y con esto podríamos pasar al descubrimiento de la estructura del sistema fonológico.

6. La estructura del sistema foneticofonológico: oposiciones, relaciones entre oposiciones, haces de correlación.

A continuación vamos a exponer de manera esquemática los pasos que se han de seguir para establecer la estructura fonológica del sistema lingüístico:

6.1. Establecimiento de oposiciones.

En este primer apartado debemos seguir cuatro pasos: en primer lugar conocer cuáles son los *elementos* que van a entrar en relación opositiva. Para ello, definimos los valores o rasgos de los fonemas que constituyen el sistema cuya estructura pretendemos encontrar.

En segundo lugar estableceremos la *oposición* que cada unidad del sistema establece con las restantes, relacionándolas siempre de manera binaria; es decir, la primera unidad con la segunda, con la tercera, con la cuarta... la segunda con la tercera, con la cuarta, etc., sabiendo que el número de oposiciones será siempre el determinado por la siguiente fórmula:

$$\text{Número de oposiciones} = \frac{n \times (n-1)}{2}$$

Estudiaremos después los *diferenciales* de la oposición; esto es, los valores o rasgos marcados (que tienen marca funcional) que aparecen en el primer elemento y que no están en el segundo, diferencial 1 (E_1= A-B, siendo A el primer elemento de la oposición y B el segundo); y los rasgos marcados que están en el segundo elemento y que no están en el primero, diferencial 2 (E_2= B-A, siendo B el segundo elemento de la oposición y A el primero).

$$A-B = \{x \mid x \in A \ \land \ x \notin B\}$$
$$B-A = \{x \mid x \in A \ \land \ x \notin A\}$$

En tercer lugar debemos señalar las *bases* de la oposición; esto es, los rasgos o valores comunes entre el primer elemento y el segundo que entablan la relación opositiva ($A \cap B$).

$$A \cap B \Leftrightarrow \{x \mid x \in A \ \land \ x \in B\}$$

Finalmente señalaremos el *tipo* de oposición que hemos obtenido dependiendo de los diferenciales y las bases resultantes de la relación. Para ello tendremos en cuenta el siguiente esquema:

TIPO DE OPOSICIÓN		A-B	B-A	($A \cap B$)
Lógicamente privativas	En función de A	$\neq \emptyset$	$= \emptyset$	$= B$
	En función de B	$= \emptyset$	$\neq \emptyset$	$= A$
Lógicamente equipolente		$\neq \emptyset$ $\neq A$ $\neq B$	$\neq \emptyset$ $\neq A$ $\neq B$	$\neq \emptyset$ $\neq A$ $\neq B$
Disjunta		$= A$	$= B$	$= \emptyset$
Cero		$= \emptyset$	$= \emptyset$	$= B$

Fig. 4: Tipos de oposiciones.

Las oposiciones lógicamente privativas son siempre efectivamente privativas; sin embargo, las oposiciones lógicamente equipolentes pueden ser de dos tipos:
– Efectivamente privativas: cuando los diferenciales presentan los dos términos de una o más parejas de rasgos distintivos intrínsecos.
– Efectivamente equipolentes: cuando le falta algún término.

6.2. Relaciones entre oposiciones.

Ahora se trata de estudiar los *diferenciales* y las *bases* de las oposiciones precisadas con anterioridad para saber lo siguiente.

1/ Si son *proporcionales* o *aisladas* según el siguiente esquema:

$$A_1/B_1, A_2/B_2, A_3/B_3 \ldots A_n/B_n$$
$$A_1\text{-}B_1, A_2\text{-}B_2, A_3\text{-}B_3 \ldots A_n\text{-}B_n$$
$$B_1\text{-}A_1, B_2\text{-}A_2, B_3\text{-}A_3 \ldots B_n\text{-}A_n$$

Se trata de precisar la *diferencia simétrica* entre A y B (A$\triangle$B) señalando todos los elementos de A-B o de B-A.

$$A\triangle B = \{x \mid x \in (A\text{-}B) \ \wedge \ x \in (B\text{-}A)\}$$

Aquellas oposiciones cuyos diferenciales coinciden serán *proporcionales* entre sí; el resto serán *aisladas*.

2/ Si son *homogéneas* o *singulares* según el siguiente esquema:

$$A_1/B_1, A_2/B_2, A_3/B_3 \ldots A_n/B_n$$
$$A_1\cap B_1, A_2\cap B_2, A_3\cap B_3 \ldots A_n\cap B_n$$

Aquellas oposiciones cuya base coincide serán *homogéneas* entre sí, el resto serán *singulares*.

6.3. Correlación de haces.

En general, la correlación es la relación recíproca que se puede establecer entre dos o más series de elementos. En nuestro caso está constituida por aquellas unidades que establecen: oposiciones *privativas* (ya sean lógicamente equipolentes y efectivamente privativas o lógicamente privativas), relaciones *proporcionales* y relaciones *singulares*.

La correlación es, por tanto, la intersección de las oposiciones que cumplen los tres requisitos a la vez. En el fondo, la poseen la relación de aquellas unidades cuyas oposiciones se caracterizan por el mismo rasgo distintivo, que constituye la marca de correlación.

Finalmente, considere que para haber alcanzado correctamente los objetivos propuestos en el proceso de enseñanza y aprendizaje del tema finalizado, debe haber comprendido con claridad que:

1. Los estudios del plano de la expresión lo iniciaron Platón, Aristóteles y los estoicos, basándose en planteamientos impresionistas. En el siglo XIX se sientan las bases para una fonética objetivista. En el siglo XX podemos definir la Fonética como la disciplina que estudia la substancia de la expresión, es decir, el acto concreto de manifestación fónica de un sonido; frente a la Fonología que se ocuparía de los fonemas en cuanto formas sonoras en el plano de la lengua.

2. La descripción de los datos del análisis fonético será el paso previo a la identificación de los elementos distintivos que dará como resultado la configuración del sistema fonológico de la lengua que se describe.

3. La Fonología pretende la consideración de las relaciones recíprocas de las unidades fónicas antes que su «contenido sensorial», con el objeto de determinar la carga funcional de los distintos fonemas del sistema.

4. El *rasgo fónico* es un microsigno cuya función es la de diferenciar los significados y categorizar los elementos de la cadena hablada. Se diferencia del resto de las unidades tanto de este nivel como de las del resto de los niveles en que es la única que rompe el carácter lineal del significante. De ahí que el rasgo fónico sea la única unidad lingüística que no puede segmentarse en el tiempo. Se estructura en *aliedad* y *fonón*. El más importante es el *intrínseco*, que funciona diferenciando fonemas.

5. El *fonema* es una clase de sonido constituido por un complejo de rasgos fónicos. Se estructura en *alteridad* y *fono*. Pueden ser segmentales y no segmentales, centrales y marginales.

6. El análisis debe comenzar por la Fonética porque desde una perspectiva realista hay que seguir un enfoque metodológico. Para descubrir el esquema que hace posible la comunicación tenemos que partir de la sustancia y la Fonética es la división de la Lingüística que la estudia. Después, el sistema fonemático, en el que se precisan los significantes como parte de un signo; y, finalmente, el sistema fonológico, definiendo los fonemas de la lengua desde el ámbito acústico y siempre de forma binaria. Con ello podemos pasar al descubrimiento de la estructura del sistema fonológico: estableciendo *oposiciones*, estudiando las *relaciones* entre las oposiciones precisando los diferenciales y las bases de las mismas, y analizando la *correlación de haces*.

F. Actividades sugeridas.

— A continuación vaya anotando las dudas que le van surgiendo tras la lectura de los distintos puntos del tema y después la resolución de las mismas, ya sea por las clases recibidas, el estudio personal o las tutorías realizadas. Este proceso le servirá tanto para la mejor comprensión de la materia como para la preparación de la prueba final.

— Conteste a las siguientes cuestiones:

1. Explique cuáles son las principales diferencias entre la Fonética y la Fonología atendiendo tanto a sus objetos como a sus métodos.

2. ¿Puede considerarse la Fonética una disciplina lingüística? Razone su respuesta.

3. ¿Cuáles son las diferencias entre la Fonética Acústica y la Fonética Articulatoria?

4 Explique los principales aspectos que han permitido el desarrollo de la metodología fonológica.

5 Haga un cuadro sinóptico en el que se reflejen los diferentes tipos de rasgos fónicos.

6. Explique los distintos sistemas del plano de la expresión.

7. Establezca la estructura del subsistema fonológico de las vocales en español. Para ello, puede partir del componente relacional que define las vocales así:

/a/: [vocal, no consonante, densa]
/e/: [vocal, no consonante, densa, aguda]
/i/: [vocal, no consonante, difusa, aguda]
/o/: [vocal, no consonante, densa, grave]
/u/: [vocal, no consonante, difusa, grave]

a) Establecimiento de oposiciones.

	A-B	B-A	A∩B	TIPO
a/e				
a/o				
a/i				
a/u				
e/o				
e/i				
e/u				
o/i				
o/u				
i/u				

b) Oposiciones en el interior del sistema.

c) Proporcionalidad de relaciones.

d) Singularidad de relaciones

e) Correlación de haces.

A continuación, utilice este espacio para resolver los ejercicios adicionales que le pueda proponer su profesor o para contestar a las preguntas de los posibles documentales visionados durante las clases.

— Comente los siguientes textos explicando su contenido y realizando la pertinente valoración. Como orientación para el análisis crítico sugerimos el presente modelo:

1. Breve noticia sobre el autor del texto.

2. Determinación de la problemática del texto, señalando su unidad específica y la formulación teórica en la que se ubica la misma.

3. Establecimiento de la estructura que presenta el texto; esto es, división en partes temáticas.

4. Exposición de la tesis que defiende el autor sobre la problemática planteada, señalando:

4.1. La filosofía espontánea que afecta a su propuesta.

4.2. Las ideas principales y secundarias del texto.

5. Precisión como conclusión de la respuesta que se pueda dar a la problemática planteada.

6. Valoración del texto en su conjunto a partir de una breve opinión personal.

1. Texto de Trubetzkoy.

«El fonema no puede ser definido satisfactoriamente ni por su naturaleza psicológica ni tampoco por su relación con las variantes fonéticas, sino única y exclusivamente por su función en la lengua. Que se lo considere como una unidad distintiva más pequeña (Bloomfield), o como marca fónica dentro del cuerpo de la palabra (Bühler), se llega, en todo caso, a la misma conclusión: a saber, que toda lengua supone oposiciones distintivas (fonológicas) y que el fonema es un término de estas oposiciones no divisibles en unidades distintivas (fonológicas) aún más pequeñas».

(N. S. Trubetzkoy, *Principios de Fonología*, Cincel, Madrid, 1976).

2. Texto de T. Navarro.

«Así como el fonema representa el tipo ideológico que da unidad a la variedad de los sonidos, el sonido por su parte proporciona forma real y concreta a la imagen teórica del fonema. La virtud semántica del sonido reside en el vínculo de su filiación fonológica, aunque su figura se entrelace y multiplique en la cadena aparentemente indivisible de la articulación. La idea completa del fonema reúne los rasgos esenciales del sonido oral en su constitución orgánica, acústica y semántica».

(T. Navarro, *Estudios de Fonología española*, Las Américas, Nueva York, 1966).

G. Lecturas recomendadas.

TRUBETZKOY, N., «Introducción» y «Conceptos fundamentales» *apud Principios de Fonología*, Cincel, Madrid, 1973, pp. 1-26; 29-40.

Presentación de los principios básicos de la Fonología estructural.

H. Ejercicios de autoevaluación.

Con el fin de que se pueda comprobar el grado de asimilación de los contenidos, presentamos una serie de cuestiones, cada una con tres alternativas de respuestas. Una vez que haya estudiado el tema, realice el test rodeando con un círculo la letra correspondiente a la alternativa que considere más acertada. Después justifique en el espacio que se deja a continuación las razones por las que piensa que la respuesta elegida es la correcta, indicando también las razones que invalidan la corrección de las restantes.

Cuando tenga dudas en alguna de las respuestas vuelva a repasar la parte correspondiente del capítulo e inténtelo otra vez.

1. El estudio de la Fonética y la Fonología debe conocer las Propuestas teóricas anteriores al siglo XX

A Sí, porque la historia de la Lingüística es lineal.
B No, porque las propuestas anteriores están muy anticuadas.
C No, porque las propuestas anteriores no eran exhaustivas y no tenían rigor científico.

2. La Fonética de carácter objetivista se desarrolla

A Gracias a la tradición hindú.
B Debido al conceptualismo heredado del positivismo.
C Las respuestas A y B son correctas.

3. La definición actual de la Fonética y la Fonología tiene sus orígenes en

A El Círculo de Copenhague.
B Las propuestas de Trubetzkoy.
C Los trabajos de Alarcos y Marcos Marín.

4. Desde el planteamiento hilemórfico, la Fonética es la división de la Lingüística que estudia

A La sustancia del plano de la expresión.
B La forma del plano de la expresión.
C Las respuestas A y B son correctas.

5. La noción de fonema se debe a

A Propuestas modélicas esbozadas en la reflexión hindú.
B Trubetzkoy.
C La Fonética experimental.

6. La división de la Lingüística de carácter más experimental es la

A Morfología.
B Fonología.
C Fonética.

7. El análisis de la estructura física de los sonidos constituye el aspecto

A Auditivo de la Fonética.
B Acústico de la Fonética.
C Experimental de la Fonética.

8. ¿Cuál es la disciplina que estudia la historia de los sonidos?

A La Fonética evolutiva.
B La Fonética histórica.
C Las respuestas A y B son correctas.

9. La disciplina encargada de que un hablante adquiera las destrezas para realizar las estructuras fónicas de una lengua se denomina

A Fonética articulatoria.
B Ortofonía.
C Las respuestas A y B no son correctas.

10. La diferencia simétrica de dos conjuntos A y B puede entenderse así:

A $A\Delta B = (A-B)\cup(B-A)$.
B $A\Delta B = (A\cup B)-(A\cap B)$.
C Las respuestas A y B son correctas.

11. El análisis de la onda sonora a través de la cual la facultad del lenguaje se actualiza en los actos de habla es estudiada por la

A Fonética articulatoria.
B Fonética acústica.
C Fonética descriptiva.

12. La Fonología es la división de la Lingüística que estudia

A Las diferencias fónicas que se asocian a diferencias de significados.
B La importancia del sonido para el estudio del sistema lingüístico.
C Los universales de la sustancia en el plano de la expresión.

13. El camino para llegar a determinar el valor de las unidades fonológicas lo constituye

A El establecimiento de criterios binarios para clasificar los rasgos distintivos.
B La función de las formas fonológicas.
C El conjunto de oposiciones distintivas.

14. La Fonología diacrónica estudia

A La historia de los sonidos.
B La historia de las formas del plano de la expresión.
C Las respuestas A y B son correctas.

15. La propuesta más coherente para la estructuración del componente fonológico es la

A Sistemática de Trubetzkoy.
B Binaria de Jakobson.
C Funcional de Martinet.

16. Los R. D .I. ¿son segmentables en el tiempo?

A Sí, porque tienen un carácter lineal.
B No, porque rompen la linealidad del significante.
C Sí, puesto que son signos lingüísticos.

17. ¿El rasgo fónico es un signo lingüístico?

A No, porque no puede determinarse su significado.
B Sí, porque tiene una operatividad funcional que diferencia significados.
C Sí, porque es una unidad lingüística.

18. El fonema rompe el carácter lineal del signo

A Porque tiene una operatividad funcional.
B Porque no se da en el tiempo.
C Las respuestas A y B no son correctas.

19. Los rasgos fónicos relevantes son aquellos que se comportan como

A Índices.
B Señales.
C Elementos del nivel fonológico.

20. Los rasgos fónicos que ponen de relieve las unidades del discurso se llaman

A Culminativos.
B Demarcativos.
C Distintivos.

21. La unidad del nivel fonológico es el

A Rasgo fónico.
B Fonema.
C R. D .I.

22. El significante del fonema se llama

A Fono.
B Fonón.
C R. D. I.

23. Los fonemas pueden ser centrales dependiendo

A Del contexto.
B De sus relaciones sintagmáticas.
C De su segmentación.

24. La unidad de 3ª articulación según la Fonética experimental es el

A. R. D. I.
B Fonema.
C Morfema.

25. Las unidades del plano de la expresión son

A Funtivos.
B Elementos conceptuales.
C Nociones lingüísticas.

I. Glosario.

Alofono: Variante combinatoria del fonema.

Aislada: Oposición cuyos diferenciales no coinciden entre sí.

Alteridad: Plano del contenido del fonema.

Base: Intersección entre los miembros de la oposición.

Cero: Oposición en la que los dos diferenciales son iguales que el conjunto vacío y la base es igual que el primer y el segundo miembro de la oposición.

Correlación: Intersección de las oposiciones privativas, proporcionales y singulares.

Diferencial: Rasgos marcados que aparecen en un miembro de la oposición y no están en el otro.

Disjunta: Oposición en la que el primer diferencial es igual que el primer término de la oposición, el segundo diferencial es igual que el segundo término y la base es igual que el conjunto vacío.

Fonema: Unidad del nivel fonológico constituida por un conjunto de rasgos fónicos.

Fonemática: Según Malmberg, estudio de la manera en que los rasgos fónicos distintivos componen fonemas y la estructura de los mismos.

Fonética acústica: Propuesta de la Fonética orientada al estudio de la naturaleza de las ondas sonoras y de sus efectos en el oído.

Fonética articulatoria: Propuesta de la Fonética orientada al estudio de la producción de los sonidos.

Fonética descriptiva: Aspecto de la Fonética centrado en el estudio de las particularidades fonéticas de cada lengua.

Fonética general: Aspecto de la Fonética centrado en el estudio de las posibilidades acústicas del hombre y el funcionamiento de su aparato fonador.

Fonética histórica: Aspecto de la Fonética centrado en el estudio de los cambios fonéticos de una lengua en su historia.

Fonética: División de la Lingüística que estudia la forma del plano de la expresión del signo lingüístico.

Fono: Plano de la expresión del fonema.

Fonología descriptiva: Aspecto de la Fonología centrado en el estudio de las relaciones entre las formas en el plano de la expresión.

Fonología diacrónica: Aspecto de la Fonología centrado en el estudio del cambio del plano de la expresión de una lengua a lo largo de la historia.

Fonología general: Aspecto de la Fonología centrado en el estudio de los universales de la forma en el plano de la expresión.

Fonología: División de la Lingüística que estudia la función del plano de la expresión del signo lingüístico.

Fonón: Plano de la expresión del rasgo fónico.

Homogénea: Oposición cuya base entre los dos términos coincide entre sí.

Lógicamente equipolente: Oposición en la que los diferenciales no son iguales ni al conjunto vacío ni al primer término ni al segundo de la oposición, y la base tampoco.

Lógicamente privativa: Oposición en la que un diferencial es igual que el conjunto vacío y el otro diferencial no y la base es igual que el primer elemento de la oposición o el segundo.

Ortofonía: Aspecto de la Fonética centrado en la formulación de las normas para realizar correctamente la estructura fónica de una lengua.

Proporcional: Oposición en la que los diferenciales de los dos términos coinciden entre sí.

Rasgo distintivo configurativo: Rasgo fónico que funciona diferenciando fonemas, ya sea para poner de relieve las unidades del discurso o para delimitarlas.

Rasgo distintivo intrínseco: Rasgo fónico que funciona diferenciando fonemas, ya sean de sonoridad o tonalidad.

Rasgo distintivo: Aquél que permite a una unidad lingüística ejercer una función determinada.

Rasgo fónico: Unidad del nivel fonético que tiene la función de diferenciar los significados y clasificar los elementos de la cadena hablada.

Singular: Oposición cuya base entre los dos términos no coincide entre sí.

J. Bibliografía general.

ALARCOS, E., *Fonología española*, Gredos, Madrid, 1971.

ALVAR, M., «Fonética, Fonología y Ortografía», *Lingüística Española Actual*, 1, 2 (1979), pp. 221-231.

BORZONE, A. Mª, *Manual de Fonética acústica*, Hachette, Buenos Aires, 1980.

DUCHET, J. L., *La fonología*, Oikos-Tau, Barcelona, 1982.

FERNÁNDEZ PLANAS, A. M., *Así se habla: nociones fundamentales de fonética general y española,* Horsori, Barcelona, 2005.

GIL FERNÁNDEZ, J., *Fonética para profesores de español,* Arco/Libros, Madrid, 2007.

GILI GAYA, S., *Elementos de fonética general*, Gredos, Madrid, 1961.

GUITART, J. M. & ROY, J., *La estructura fónica de la lengua castellana*, Anagrama, Barcelona, 1980.

HARRIS, J., *Fonología española*, Planeta, Barcelona, 1975.

HIDALGO NAVARRO, A., *Fonética y Fonología españolas*, Tirant lo Blanch, Valencia, 2004.

HYMAN, L. N., *Fonología, teoría y análisis*, Paraninfo, Madrid, 1981.

MALMBERG, B., *Estudios de Fonética Hispánica*, C.S.I.C., Madrid, 1965.

MALMBERG, B., *La Fonética*, Eudeba, Buenos Aires, 1964.

MARTINET, A., *La fonología como fonética funcional*, Rodolfo Alonso, Buenos Aires, 1972.

MARTINET CELDRÁN, E., *Fonética*, Teide, Barcelona, 1984.

MARTINET CELDRÁN, E. & SOLÉ SABATER, M. J., *Estudios de fonética experimental,* Publicaciones Universitarias, Barcelona, 1984

MULJACIC, Z., *Fonología general*, Laia, Barcelona, 1974.

NAVARRO TOMÁS, T., *Estudios de fonología española*, Syracuse University Press, Nueva York, 1949.

POSTAL, P., *Aspects of Phonological Theory*, Harper and Row, Nueva York, 1968.

QUILIS, A., *Fonética acústica de la Lengua española*, Gredos, Madrid, 1981.

QUILIS, A., *Tratado de Fonología y Fonética española,* Gredos, Madrid, 2006.

QUILIS, A. & FERNÁNDEZ, J. A., *Curso de Fonética y Fonología españolas*, C.S.I.C., Madrid, 1982.

RAE, *Nueva gramática de la lengua española: fonética y fonología*, Espasa, Madrid, 2011.

SAPIR, E. *et alii, Fonología y Morfología*, Paidós, Buenos Aires, 1972.

SOMMERTEIN, A., *Fonología Moderna*, Cátedra, Madrid, 1980.

THOMAS, J. M. *et alii, Iniciación a la Fonética. Fonética articulatoria y Fonética distintiva*, Gredos, Madrid, 1985.

TRUBETZKOY, N., *Principios de Fonología*, Cincel, Madrid, 1973.

Capítulo 3

LAS UNIDADES LINGÜÍSTICAS DEL PLANO DEL CONTENIDO RELATIVO: ORGANIZACIÓN ESTRUCTURAL DEL FUNCIONAMIENTO GRAMATICAL.

A. Cronograma.

Semana 5

Actividad docente	Horas presenciales		Horas no presenciales		
	Teóricas	Prácticas	Estudio	Ejercicios	Tutorías
1. Lectura de los puntos 1, 2 y 3 del tema y anotación de dudas			1		
2. Exposición panorámica de los puntos 1, 2 y 3 y resolución de dudas	2				
3. Realización de actividades teóricas y prácticas 1, 2 y 3 y texto 1				2	
4. Estudio de los contenidos y nociones de los puntos 1, 2 y 3			1		
5. Sesión práctica sobre los contenidos y actividades realizadas		2			

Semana 6

Actividad docente	Horas presenciales		Horas no presenciales		
	Teóricas	Prácticas	Estudio	Ejercicios	Tutorías
1. Lectura del punto 4 del tema y anotación de dudas			1		
2. Exposición panorámica del punto 4 y resolución de dudas	2				
3. Realización de actividades teóricas y prácticas 4 y 5 y texto 2				2	
4. Estudio de los contenidos y nociones del punto 4			1		
5. Sesión práctica sobre los contenidos y actividades realizadas		2			
6. Tutorías o resolución de dudas					2

Semana 7

Actividad docente	Horas presenciales		Horas no presenciales		
	Teóricas	Prácticas	Estudio	Ejercicios	Tutorías
1. Lectura del punto 5 del tema y anotación de dudas			1		
2. Exposición panorámica del punto 5 y resolución de dudas	2				
3. Realización de actividades teóricas y prácticas 6 y lecturas recomendadas				2	
4. Estudio de los contenidos y nociones del punto 5			1		
5. Sesión práctica sobre los contenidos y actividades realizadas		2			
6. Proceso de autoevaluación			1		
7. Tutorías o resolución de dudas					2
Total volumen de trabajo del tema en las tres semanas	6	6	7	6	4
	12		17		

B. Objetivos.

1. Comprender la problemática subyacente a la delimitación de los contenidos de la Morfología y la Sintaxis.

2. Comprender y *valorar* las razones que permiten la defensa de la autonomía de ambas divisiones de la Lingüística en las distintas Propuestas Teóricas realizadas a lo largo de la historia.

3. Comprender y *valorar* las razones que permiten la proclamación de una concepción unitaria de las divisiones que estudian el plano del contenido relativo del signo lingüístico, realizando un recorrido histórico a través de las distintas Propuestas Modélicas.

4. Comprender la noción, estructura y tipos de morfemas gramemas.

5. Comprender la noción de sintagma, sus diferentes tipos, así como la estructura y tipos de construcción de los mismos.

6. Conocer la noción de oración como unidad del nivel oracional estudiada por la Sintaxis, desde distintos planteamientos.

7. Conocer la organización estructural del funcionamiento gramatical.

C. Palabras clave.

- Morfología.
- Función sintáctica.
- Gramema.
- Homogeneidad.
- Oración.

- Sintaxis.
- Gramática.
- Sintagma.
- Heterogeneidad.
- Proposición.

D. Organización de los contenidos.

1. Visión histórica.
2. La Morfología y la Sintaxis como disciplinas autónomas.
   2.1. En la Lingüística comparada.
   2.2. En el ámbito estructural europeo.
   2.3. En el ámbito estructural americano.
3. La concepción unitaria del contenido relativo.
   3.1. En la Lingüística estructural.
   3.2. En la Lingüística transformatoria.
4. Las unidades del plano del contenido relativo.
   4.1. El morfema gramema.
   4.2. El sintagma.
   4.3. La oración.
5. La estructura del sistema morfosintáctico.
   5.1. Categorías básicas y contextuales.
   5.2. La necesidad de integrar oraciones.
   5.3. Relaciones entre las categorías.

Una vez que haya estudiado el tema y con el fin de que alcance una visión panorámica del mismo que le ayude a *sintetizar, ordenar* y *estructurar* una información de cierta amplitud y a preparar una posible prueba de examen, realice un **cuadro sinóptico o esquema** en el que, partiendo de la estructuración propuesta anteriormente, organice de manera resumida los contenidos fundamentales del tema. Utilice para ello únicamente el espacio que se le propone.

E. Desarrollo de los contenidos.

1. Visión histórica.

Debemos comenzar recordando que la distinción entre Morfología y Sintaxis no se realiza en la Gramática Clásica, sino que se produjo en la Gramática Tradicional (la que se hizo desde los griegos y romanos hasta la estructural).

Y aunque la linealidad sostenida como principio epistemológico de organización disciplinaria parezca justificar, consecuentemente, la dualidad descriptiva del nivel que nos ocupa en dos subcomponentes; a saber, uno morfológico, encargado de las relaciones lingüísticas que se dan dentro de la palabra entre unidades menores que ella, así como de la teoría de las categorías léxicas; y otro sintáctico, que tendría por objeto las relaciones entre las palabras al entrar en unidades mayores que ellas; sin embargo, morfología y sintaxis no son infraestructuras diferentes, entre otras, por las siguientes razones:

a)   Porque la infraestructura del contenido relativo es un *todo unitario* en el que todos sus elementos componentes están recíprocamente relacionados y condicionados (la palabra gramatical no se puede estudiar más que como parte de la oración, y la oración tampoco puede estudiarse si no es como un conjunto de categorías morfofuncionales o partes de la oración). De hecho, todo estudio formal implica un estudio funcional y viceversa.

b)   Porque *no existe unidad de criterio* en la interpretación de la Morfología y la Sintaxis, que nos lleva al paso insensible de uno a otro ámbito.

Consecuentemente, el eje central de esta problemática ha estado centrado en la delimitación de los contenidos de la Morfología y la Sintaxis, cuestión planteada con gran exhaustividad por Llorente Maldonado, quien, partiendo de la distinción entre Morfología, como estudio de las formas gramaticales y Sintaxis, como estudio de la significación gramatical de esas formas y de su empleo funcional en la oración, sostiene que el problema ha sido la interferencia de criterios, que ha impedido la definición unívoca de ambas disciplinas. Por ello distingue cinco persplanteamientos a la hora de enfrentarse a la cuestión:

a)   algunos las consideran *realidades distintas y no condicionadas recíprocamente* (llegando a sostener tanto la diferenciación del plano gramatical como la existencia independiente de la Morfología y la Sintaxis);

b)   otros, como *realidades del mismo orden* que juntas integran el aspecto gramatical; es el caso de los planteamientos metodológicos basados en la concepción de la forma como funcionamiento, opuesta a la sustancia (recuérdese lo visto en el capítulo 1);

c) un tercer grupo, como *recursos metodológicos* exigidos para el estudio del complejo fenómeno del lenguaje; aquí se darían principalmente el conjunto de dispositivos teóricos que constituyen el aspecto glotológico de la Lingüística en cuanto estudio (particular o general) de la lengua como expresión del lenguaje (recuérdese lo expuesto en el capítulo 1 de *Lingüística general I*);

d) un cuarto grupo sostiene que *sólo lo morfológico* tiene un carácter gramatical, siendo lo tradicionalmente llamado sintáctico un capítulo del estudio semántico o semasiológico;

e) y, finalmente, un quinto grupo que niega la diferenciación total del hecho lingüístico, en el que sólo se puede encontrar el aspecto lingüístico *integral*, que exige el análisis globalizante e interrelacionado, basado en la concepción de la forma como expresión y, consecuentemente, como portadora de una función (Capítulo 1).

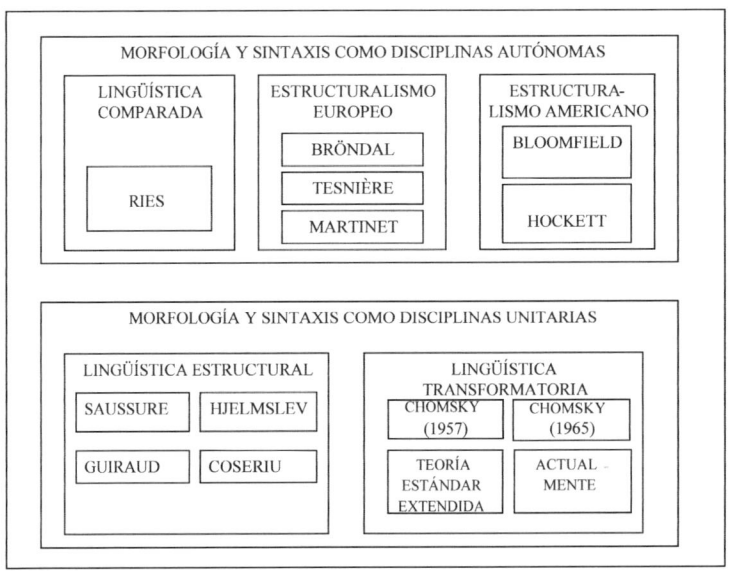

Fig. 1: Morfología y Sintaxis como disciplinas autónomas y unitarias.

Consecuentemente, frente a la gran difusión y mantenimiento de las distinciones tradicionales, fue a partir del siglo XVIII, cuando se desarrolló la noción de función sintáctica, reduciéndose el contenido de la Morfología y llevando a la Lingüística moderna a la revisión reiterada del problema, ofreciendo soluciones muy diversas que, de manera didáctica, vamos a resumir en dos grandes bloques; a saber, el de aquellos que defienden la autonomía de ambas disciplinas y el de los que proclaman una concepción unitaria.

2. La Morfología y la Sintaxis como disciplinas autónomas.

Veremos las principales propuestas elaboradas al respecto en la Lingüística comparada y en el Estructuralismo.

2.1. En la Lingüística comparada.

Si revisamos la organización de las disciplinas en este ámbito podemos comprobar como la desaparición de la sintaxis es casi total; por ello, debe señalarse la importancia de *John Ries*, porque plantea por primera vez una organización coherente y no contrapuesta de ambas disciplinas. La razón de su argumentación se basa principalmente en el hecho de que la Sintaxis se ocupa también de las formas (ya que no otra cosa que formas son los complejos de palabras organizados en la frase). Trives refleja en un certero gráfico las propuestas de Ries.

OBJETO		PALABRA INDIVIDUAL	COMBINACIÓN DE PALABRAS
(tratado en relación con)		GRAMÁTICA DE LA PALABRA	SINTAXIS
FORMA	Gramática de las formas	Gramática de las formas de las palabras (Clases de palabras según sus formas y flexiones) *Morfología*	Gramática de las formas de las construcciones sintácticas *Sintaxis formal*
SIGNIFICACIÓN	Gramática de la significación	Gramática de la significación relativa a la palabra, a sus clases y formas *Lexicografía-Lexicología o Semántica de la palabra, de sus clases y formas*	Gramática de la significación de las construcciones sintácticas *Semántica de las construcciones sintácticas*

Fig. 2: Propuesta de J. Ries.

Stati puso ya de relieve el acierto de la clasificación anterior, puesto que los estudios sintácticos y semánticos recientes así lo han confirmado.

2.2. En el ámbito estructural europeo.

En el ámbito que ahora nos ocupa debemos señalar que también se estudió la necesidad de plantear con precisión la diferenciación disciplinaria entre la Morfología y la Sintaxis, otorgando a ésta última una terminología específica y una autonomía epistémica.

a) Es el caso de *Bröndal*, quien distingue en 1931 entre:

• Disciplinas gramaticales fundamentales (las que se definen por una simple combinación de los aspectos principales de la gramática). Son las siguientes:

* *Prosodia* (como estudio del ritmo exterior del lenguaje);

* *Fonología* (como estudio de los sistemas exteriores del lenguaje, es decir, los sonidos);

* *Morfología* (en cuanto estudio del sistema interior del lenguaje, es decir, los casos, las palabras y sus clases y la derivación, principalmente);

* y *Sintaxis* (como estudio del ritmo interior del lenguaje y con la finalidad de definir la totalidad rítmica —la oración—, sus miembros —las distintas funciones sintácticas— y los elementos sintácticos).

• Disciplinas gramaticales secundarias (definidas por combinación de las partes fundamentales). Son las que citamos a continuación:

* *Morfosintaxis*, que sería el estudio del empleo de las palabras en la frase y de todas las cuestiones relacionadas con este empleo;

* *Fonoprosodia*, que estudia el empleo de los fonemas en la sílaba;

* *Morfonología*, que estudia también el empleo de los fonemas, pero en la palabra;

* *Prosodia sintáctica*, encargada del estudio del empleo de la sílaba en la frase;

* *Morfoprosodia*, que analiza las relaciones que pueden existir entre la palabra y la sílaba;

* y, finalmente, *Fonología sintáctica*, que estudia el empleo de los fonemas en la frase.

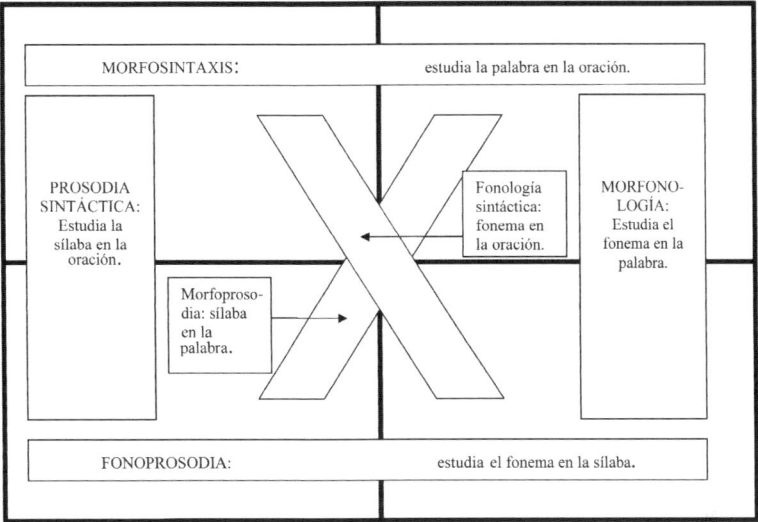

Fig. 3: Planteamiento de Bröndal.

b) Por otro lado, *Tesnière* ha sido unos de los autores que ha postulado con más radicalidad esta autonomía, basándose en las opiniones de Bally, Brunot, y del ya mencionado Bröndal. Tesnière distingue entre:

• *Morfología,* que estudia la forma exterior (el revestimiento fonético) de la oración;

• y *Sintaxis*, que estudia la forma interior, el esquema estructural *(Innere Sprachform)* de la oración.

Quizá, lo importante de esta propuesta sea el hecho de que la Sintaxis para a tener un reconocimiento autónomo y unas leyes propias.

c) *Martinet*, a su vez, diferencia también entre las combinaciones de los signos en el dominio de la palabra (Morfología) y las combinaciones de las palabras entre sí (Sintaxis).

2.3. En el ámbito estructural americano.

La importancia de la Sintaxis fue reconocida desde el principio en este ámbito. Recordemos algunas propuestas:

a) *Bloomfield*, asignó las siguientes tareas disciplinarias:

• la *Morfología* tenía la tarea de analizar las construcciones cuyos componentes son formas ligadas (de significación léxica y gramatical);

• y la *Sintaxis* tenía por objeto el estudio de las construcciones cuyos componentes son formas libres, concediendo mayor alcance universal a las estructuras sintácticas.

b) *Hockett* acentúa la propuesta de Bloomfield, aunque reconoce las dificultades que entraña la separación entre ambas disciplinas. Distingue entre

• *Morfología*, que comprende el repertorio de morfemas segmentales y las maneras en que se forman las palabras a partir de ellos;

• y *Sintaxis*, que estudia las maneras en que se ordenan las palabras y los morfemas suprasegmentales, en relación unos con otros, para formar emisiones.

3. La concepción unitaria del contenido relativo.

Veremos las principales propuestas elaboradas al respecto en la Lingüística estructural y transformatoria.

3.1. En la Lingüística estructural.

En este ámbito se encuentran también a los más significativos partidarios de la concepción unitaria del estudio gramatical.

a) El primero de todos ellos es F. de *Saussure*, quien concibe la Gramática como la descripción sincrónica y significativa de un estado de lengua, entendido como un sistema de medios de expresión, cuyo objeto pone en juego valores coexistentes. Por tanto, concebir aisladamente la Morfología, como estudio de la forma de las unidades lingüísticas, y la Sintaxis, como estudio del empleo de esas formas, es una distinción ilusoria, porque para Saussure, formas y funciones son solidarias. A su vez, tampoco es lícito separar su estudio del lexicológico porque desde un planteamiento funcionalista, el hecho lexicológico puede confundirse con el sintáctico.

Para Saussure, la Gramática debe edificarse en un principio diferente y superior, ya que las distinciones tradicionales no se fundamentan en principios lógicos y naturales. Así pues, la única distinción que puede servir de base al sistema gramatical es la establecida entre las relaciones sintagmáticas y asociativas.

b) *Hjelmslev*, a su vez, representa una concepción unitaria especial que acaba por prescindir en la práctica de la Sintaxis como disciplina gramatical. Sus presupuestos se basan en la concepción de la Gramática como una disciplina sincrónica basada en los principios de no-separación entre expresión y contenido y en el hecho de no partir de la significación para asignar desde ella la expresión correspondiente —recuérdese su propuesta explicada con anterioridad (Capítulo 1)—.

En este sentido, la Gramática debe plantearse como el estudio de un mecanismo total, en el que deben describirse todas y cada una de las partes y, lo que es más importante, relacionarlas entre sí para comprender el funcionamiento de la totalidad. Por ello, la separación entre Morfología (como estudio de las formas) y Sintaxis (como estudio de la significación gramatical de esas formas) sólo puede hacerse en virtud de las diferencias en cuanto a sus objetos de estudio; a saber, las *palabras*, en el primero de los casos; y las *combinaciones de palabras*, en el segundo. Sin embargo, consciente de que todo hecho sintáctico es morfológico en el sentido de que concierne a la forma gramatical, y dado igualmente que todo hecho morfológico puede ser considerado como sintáctico ya que reposa siempre sobre una conexión sintagmática entre los elementos gramaticales en cuestión, sostiene Hjelmslev que la división posible entre estas dos infraestructuras carece de importancia práctica.

Consecuentemente, el planteamiento de Hjelmslev se basa en la concepción de una Gramática como una disciplina unitaria cuyo objeto sería una Teoría de la forma y cuyos componentes serían, por tanto, la Fonética y la Fonología (como teoría de los elementos fónicos), la Gramática o Teoría de los semantemas y de los morfemas y de sus combinaciones, y la Lexicología y la Semántica como teorías de las palabras consideradas como unidades independientes, prescindiendo de los elementos que las componen.

c) Dentro de este mismo planteamiento, quizá la posición más contraria a la de Hjelmslev sea la representada por P. *Guiraud*, quien defiende la desaparición de la Morfología en favor de una noción más amplia de Sintaxis en cuanto estudio de las relaciones entre las formas que constituyen el discurso. Así pues, es comprensible la separación entre un primer nivel sintáctico o *Sintaxis de la palabra*, y un segundo nivel o *Sintaxis* (tradicional) *de las relaciones entre las palabras*.

d) *Coseriu* pretende formular una Gramática funcional que, sin dividirse entre Morfología y Sintaxis, distinga en el interior de la Morfosintaxis el estudio de la expresión y del contenido —puesto que la distinción usual entre Morfología y Sintaxis no ayuda a ello, ya que supone una doble incoherencia, al intervenir tanto el nivel de estructuración como el nivel de la función gramatical—.

Formas   Funciones

SINTAXIS	SINTAXIS
Nivel de la palabra MORFOLOGÍA	SINTAXIS

Fig. 4: Propuesta de Coseriu.

Así, Coseriu distingue tres secciones diferentes e interdependientes dentro de la Gramática; éstas son:
– *Gramática constitucional*, ocupada de la «morfología» de toda expresión gramatical a través del recorrido por todos los niveles de estructuración gramatical existentes en una lengua;
– *Gramática funcional*, o Semántica gramatical de una lengua, dedicada al estudio de las oposiciones de contenido gramatical y, consecuentemente, de los significados gramaticales determinados en cada lengua;
– y, finalmente, la *Gramática relacional*, ocupada de las unidades de designación que funcionan en tanto que significados de una lengua en paradigmas diferentes y de las relaciones subsistentes entre esos paradigmas.

3.2. En la Lingüística transformatoria.

Podemos afirmar sin lugar a dudas que la distribución de las distintas disciplinas o niveles gramaticales ha sido uno de sus puntos más movedizo e inestable, habiendo estado expuesto a las más diversas y, a veces, a las más contradictorias soluciones.

a) Los *primeros trabajos* de Gramática generativa o transformatoria, que se corresponden en sus contenidos básicos con los establecidos en las *Estructuras sintácticas* (1957), se identifican en la práctica los contenidos de la Gramática con los de la Sintaxis, sin ninguna justificación teórica o terminológica.

b) La *teoría estándar*, formulada principalmente a partir de los *Aspectos de la Teoría de la sintaxis* (1965), vuelve a suscitar el problema de la ausencia explícita de los elementos morfológicos que, sin una formulación precisa, vuelven a disolverse en los diferentes componentes gramaticales. De una parte, se corrige el uso extensional de las tradicionales clases de palabras, asignándoles en el establecimiento de las estructuras sintagmáticas matrices de rasgos descriptivos de naturaleza morfológica (género, número, persona...) y semántica (animado, humano, material...), facilitando así la mejor comprensión de la rección morfológica y de la compatibilidad semántica de los elementos constitutivos de las distintas oraciones.

De otra parte, y fundamentalmente en adaptaciones pedagógicas del modelo, se establece un componente mixto, denominado, según los casos, morfofonémico o morfofonológico, que consta de dos niveles interrelacionados, el relativo a la transcripción fonética y fonológica de los elementos procedentes de la estructura profunda, y el relativo a la morfología, dividido, a su vez, en dos apartados, flexivo y derivativo, respectivamente.

c) La *teoría estándar extendida* recupera para la Gramática, desarrollándolo como un componente esencial, la llamada por algunos Morfología léxica, que permite la entrada del componente morfológico y el estudio de las cuestiones relacionadas con la palabra como entidad formal.

d) Como sostiene *Varela Ortega*, en los últimos años, el debate sobre las relaciones entre Morfología y Sintaxis ha sido muy vivo. A medida que se ha ido desarrollando el componente morfológico, ha quedado de manifiesto la gran similitud de las reglas que operan en el componente morfológico con algunas que lo hacen en el sintáctico —puesto que ambas poseen una estructura jerárquica—. Sin embargo, una cosa es la interrelación entre ambas disciplinas y otra el modo en el que los morfemas concretos se realizan en la palabra, siendo éste un proceso sujeto a reglas puramente morfológicas.

Así pues, la teoría morfológica determina si una combinación dada de morfemas está bien formada o no, y si lo está, cuál será su forma fonológica. Y esto es así de forma independiente a si los morfemas en cuestión anteceden a la Sintaxis como parte de la formación de palabras o como resultado de un proceso de formación de palabras mediante incorporación.

En resumidas cuentas, se observa, por tanto, en la Gramática generativa una tendencia a dar autonomía a los diversos componentes que organizan la competencia lingüística de un hablante/oyente ideal, junto con la ya tradicional desconsideración de cualquier aportación teórica ajena a su particular lógica constructiva, donde muchos de estos problemas han sido ya solucionados.

4. Las unidades del plano del contenido relativo.

Tras la descripción de las unidades del plano de la expresión que constituyen los niveles de la estructura foneticofonológica realizada con anterioridad, deben precisarse las características de las unidades lingüísticas superiores. Podemos distinguir, siguiendo a Pottier, las siguientes unidades del plano del contenido relativo o gramatical, que constituirán los funtivos de los distintos niveles de la estructura del mencionado plano.

4.1. El morfema gramema.

El *morfema* (según la terminología de Pottier) o el *monema* (según la de Martinet) es la unidad mínima de significación con expresión (a la que se le llama morfo) y contenido (que recibe el nombre de semema).

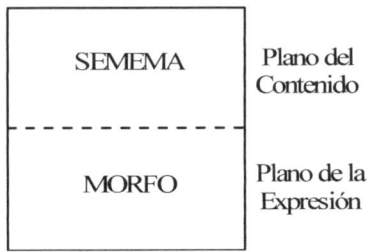

Fig. 5: Representación gráfica de la estructura del morfema.

Dejando a un lado los morfemas que tienen un contenido absoluto, designativo, predicativo o léxico, llamados, por ello, *lexemas* —puesto que son unidades del plano del contenido absoluto—, los morfemas con contenido relativo o gramatical, que son los que nos interesan ahora, reciben según Pottier el nombre de *gramemas*. Éstos pueden ser de dos tipos:

a) *Independientes*: son aquellos que pueden constituir por sí solos palabras. Los gramemas independientes pueden ser, a su vez:

• *Homosintagmáticos*: los que desarrollan sus funciones en el interior de un sintagma; por ejemplo, el artículo.

• *Heterosintagmáticos*: los que lo hacen entre sintagmas; es el caso de las conjunciones.

b) *Dependientes*: son aquellos gramemas que aparecen siempre unidos a un lexema o a otro gramema. Éstos pueden ser:

• *Formantes*: son aquellos cuya presencia es condición necesaria para el establecimiento de una determinada categoría gramatical; por ejemplo, el género y el número para la constitución del sustantivo.

• *Facultativos*: son los que su presencia no es condición necesaria para la aparición de una determinada categoría gramatical, puesto que desempeñan la función de desarrollar o matizar el significado (absoluto) del lexema; es el caso, por ejemplo, de los prefijos en la constitución del sustantivo.

4.2. El sintagma.

El sintagma es una unidad de funcionamiento de la estructura lingüística formado por un conjunto de palabras. Atendiendo a si los elementos constitutivos del sintagma desarrollan su función alrededor de un sustantivo o un verbo, podemos distinguir entre:

a) *Sintagma nominal*: es aquel cuyo núcleo está desempeñado fundamentalmente por un sustantivo. Atendiendo a su estructura, podemos establecer siguiendo a Pottier, cuatro zonas que suelen aparecer en linealidad discursiva.

• *Presentadores*: son aquellos elementos que, sin aportar un contenido absoluto al núcleo, se unen a él mediante una incidencia directa, sin nexo. Éstos pueden ser:

* *Introductores*: aparecen al principio y están desempeñados por la categoría morfológica del adverbio.

* *Actualizadores*: son los que presentan al sustantivo en su existencia real y objetiva. Están desempeñados por los artículos, adjetivos demostrativos y adjetivos posesivos.

* *Cuantificadores*: presentan al sustantivo precisando la cantidad del mismo. Esta presentación puede ser de dos tipos y, consecuentemente, dar lugar a dos tipos de cuantificadores: *Numerales*, los que presentan la cantidad del sustantivo de manera precisa; y *Extensivos*, los que lo hacen de manera imprecisa.

• *Núcleo*: es el único elemento imprescindible del S.N. que recibe la incidencia funcional del resto de los elementos y formalmente impone a estos elementos sus marcas.

• *Atribuciones*: son aquellos elementos que aportan un contenido absoluto al núcleo, uniéndose a él mediante una incidencia directa (como en el caso del adjetivo calificativo) o indirecta, con nexo (como en el caso del sintagma preposicional).

• *Postposiciones*: aparecen al final del S.N. y están desempeñados por la categoría morfológica del adverbio. Inciden también directamente sobre el núcleo del S.N.

Si tenemos ahora en cuanta los tipos de construcción que pueden presentar los S.N., podemos diferenciar dos clases:

• *Sintagma nominal homogéneo*: es aquél que muestra incidencias directas entre sus miembros, que aparecen unidos, por tanto, sin nexos coordinantes o subordinantes. La unión viene dada, pues, por la concordancia de género y número entre sus elementos (aunque a veces no se dé en la aposición).

Todos los caminos llevan a Roma

S.N. homog.

• *Sintagma nominal heterogéneo*: es el que ofrece una relación indirecta entre sus elementos, ya sea mediante la unión de nexos coordinantes o subordinantes. Hay dos tipos:

* Por *coordinación*: la relación indirecta supone una ampliación de alguna de las zonas del S.N. mediante la coordinación de elementos.

Las puertas y las ventanas están cerradas.

S.N. heter. por coord.

* Por *subordinación*: la relación indirecta se produce ahora mediante subordinación de elementos, produciéndose, por tanto, una transcategorización o salto de nivel. Puede darse mediante:

= *Preposiciones*: los demarcadores nexuales prepositivos introducen un elemento que funciona como un adjetivo de discurso (Viste un bonito traje con adornos).

= *Oraciones subordinadas sustantivas* en función de atribución (Tiene la intuición de que su madre le hará un gran regalo).

= *Oraciones subordinadas adjetivas* (La casa que su padre compró es muy grande).

b) *Sintagma verbal*: es la unidad de función que tiene como núcleo a un verbo. Por tanto, el verbo es el constituyente inmediato del sintagma verbal. Si tenemos en cuenta su caracterización funcional, debemos diferenciar entre su función dentro de la oración y la función de sus constituyentes en el interior del sintagma verbal.

• *Función del sintagma verbal dentro de la oración:* viene determinada por la función del verbo. Tanto el verbo como el sustantivo son categorías primarias; sin embargo, el verbo incide sobre el sustantivo. El sustantivo es el término marcado (+) frente al verbo que es el término no marcado (-), lo que quiere decir que el verbo puede hacer la función del sustantivo. Así, un S.V. puede hacer la función de un sintagma nominal, pero no al revés. El S.V. es una unidad imprescindible para que exista una oración.

La incidencia del S.V. sobre el nominal se llama función de predicación. El sujeto es el elemento que gramaticalmente impone unas marcas de concordancia al verbo y recibe la incidencia funcional del S.V. (función de predicación).

• *Función de sus constituyentes en el interior del sintagma verbal:* se trata de clasificar las funciones de estos constituyentes en razón de si son necesarios o no para que el verbo cumpla su función de predicación. Hay cuatro funciones agrupadas en dos tipos:

* *Constituyentes de modificación interna:* son imprescindibles para que se produzca una significación completa. Podemos citar las funciones de:

= *Implemento*: suele ir detrás del núcleo (desempeñado formalmente por el verbo) e incide directa o indirectamente sobre éste (Como pan).

= *Suplemento*: tiene una caracterización más formal. Equivale a lo que antes se llamaba régimen verbal con preposición (Pedro puso en apuros a

Antonio) y viene dado por la naturaleza del verbo, aunque a veces el mismo verbo admite suplemento e implemento, aunque no los dos a la vez (Trató la pulmonía con penicilina; trató de la pulmonía en su charla).

* *Constituyentes de modificación externa:* son menos necesarios porque aportan un significado que no es imprescindible para que la oración tenga un sentido completo. Podemos precisar las funciones de:

= *Complemento*: viene introducido por las preposiciones *a* y *para*, que diferencian el destinatario (a) del beneficiario (para). Un ejemplo sería: Entregó veinte euros a la Cruz Roja para sus enfermos. Incide indirectamente sobre el núcleo.

= *Aditamento*: aunque desde el punto de vista funcional es igual que el complemento, formalmente se diferencia de éste en que puede ir introducido por todas las preposiciones (también por adverbios). Además, significativamente, no apunta al destinatario del proceso, sino a la circunstancia, manera, tiempo, lugar, etc. del mismo. Por todo ello, se puede suprimir, ya que solo matiza o encuadra el significado del verbo: Como pan por la noche.

Atendiendo a su estructura, podemos establecer dos clases:

• *S.V. de estructura atributiva*: es aquél que está formado por un núcleo verbal casi nulo (el verbo copulativo), que aporta el valor sintáctico; y por un elemento que aporta el valor predicativo (el atributo).

• *S.V. de estructura predicativa*: está formado por un verbo predicativo no copulativo y una serie de complementos.

Si tenemos ahora en cuenta los tipos de construcción que pueden presentar los S.V., podemos diferenciar dos *clases*:

• *Sintagma verbal homogéneo*: es aquél que muestra incidencias directas entre sus miembros, que aparecen unidos, por tanto, sin nexos coordinantes o subordinantes.

• *Sintagma verbal heterogéneo*: es el que ofrece una relación indirecta entre sus elementos, ya sea mediante la unión de nexos coordinantes o subordinantes. Hay dos tipos:

* Por *coordinación*: la relación indirecta supone una ampliación de la zona del núcleo del S.V. mediante la coordinación de varios verbos (Juan come y bebe).

* Por *subordinación*: la relación indirecta se produce ahora mediante subordinación de elementos, produciéndose, por tanto, una transcategorización o salto de nivel. Serían todas las oraciones subordinadas menos las que funcionan como sujeto y las de relativo (El hijo de Juan quiere que le regale un coche).

4.3. La oración.

Vamos a finalizar las unidades de este nivel con la oración, unidad mínima de comunicación, equivalente a la oración simple o a la proposición dentro de la oración compuesta. Por tanto, es la unidad lingüística que tiene un sentido completo y presenta una autonomía semántica, sintáctica, fonológica y ortográfica.

El acercamiento teórico para establecer la *definición* de esta unidad se ha realizado desde distintos planteamientos. Veamos algunos de ellos:

a) *Criterio lógico*: desde este planteamiento la oración es la expresión verbal de un juicio. Esta concepción arranca ya de la gramática clásica y fue expresada por los planteamientos de Dionisio de Tracia, para quien la oración es la unión de palabras que expresan un sentido completo; o por los de Prisciano, quien la concibe como la ordenación coherente de palabras que expresan un sentido completo.

Estas definiciones son susceptibles de críticas puesto que pueden existir oraciones de una sola palabra y, al mismo tiempo, expresiones no oracionales con sentido completo. Además, como señala A. Vera, es inexacto que la autonomía semántica constituya la característica funcional específica de la oración, puesto que tal propiedad es exclusiva del texto.

Por ello, desde el planteamiento lógico, la oración puede definirse tal y como hace la R.A.E. como la expresión de un juicio lógico.

b) *Criterio psicológico*: desde este acercamiento, la oración es una unidad de intención puesto que, como sostiene Gardiner, revela un propósito inteligible.

c) *Criterio gramatical*: desde el ámbito lingüístico la oración puede entenderse como una unidad sintáctica estructurada en torno a un núcleo (que suele ser un verbo en forma personal) y constituida por un sujeto y un predicado.

Es la definición más generalizada, aunque sobre ella se hayan realizado algunos matices desde el distribucionalismo:

• Bloomfield y Roca Pons distinguen entre *oración* como unidad de comunicación que puede constar de varias palabras con sentido y autonomía sintáctica, sin que aparezca incluida como constituyente en otra forma más amplia; y *forma oracional*, en cuanto unidad constituida por un sujeto y un predicado que está incluida dentro de otra oración (la llamada proposición o suboración).

• Por otra parte, Jespersen distingue entre *nexus* (relación entre sujeto y predicado) y *sentence* (oración).

Lo cierto es que, como señala A. Vera, un criterio definitorio adecuado consiste en asignar a la oración la condición de menor unidad de predicación gramatical, propiedad que cumplen tanto los enunciados oracionales personales como los impersonales.

5. La estructura del sistema morfosintáctico.

En la lengua se da una visión binaria oposicional. En morfosintaxis y en el nivel de la lengua, el enfoque puede ser *específico* o *genérico*. El enfoque *genérico* nos aportaría las categorías que aportan significado absoluto y el *específico* las categorías sin las cuales no habría oración. Así, habría una doble oposición entre sustantivo y verbo que se oponen a adjetivo; y dentro del enfoque *específico*, entre sustantivo y verbo.

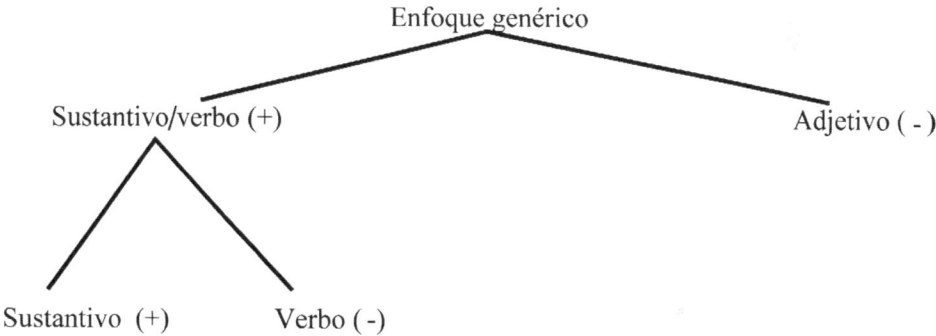

Fig. 6: Visión vinaria oposicional en el sistema morfosintáctico.

Se trata de una oposición funcional binaria desdoblada que condiciona en la lengua y funciona en el habla con la manifestación de una marca (recuérdese lo expuesto en el capítulo 1).

Así, el sustantivo (término marcado) se basta y define a sí mismo: *confianza* solo se dice de la confianza; es particularizante y está en un planteamiento cerrado. El verbo (término no marcado) supone algo: *confiar* presupone lógicamente al primer término, implica confianza. El adjetivo (Ø) no participa en la oposición anterior: *confiado* puede decirse de quien se quiera o de lo que se quiera. Tiene un planteamiento abierto.

Por ello, el sustantivo incide funcionalmente sobre sí mismo porque se basta a sí mismo en la lengua, mientras que el verbo incide funcionalmente sobre el sustantivo. Ambos son imprescindibles para la oración: el sustantivo es el soporte funcional y el verbo es el aporte funcional que presupone al sustantivo. La incidencia se manifiesta morfológicamente mediante la concordancia. El adjetivo incide funcionalmente sobre el sustantivo y sobre el verbo.

Partiendo de ello, vamos a precisar los criterios para determinar las categorías funcionales en el ámbito de la morfosintaxis.

5.1. Categorías básicas y contextuales.

Las categorías *básicas* indican la potencialidad funcional que una unidad tiene en la lengua.

Las categorías *contextuales* indican la actuación de los elementos en el habla.

Por ejemplo, *contra* es una preposición que relaciona dos elementos, uno principal con otro subordinado: *ir contra aquel*. En el caso de la unidad *pro y contra*, actúa *contra* como un elemento autónomo, como un sustantivo. Ha habido una traslación o transcategorización.

Lo mismo ocurre con *corre mucho* y *corre en gran cantidad*. En el primer caso no ha habido traslación porque las unidades funcionan acorde a la categoría a la que pertenecen. En el segundo caso sí la ha habido porque en el discurso funciona con una categorización distinta a la que le corresponde en la lengua.

5.2. La necesidad de integrar oraciones.

Según sea la mayor o menor necesidad de aparición para construir oraciones, las categorías morfosintácticas se pueden dividir en:

a) *Categorías primarias*: imprescindibles para construir oraciones. Son el sustantivo y el verbo.

b) *Categorías secundarias*: modifican directamente a las primarias y son el adjetivo y el adverbio. Inciden, por tanto, sobre unidades de contenido absoluto.

c) *Categorías terciarias*: son el artículo, la interjección y el pronombre.

d) *Elementos de relación*: son las preposiciones y las conjunciones.

Las categorías terciarias y los elementos de relación forman parte de paradigmas cerrados, no tienen contenido absoluto sino solo gramatical.

5.3. Relaciones entre las categorías.

Por sí solas, las categorías funcionales no constituyen un sistema estructurado. Deben entrar en relación, adquirir un comportamiento funcional y, a partir de aquí, integrarse en estructuras. Pero ¿cómo las categorías funcionales llegan a constituir estructuras?, ¿cómo se relacionan entre sí dentro del sistema morfosintáctico? Mantienen dos tipos de relaciones.

a) *Relación directa*: se da cuando los elementos en la lengua y en el habla tienen la misma capacidad funcional. En el discurso no se ha producido una traslación. Esta relación se marca formalmente por la concordancia y se representa en el análisis mediante flechas con ← y →.

b) *Relación indirecta*: en el discurso funcionan con distinta capacidad a la que le correspondería en la lengua. Se marca formalmente por los elementos de relación y se representa en el análisis con < >.

Finalmente, considere que para haber alcanzado correctamente los objetivos propuestos en el proceso de enseñanza y aprendizaje del tema finalizado, debe haber comprendido con claridad que:

1. Existen cinco propuestas a la hora de enfrentarse a la cuestión de la delimitación de los contenidos de la Morfología y la Sintaxis: considerarlas realidades distintas y no condicionadas recíprocamente; realidades del mismo orden que juntas integran el aspecto gramatical; recursos metodológicos exigidos para el estudio del fenómeno del lenguaje; solo lo morfológico tiene un carácter gramatical; se niega la diferenciación total del hecho lingüístico, en el que sólo se puede encontrar el aspecto lingüístico integral.

2. La autonomía disciplinaria entre Morfología y Sintaxis ha sido defendida por Ries, Bröndal, Tesnière, Martinet, Bloomfield y Hockett.

3. El carácter unitario de ambas divisiones ha sido mantenido por Saussure, Hjelmslev, Guiraud y Coseriu en la Lingüística estructural y por Chomsky en el Transformacionalismo.

4. El *morfema* (según la terminología de Pottier) o el *monema* (según la de Martinet) es la unidad mínima de significación con expresión (a la que se le llama *morfo*) y contenido (que recibe el nombre de *semema*). Los gramemas pueden ser *dependientes* o *independientes*.

5. El *sintagma* es una unidad de funcionamiento de la estructura lingüística formado por un conjunto de palabras. Atendiendo a si los elementos constitutivos del sintagma desarrollan su función alrededor de un sustantivo o un verbo, podemos distinguir entre sintagmas *nominales* y *verbales*. Pueden ser *homogéneos* (mostrando incidencias directas entre sus miembros) y *heterogéneos* (mostrando, en este caso, incidencias indirectas).

6. La *oración* es la unidad lingüística que tiene un sentido completo y presenta una autonomía semántica, sintáctica, fonológica y ortográfica.

7. Para determinar las categorías funcionales en el ámbito de la morfosintaxis debemos diferenciar entre: *categorías básicas*, que indican la potencialidad funcional que una unidad tiene en la lengua; y *categorías contextuales*, que indican la actuación de los elementos en el habla; las categorías según sea *la mayor o menor necesidad de aparición para construir oraciones*; y las *relaciones* entre las categorías (directa e indirecta), puesto que por sí solas, las categorías funcionales no constituyen un sistema estructurado y deben entrar en relación, adquiriendo un comportamiento funcional y, a partir de aquí, integrarse en estructuras.

F. Actividades sugeridas.

— A continuación vaya anotando las dudas que le van surgiendo tras la lectura de los distintos puntos del tema y después la resolución de las mismas, ya sea por las clases recibidas, el estudio personal o las tutorías realizadas. Este proceso le servirá tanto para la mejor comprensión de la materia como para la preparación de la prueba final.

— Conteste a las siguientes cuestiones:

1. Explique la problemática subyacente a la distinción entre Morfología y Sintaxis.

2. Indique la filosofía espontánea de los lingüistas que mantienen la independencia estructural entre Morfología y Sintaxis y aquellos otros que conciben la infraestructura del contenido relativo como un todo unitario. Explíquelo.

3. Haga un gráfico en el que represente la estructura del sistema lingüístico explicado por Bröndal.

4. Realice un análisis morfemático de las siguientes lexías:

* Coñazo.

* Ventanilla.

* Mujercita.

* Reyecito.

* Redesgraciaditos.

5. Analice los siguientes sintagmas nominales.

* La mesa y la silla.

* Un té con limón.

* La casa del vecino de mi madre.

* La última calificación posiblemente.

* Casi todos los miércoles del mes.

* Un hombre enfermo de una borrachera de ron.

6. Analice las siguientes oraciones:

* El niño fugitivo comprendió entonces su desamparo.

* La casa que compró mi padre tiene bonitas ventanas.

* Los padres desean que sus hijos aprueben los exámenes.

A continuación, utilice este espacio para resolver los ejercicios adicionales que le pueda proponer su profesor o para contestar a las preguntas de los posibles documentales visionados durante las clases.

— Comente los siguientes textos explicando su contenido y realizando la pertinente valoración. Como orientación para el análisis crítico sugerimos el presente modelo:

1. Breve noticia sobre el autor del texto.
2. Determinación de la problemática del texto, señalando su unidad específica y la formulación teórica en la que se ubica la misma.
3. Establecimiento de la estructura que presenta el texto; esto es, división en partes temáticas.
4. Exposición de la tesis que defiende el autor sobre la problemática planteada, señalando:
    4.1. La filosofía espontánea que afecta a su propuesta.
    4.2. Las ideas principales y secundarias del texto.
5. Precisión como conclusión de la respuesta que se pueda dar a la problemática planteada.
6. Valoración del texto en su conjunto a partir de una breve opinión personal.

1. Texto de Hjelmslev.

«Todo hecho sintáctico es morfológico en el sentido en que concierne únicamente a la forma gramatical, y dado igualmente que todo hecho morfológico puede ser considerado como sintáctico, ya que reposa siempre sobre una conexión sintagmática entre los elementos gramaticales en cuestión, estamos persuadidos de que la división posible de la gramática en Morfología y Sintaxis carece por completo de importancia desde el punto de vista práctico [*punto de vista* en sentido genérico, obviamente]».

(L. Hjelmslev, *Principios de gramática general*, Gredos, Madrid, 1976).

2. Texto de A. Vera.

«La sintaxis es hoy sin duda uno de los componentes lingüísticos más sólidamente instaurado en el esquema metodológico general de la descripción lingüística. Ello es, en buena medida, responsabilidad de los modelos generativos que, a partir de su consideración de la oración como unidad básica desde la que proceder a reproducir la competencia lingüística, instaurarían a la sintaxis como componente generativo central [...].

En términos generales, el papel del componente sintáctico aparece claramente fijado en el estudio del comportamiento combinatorio de los signos elementales que conforman el sistema de una lengua en cualquiera de sus niveles. Este planteamiento general [...] puede ser precisado, de acuerdo con criterios hoy familiares tras el desarrollo y la difusión de los modelos estructuralistas, considerando a la sintaxis como la disciplina encargada del estudio de las relaciones sintagmáticas contraídas por las distintas unidades lingüísticas».

(A. Vera, *Fundamentos de análisis sintáctico*, Universidad de Murcia, Murcia, 1994).

G. Lecturas recomendadas.

Roca Pons, J., «¿De qué trata la Gramática?» *apud Introducción a la Gramática,* Teide, Barcelona, 1986, pp. 1-29.

Presentación clara de la noción de gramática, sus partes, tipos y relaciones con otros estudios sobre el lenguaje.

H. Ejercicios de autoevaluación.

Con el fin de que se pueda comprobar el grado de asimilación de los contenidos, presentamos una serie de cuestiones, cada una con tres alternativas de respuestas. Una vez que haya estudiado el tema, realice el test rodeando con un círculo la letra correspondiente a la alternativa que considere más acertada. Después justifique en el espacio que se deja a continuación las razones por las que piensa que la respuesta elegida es la correcta, indicando también las razones que invalidan la corrección de las restantes.

Cuando tenga dudas en alguna de las respuestas vuelva a repasar la parte correspondiente del capítulo e inténtelo otra vez.

1. La distinción entre Morfología y Sintaxis se realiza

A En la Gramática de los griegos y romanos.
B En la Gramática preestructural.
C En la Gramática estructural.

2. Desde un acercamiento metodológico, Morfología y Sintaxis pueden considerarse

A Las disciplinas que estudian el plano del contenido relativo.
B Dos infraestructuras del plano del contenido relativo.
C Dos subcomponentes del plano del contenido.

3. La relación que existe entre Morfología y Sintaxis es de

A Arbitrariedad.
B Presuposición.
C Interdependencia.

4. La importancia del planteamiento de Bröndal radica en

A Otorgar a la Morfología un reconocimiento autónomo.
B Otorgar a la Sintaxis un reconocimiento autónomo.
C Unir la Morfología y la Sintaxis para su estudio metodológico.

5. Uno de los grandes defensores de las Propuestas teóricas del Estructuralismo americano de la división entre Morfología y Sintaxis fue

A Bloomfield.
B Chomsky.
C Martinet.

6. Las categorías funcionales constituyen un sistema

A Siempre y cuando tengan una forma.
B Cuando tienen un significado gramatical.
C Cuando se relacionan entre sí.

7. Para Saussure, la Gramática es

A La descripción sincrónica de la lengua.
B El estudio de los aspectos gramaticales de la lengua.
C La descripción diacrónica de la lengua.

8. Cuando los elementos en el *proceso* y en el *habla* tienen la misma capacidad funcional

    A Se produce una transcategorización.
    B No se produce una transcategorización.
    C Las respuestas A y B son incorrectas.

9. El morfema es la unidad de

    A Comportamiento lingüístico con significado mínimo.
    B Significado mínimo.
    C Significado gramatical mínimo.

10. El morfema con significado relativo se denomina

A Semema.
B Gramema.
C Monema.

11. Los morfemas gramemas formantes pertenecen al conjunto de

A Los elementos morfosintácticos.
B Los elementos sintácticos.
C Los elementos léxicos.

12. El sintagma puede definirse como una

A Unidad de comportamiento lingüístico.
B Unidad de funcionamiento sintáctico.
C Unidad de funcionamiento semántico.

13. Los sintagmas pueden ser

A Formantes y facultativos.
B Homogéneos y heterogéneos.
C Absolutos y relativos.

14. La relación sintáctica que se establece entre el núcleo y la atribución del S.N.

A Es de incidencia directa del núcleo sobre la atribución.
B Es de incidencia indirecta del núcleo sobre la atribución.
C Las respuestas A y B no son correctas.

15. En el S. N. *Casi todos los niños*, todos realiza la función de

A Presentador introductor.
B Presentador cuantificador.
C Presentador actualizador.

16. En el sintagma anterior, la incidencia funcional que se produce entre el actualizador y el núcleo es

A Directa.
B Indirecta.
C La incidencia no es funcional sino formal.

17. En el interior del S. N. se produce

A La incidencia formal del núcleo sobre el actualizador.
B La incidencia formal del actualizador sobre el núcleo.
C La incidencia funcional del núcleo sobre el actualizador.

18. En la estructura del S. N. ocurre que

A Todo presentador es siempre un actualizador.
B Todo cuantificador es siempre un presentador.
C Tanto presentadores como cuantificadores son siempre actualizadores.

19. En el S. N. homogéneo hay siempre

A Incidencias indirectas.
B Incidencias directas y saltos de niveles.
C Incidencias directas.

20. El nexo demarcativo es un elemento morfológico que

A Produce una incidencia indirecta.
B Produce una incidencia directa.
C No es un elemento morfológico sino sintáctico.

21. Desde un planteamiento funcional, el demarcador nexual

A Se comporta como un adjetivo de discurso.
B Une elementos de igual funcionalidad.
C Las respuestas A y B son incorrectas.

22. En el sintagma nominal homogéneo

A Se producen saltos de nivel.
B Pueden producirse saltos de nivel.
C No se producen saltos de nivel.

23. La oración puede definirse como la

A Unidad mínima de significación.
B Unidad mínima de comunicación.
C Unidad mínima de enunciación.

24. Desde el planteamiento lógico, la oración es considerada

A Expresión de un sentido completo.
B Expresión de un propósito.
C Estructuración sintáctica en torno a un verbo.

25. La característica funcional específica de la oración es

A La autonomía semántica.
B La predicación gramatical.
C La autonomía ortográfica.

I. Glosario.

Actualización: Proceso mediante el cual los elementos potenciales de la lengua adquieren una función efectiva en el discurso.

Actualizador: En el sintagma nominal, presentador del sustantivo en su existencia real y objetiva.

Alomorfo: Variante combinatoria del morfema.

Atribución: Componente del sintagma nominal que se une al núcleo mediante una incidencia directa, aportando un contenido absoluto.

Categoría básica: Indica la potencialidad funcional que una unidad tiene en la lengua.

Categoría contextual: Indica la actuación de los elementos en el habla.

Categoría primaria: Imprescindible para construir oraciones. Son el sustantivo y el verbo.

Categoría secundaria: Modifica directamente a las primarias y son el adjetivo y el adverbio. Inciden, por tanto, sobre unidades de contenido absoluto.

Categoría terciaria: Artículo, interjección y pronombre.

Coordinación: Relación lingüística que se produce entre dos oraciones independientes.

Cuantificador: En el sintagma nominal, presentador del sustantivo que precisa su cantidad.

Elementos de relación: Preposiciones y conjunciones.

Facultativo: Morfema gramema cuya presencia no es condición necesaria para que se establezca una determinada clase de palabra.

Formante: Morfema gramema cuya presencia es condición necesaria para que se establezca una determinada clase de palabra.

Gramaticalización: Fenómeno de interrelación entre las dos infraestructuras del contenido, que permite a una unidad la pérdida de su significado léxico y el funcionamiento en el ámbito del contenido relativo.

Gramema: Morfema portador de contenido relativo.

Heterogéneo: [Sintagma] En el que dan relaciones lingüísticas indirectas entre sus miembros, mediante el empleo de nexos.

Heterosintagmático: [Morfema gramema independiente] Que desarrolla su función entre sintagmas.

Homogéneo: [Sintagma] En el que dan incidencias directas entre sus miembros.

Homosintagmático: [Morfema gramema independiente] Que desarrolla su función en el interior de un sintagma.

Incidencia: Relación lingüística que une elementos directamente (sin nexos) o indirectamente (mediante nexos).

Introductor: Presentador que aparece al principio del sintagma nominal.

Monema: Morfema.

Morfema: Unidad mínima de significación formada por un conjunto de fonemas.

Morfo: Plano de la expresión del morfema.

Morfología: Disciplina que estudia la forma del significado relativo del plano del contenido del signo lingüístico.

Nexo: Elemento que une sintácticamente dos unidades lingüísticas que no están relacionadas por una incidencia directa.

Núcleo: Único elemento imprescindible tanto del sintagma nominal como del sintagma verbal, que recibe las modificaciones funcionales del resto de los elementos.

Oración: Unidad mínima de comunicación estructurada en torno a un núcleo (que suele ser un verbo en forma personal).

Postposición: Componente del sintagma nominal que aparece al final del mismo, modifica al núcleo directamente y aporta un contenido relativo.

Predicado: En el nivel oracional, todo lo que se dice del sujeto.

Presentador: Componente del sintagma nominal que antecede al núcleo y lo modifica directamente, aportando un contenido relativo.

Sintagma nominal: Aquél cuyo núcleo está desempeñado fundamentalmente por un sustantivo.

Sintagma verbal: Aquél cuyo núcleo está desempeñado fundamentalmente por un verbo.

Sintagma: Unidad de funcionamiento de la estructura lingüística formada por un conjunto de lexías.

Sintagmática: Fase analítica del método inmanente que consiste en dividir el texto en unidades cada vez más pequeñas hasta llegar a las irreductibles.

Sintaxis: Disciplina que estudia la función del significado relativo del plano del contenido del signo lingüístico.

Subordinación: Relación lingüística de dependencia entre elementos gramaticales.

Sujeto: En el nivel oracional, persona o cosa de la cual se dice algo.

Teoría estándar: Propuesta teórica del paradigma transformacional elaborada a partir de 1965.

Transcategorización: Procedimiento mediante el cual una unidad lingüística pasa a funcionar en el discurso adoptando una función diferente a la que le corresponde en la lengua.

Yuxtaposición: Sucesión de oraciones sin palabras que expresen un enlace.

J. Bibliografía general.

AAVV, *La sintassi*, Bulzoni, Roma, 1970.

ALARCOS, E., *Gramática estructural*, Gredos, Madrid, 1969.

ALARCOS, E., *Estudios de Gramática Funcional del español*, Gredos, Madrid, 1973.

ALCINA FRANCH, J. & BLECUA, J. M., *Gramática española*, Ariel, Barcelona, 1975.

ALLERTON, D. J., *Essentials of Grammatical Theory: A Consensus View of Syntax and Morphology*, R. and K. Paul, Londres, 1979.

ALONSO, A. & HENRÍQUEZ UREÑA, P., *Gramática castellana*, Losada, Buenos Aires, 1964.

ALONSO, M., *Gramática del español moderno*, Guadarrama, Barcelona, 1975.

ALVAR, M. & POTTIER, B., *Morfología histórica del español*, Gredos, Madrid, 1983.

BARRENECHEA, A. M. & MANACORDA, R., *Estudios de gramática estructural*, Paidós, Buenos Aires, 1969.

BELLO, A., *Gramática de la lengua castellana destinada al uso de los americanos*, Edaf, Madrid, 1982.

BUESO FERNÁNDEZ, I., *Gramática básica del español con ejercicios*, Edinumen, Madrid, 2011.

CARRATALÁ, E., *Morfosintaxis del castellano actual*, Lábor, Barcelona, 1980.

CASELLAS. F., *Prácticas de gramática generativa transformacional*, Teide, Barcelona, 1979.

CONTRERAS, H. (comp.), *Los fundamentos de la gramática transformacional*, Siglo XXI, México, 1971.

CRIADO DE VAL, M., *Gramática española*, Saeta, Madrid, 1960.

CHOMSKY, N., *Aspectos de la teoría de la sintaxis*, Aguilar, Madrid, 1965.

D'INTRONO, D., *Sintaxis transformacional del español*, Cátedra, Madrid, 1979.

DIK, S. C., *Gramática funcional*, SGEL, Madrid, 1981.

ESCANDELL VIDAL, V., *60 problemas de Gramática dedicados a Ignacio Bosque*, Akal, Madrid, 2011.

ESCARPANTER, J., *Introducción a la moderna gramática española*, Playor, Madrid, 1972.

FANT, L., *Estructura informativa en español. Estudio sintáctico y entonativo*, Acta Universitatis Upsaliensis, Upsala, 1984.

FERNÁNDEZ RAMÍREZ, S., *Gramática española. Los sonidos, el nombre y el pronombre*, Revista de Occidente, Madrid, 1951.

FERNÁNDEZ RAMÍREZ, S., *Gramática española. El verbo y la oración*, vol. completado por I. Bosque, Arco-Libros, Madrid, 1986.

GILI GAYA, S., *Curso superior de sintaxis española*, Biblograf, Barcelona, 1970.

GÓMEZ TORREGO, L., *Teoría y práctica de la sintaxis*, Alhambra, Madrid, 1985.

GONZÁLEZ CALVO, J. M., *Estudios de morfología española*, Universidad de Extremadura, Cáceres, 1978.

GONZÁLEZ CALVO, J. M., *Análisis sintáctico*, Universidad de Extremadura, Cáceres, 1990.

GUIRAUD, P., *La gramática*, Ed. Universitaria de Buenos Aires, Buenos Aires, 1972.

GUTIÉRREZ, M. L., *Estructuras sintácticas del español actual*, SGEL, Madrid, 1978.

HADLICH, L., *Gramática transformativa del español,* Gredos, Madrid, 1973.

HERNÁNDEZ ALONSO, C., *Lengua española II (sintaxis)*, UNED, Madrid, 1978.

HERNÁNDEZ ALONSO, C., *Gramática funcional del español*, Gredos, Madrid, 1984.

HJELMSLEV, L., *Principios de Gramática General,* Gredos, Madrid, 1976.

JESPERSEN, O., *La filosofía de la gramática*, Anagrama, Barcelona, 1975.

KOCK, J. de *et alii, Gramática española: enseñanza e investigación*, Universidad de Salamanca, Salamanca, 1990.

KOVACCI, D., *Tendencias actuales de la gramática*, Columba, Buenos Aires, 1966.

LAMÍQUIZ, V., *Lingüística española*, Universidad de Sevilla, Sevilla, 1973.

LÁZARO CARRETER, F., *Teoría y práctica de la lengua*, Anaya, Salamanca, 1971.

LÓPEZ GARCÍA, A., *Para una gramática liminar,* Cátedra, Madrid, 1980.

LÓPEZ GARCÍA, A., *Estudios de lingüística española*, Anagrama, Madrid, 1983.

LÓPEZ GARCÍA, A. & MORANT, R., *Gramática femenina*, Cátedra, Madrid, 1991.

LLORENTE MALDONADO, A., *Morfología y sintaxis. El problema de la división de la gramática*, Universidad de Granada, Granada, 1953.

MANACORDA DE ROSETTI, M. V., *La gramática estructural en la escuela secundaria*, Kapelusz, Buenos Aires, 1964.

MARCOS MARÍN, F., *Morfosintaxis española*, Librairie des Presses de l'Universitè de Montrèal, Montreal, 1970.

MARCOS MARÍN, F., *Aproximación a la gramática española*, Cincel, Madrid, 1974.

MARCOS MARÍN, F., *Curso de gramática española*, Cincel, Madrid, 1980.

MARSÁ, F., *Cuestiones de sintaxis española*, Ariel, Barcelona, 1984.

MATTE BON, F., *Gramática comunicativa del español*, Difusión, Madrid, 1991.

MATTEWS, P. H., *Morfología. Introducción a la teoría de la estructura de la palabra*, Paraninfo, Madrid, 1979.

MORENO CABRERA, J. C., *Fundamentos de sintaxis general*, Síntesis, Madrid, 1987.

MORENO GARCÍA, C., *Curso superior de español*, SGEL, Alcobendas, 1991.

NARBONA JIMÉNEZ, A., *Sintaxis española: nuevos y viejos enfoques*, Ariel, Barcelona, 1989.

NIDA, E. A., *Morphology. The Descriptive Analysis of the Words,* Univ. of Michigan Press, Michigan, 1949.

NIQUE, C., *Introducción metódica a la gramática generativa*, Cátedra, Madrid, 1974.

NIVETTE, J., *Principios de gramática generativa*, Fragua, Madrid, 1973.

ONIEVA MORALES, J. L., *Fundamentos de gramática estructural del español*, Playor, Madrid, 1986.

PILLEUX, M. & URRUTIA, H., *Gramática transformacional del español*, Alcalá, Madrid, 1982.

POTTIER, B., *Lingüística moderna y filología hispánica*, Gredos, Madrid, 1968.

POTTIER, B., *Gramática del español*, Alcalá, Madrid, 1970.

POTTIER, B., *Introduction à l'ètude linguistique de l'espagnol,* Ed. Hispanoamericanas, París, 1972.

RAMÓN TRIVES, E., *Estudios sintáctico–semánticos del español. La dinámica interoracional*, Godoy, Murcia, 1982.

REAL ACADEMIA ESPAÑOLA, *Gramática de la lengua castellana*, Espasa-Calpe, Madrid, 1931.

REAL ACADEMIA ESPAÑOLA, *Esbozo de una nueva Gramática de la lengua española*, Espasa-Calpe, Madrid, 1973.

RIVERO, M. L., *Estudios de gramática generativa del español,* Cátedra, Madrid, 1977.

ROCA PONS, J., *Introducción a la gramática*, Teide, Barcelona, 1970.

ROJO, G., *Aspectos básicos de sintaxis funcional*, Agora, Málaga, 1983.

ROSETTI, A., *Le mot. Esquisse d'une thèorie gènèrale*, Munksgaard, Copenhague, 1947.

SÁNCHEZ MÁRQUEZ, M. J., *Gramática moderna del español, teoría y norma*, Ediar, Buenos Aires, 1972.

SECO, R., *Gramática esencial del español*, Aguilar, Madrid, 1972.

SECO, M., *Manual de gramática española*, Aguilar, Madrid, 1973.

STATI, S., *Teoría e metodo nella sintassi*, Il Mulino, Bolonia, 1972.

STATI, S., *La sintaxis*, Nueva Imagen, México, 1979.

TESO MARTÍN, E. del, *Gramática general, comunicación y partes del discurso*, Gredos, Madrid, 1990.

VARELA ORTEGA, S., *Fundamentos de morfología*, Síntesis, Madrid, 1990.

LAS UNIDADES LINGÜÍSTICAS DEL PLANO DEL CONTENIDO ABSOLUTO: ORGANIZACIÓN ESTRUCTURAL DE LA SIGNIFICACIÓN LEXICOSEMÁNTICA.

A. Cronograma.

Semana 8

Actividad docente	Horas presenciales		Horas no presenciales		
	Teóricas	Prácticas	Estudio	Ejercicios	Tutorías
1. Lectura de los puntos 1, 2 y 3 del tema y anotación de dudas			1		
2. Exposición panorámica de los puntos 1, 2 y 3 y resolución de dudas	2				
3. Realización de actividades teóricas y prácticas 1, 2, 3, 4 y 5 y texto 1				2	
4. Estudio de los contenidos y nociones de los puntos 1, 2 y 3			1		
5. Sesión práctica sobre los contenidos y actividades realizadas		2			

Semana 9

Actividad docente	Horas presenciales		Horas no presenciales		
	Teóricas	Prácticas	Estudio	Ejercicios	Tutorías
1. Lectura de los puntos 4 y 5 del tema y anotación de dudas			1		
2. Exposición panorámica de los puntos 4 y 5 y resolución de dudas	2				
3. Realización de actividades teóricas y prácticas 6 y 7 y texto 2				2	
4. Estudio de los contenidos y nociones de los puntos 4 y 5			1		
5. Sesión práctica sobre los contenidos y actividades realizadas		2			
6. Tutorías o resolución de dudas					2

Semana 10

Actividad docente	Horas presenciales		Horas no presenciales		
	Teóricas	Prácticas	Estudio	Ejercicios	Tutorías
1. Lectura de los puntos 6, 7 y 8 del tema y anotación de dudas			1		
2. Exposición panorámica de los puntos 6, 7 y 8 y resolución de dudas	2				
3. Realización de actividades teóricas y prácticas 8, 9, 10 y 11 y lecturas recomendadas				2	
4. Estudio de los contenidos y nociones de los puntos 6, 7 y 8			1		
5. Sesión práctica sobre los contenidos y actividades realizadas		2			
6. Proceso de autoevaluación			1		
7. Tutorías o resolución de dudas					2
Total volumen de trabajo del tema en las tres semanas	6	6	7	6	4
	12		17		

B. Objetivos.

1. Conocer las distintas reflexiones surgidas a lo largo de la historia sobre la problemática del significado.

2. Demarcar los ámbitos disciplinarios de la Lexicología y la Lexicografía, delimitando sus objetos de estudio.

3. Conocer los diferentes tipos de Semántica así como los distintos caminos para llegar al significado.

4. Comprender la noción de morfema lexema como unidad del nivel morfémico estudiada por la Lexicología.

5. Comprender la noción de lexía y sus diferentes tipos.

6. Conocer la noción de enunciado.

7. Conocer la organización estructural del funcionamiento semántico.

8. Conocer los fundamentos de la Lingüística textual así como su trayectoria histórica.

C. Palabras clave.

- Significado.
- Semántica analítica.
- Semántica lógica.
- Semántica del habla.
- Lexicología.
- Lexema.
- Texto.
- Estructura semántica

- Semántica estructural.
- Semántica operacional.
- Semántica psicológica.
- Reglas semánticas.
- Lexicografía.
- Lexía.
- Análisis del Discurso.
- Relación sémica.

D. Organización de los contenidos.

1. Visión histórica.
    1.1. Los griegos.
    1.2. Hasta el siglo XIX.
    1.3. En el siglo XIX.
    1.4. Durante el siglo XX.
2. La Lexicología: distintos planteamientos.
    2.1. Lexicología y Lexicografía: hacia una demarcación disciplinaria.
    2.2. La propuesta de Trujillo.
    2.3. Valoración de Alvar Ezquerra.
3. La Semántica: distintos planteamientos.
    3.1. Tipos de Semánticas según Guiraud.
    3.2. Propuestas de la Semántica Lingüística.
4. Las unidades del plano del contenido absoluto.
    4.1. El morfema lexema.
    4.2. La lexía.
    4.3. El enunciado.
5. Los sistemas del plano del contenido absoluto.
    5.1. Las categorías semánticas.
    5.2. Lexema, semema, sema, archilexema, archisemema.
6. La estructura del sistema lexicosemántico.
    6.1. Campo semántico.
    6.2. Grupo funcional.

7. Relaciones sémicas.
　　7.1. Relaciones sémicas entre dos lexemas distintos: sinonimia y homesemia.
　　7.2. Relaciones sémicas entre dos lexemas idénticos: homonimia y polisemia.
8. El nivel textual
　　8.1. Características y propiedades del texto.
　　8.2. Trayectoria histórica de los estudios textuales.

Una vez que haya estudiado el tema y con el fin de que alcance una visión panorámica del mismo que le ayude a *sintetizar, ordenar* y *estructurar* una información de cierta amplitud y a preparar una posible prueba de examen, realice un **cuadro sinóptico o esquema** en el que, partiendo de la estructuración propuesta anteriormente, organice de manera resumida los contenidos fundamentales del tema. Utilice para ello únicamente el espacio que se le propone.

| *E. Desarrollo de los contenidos.* |

1. Visión histórica.

La problemática del significado ha sido un tema que ha interesado desde siempre a la humanidad. Por ello, vamos a realizar un recorrido histórico que nos permita precisar las diferentes reflexiones surgidas en torno a este tema.

1.1. Los griegos.

Los *griegos*, que se plantearon por primera vez este asunto con mayor profundidad y rigor (aunque no debe olvidarse que las preocupaciones lingüísticas eran aquí paralelas a cualquier otra preocupación del conocimiento humano y que la reflexión lingüística estaba muy unida a la filosófica), posibilitaron la aparición de las dos grandes teorías que intentan explicar el origen del lenguaje, a saber: la teoría *Phisey* y la teoría *Thesey* (recuérdese lo planteado en el capítulo 2 de *Lingüística general I*).

a) Los defensores de esta primera teoría sostienen que las palabras designan las cosas según su naturaleza, hecho que impregna al signo de un carácter simbólico, ignora la consabida arbitrariedad del lenguaje y, lo que es más destacable, frente a la regularidad del lenguaje, supone la primacía de todo lo irregular: verbos, adjetivos, etc. Tal postulado, obviamente, defiende la concepción de un lenguaje no sometido a reglas, que es producto de la Naturaleza y, como ésta, no sujeto a ninguna imposición categorial. Por todo ello, el nombre es, como en la pintura, una imitación del objeto, una imagen empírica de una realidad trascendente.

b) Por el contrario, los defensores de la teoría *Thesey* sostienen que las palabras designan las cosas por convención. El sentido de la palabra lo define el conjunto de relaciones más bien que el concepto que representa. El estado de la lengua, es decir, la red de relaciones en ella posibles, es lo que determina el valor significativo de las palabras y las posibilidades de operar con ellas. Por tanto, si la lengua no es más que un sistema de valores, los signos lingüísticos, como afirma Collado, no son representaciones de conceptos en el sentido de contenidos mentales sino simples deslindamientos de unidades susceptibles de variación y de empleo diversos de acuerdo con la estructura de la lengua.

De hecho, todos los defensores de esta teoría —recuérdense, simplemente, las propuestas de Aristóteles y Demócrito, por poner unos casos— creen que el lenguaje se debe a unas reglas estrictas y que hay regularidad dentro del mismo, de ahí que la preocupación fundamental de estos autores sea el funcionamiento, las relaciones que puedan establecerse entre las palabras.

La importancia de esta doble y opuesta teoría quizá haya sido la de proporcionar los dos valores polares que han permanecido luego durante siglos y han organizado la historia del discurrir lingüístico; a saber, la reflexión de carácter *formalista* y *cientificista* frente a la de índole más *humanista* y *ontológico*.

1.2. Hasta el siglo XIX.

Ni la Edad Media, ni el Renacimiento, ni el Barroco ni el Neoclasicismo hicieron otra cosa que repetir lo que había sido dicho al respecto por los clásicos, limitándose a esbozar tratamientos atomizados que, si bien señalaban multitud de problemas, no encontraban, por lo general, solución adecuada para ninguno dentro de una problemática general.

La caracterización común de estos tratamientos del léxico de una lengua es la preocupación purista por enriquecer o corregir el patrimonio léxico en función de la norma lingüística que se propone como modelo obligatorio de uso.

1.3. En el siglo XIX.

Por ello, cuando a partir del siglo XIX y gracias a la desmembración de los saberes positivistas, surge la Semántica como disciplina autónoma, lo que parecía preceder a una auténtica ruptura epistemológica, en sentido bachelardiano, con lo que había sido la trayectoria lineal de los discursos sobre el significado, impregnados en todo momento de filosofía y psicologismo, no era nada más que un estudio de la forma de las palabras, en el que se presuponía su significado. Y no es que forma/significado sea una dicotomía tan excluyente como pueda pensarse a simple vista. De hecho, la Semántica actual ha sido capaz de ayudar a los estudios léxicos precisamente ensanchando el campo tradicional de la investigación etimológica añadiendo una nueva dimensión, la de la etimología estática, y precisando que no se puede escribir la historia de una palabra sin prestar atención a sus relaciones con otros términos y a su puesto en la estructura general del vocabulario.

Así pues, el incipiente formalismo metodológico no era otra cosa que una *ilusión epistémica*, muy acorde con la coyuntura histórico-social en el que surge. De hecho, el significado se emplea para exponer las nociones acerca de la lengua, sin que se estudie el significado en sí mismo hasta finales de siglo en que nacerá la Semántica como tal. Y es entonces cuando tiene lugar la aparente y ansiada ruptura epistemológica, de impredecibles consecuencias, herencia positivista de búsqueda de autonomía del saber. El resultado de este proceso es el nacimiento de la Semántica como disciplina o teoría de los significados, que se materializa en el paso del sentido entendido como una evidencia, al sentido concebido como un objeto lingüístico; lo que confiere a la teoría semántica ciertas dificultades —de las que aún quedan secuelas hoy— para ser autónoma y reconocida.

Y es que, de hecho, la definición del objeto de investigación no sólo marca los límites de las investigaciones lingüísticas de la estructura del significado sino que además permite percibir algunas cuestiones especialmente problemáticas planteadas incluso al análisis moderno de las estructuras semánticas. La descripción de las estructuras del significado se ve dificultada por el hecho de que los sememas y los semas que lo constituyen no son inmediatamente accesibles a una observación y descripción directas. La posición adoptada por la orientación microlingüística de prescindir de la inclusión del semema y de la imagen en el proyectado descubrimiento y descripción del significado surgió tanto por consideraciones sobre los métodos científicos como por razones prácticas inmediatas.

En resumidas cuentas, el problema estriba precisamente en la dificultad (¿imposibilidad?) de transformar las clases abiertas con las que trabaja en clases cerradas y en la verificación de los modelos lingüísticos en la realidad para comprobar su adecuación; por ello, no se concibe el léxico como sistema o conjunto de subsistemas que actúan en un momento determinado de la historia de la lengua. Su concepción es profundamente motivada y no suele utilizar en todo su alcance la noción de arbitrariedad de los signos lingüísticos. Su campo de acción coincide, prácticamente, con el de la etimología y su uso aplicativo más antiguo ha sido la confección de distintos tipos de diccionarios.

1.4. En el siglo xx.

Con todo, es en el *siglo xx* cuando se produce un cambio de actitud frente a los estudios del significado tal y como se han planteado siempre: es común, por tanto, a todas las escuelas el rechazo del estudio etimológico con interés lógico y el abandono del estudio de metáforas, consideraciones filológicas, y etimologías. Estos planteamientos se substituyen:

a) Por la *investigación de la organización de los significados* como un sistema equiparable a las reglas gramaticales, es decir, por el intento de descubrir a partir de su función lingüística las unidades reales que construyen los conjuntos lingüísticos.

Sin embargo, como afirma Mounin, el léxico se resiste a este intento debido, entre otras, a las siguientes razones:

• la dificultad que existe para manipular la realidad semántica sin recurrir a una realidad concreta correspondiente, fónica o gráfica;

• el hecho de que el análisis no agota la totalidad de los significados expresados por una obra o por una lengua, para lo que sería necesario que todos los conceptos tuviesen un nombre particular y que expresasen la totalidad de los significados ligados a una civilización por otra (lo cual no ocurre nunca);

• y, finalmente, por la inmensidad del dominio abarcado.

b) Por el intento de determinar la *estructura* de los mismos, es decir, la organización de los diferentes universos semánticos de naturaleza social o individual. El mejor punto de partida para comprenderla es la concepción de los dos planos del lenguaje (expresión y contenido).

Aunque estas propuestas puedan llevarnos a pensar en una auténtica concordia teoricometodológica entre las diferentes escuelas y tendencias semánticas; no había nada más lejos de la realidad, puesto que la herencia positivista se dejaba notar también en la búsqueda de una especificidad de objeto y métodos entre las diferentes propuestas teóricas, que sólo iban a conducir al trazo de líneas de demarcación entre espacios inexistentes y artificiales, producto, más bien, de los propios términos que de las exigencias del campo de estudio e investigación; por ello, aunque todas las escuelas consideraban que la Semántica era fundamental y veían la necesidad de estudiarla, diferían a la hora de ver su conveniencia.

Sirva como ejemplo el hecho de que, mientras la Lingüística americana desechaba todo estudio científico de la Semántica, los sociólogos preparaban, para satisfacer sus propias necesidades en dicho dominio, un instrumento de trabajo llamado *análisis del contenido*, que era la descripción científica del contenido de un texto.

Ello nos lleva a establecer, siguiendo a Tamba-Mecz, una serie de etapas en el estudio del significado:

a) Período *evolucionista* (hasta 1931), centrado en el estudio de las leyes que gobiernan la transformación de los sentidos, la elección de las nuevas expresiones y el nacimiento y muerte de giros.

b) Período *mixto* (desde 1931 hasta 1963), en el que, además, se presta también importancia a la estructuración del léxico. De ahí el auge de la teoría de los campos semánticos, iniciada por G. Ipsen en 1924 y desarrollada por Trier y Weisgerber a partir de 1931, basada en la hipótesis de que el vocabulario de una lengua se compone de subconjuntos estructurados o campos.

Otros lingüistas, siguiendo la concepción de L. Hjelmslev, es decir, la diferenciación ya clásica entre plano de la expresión y plano del contenido, según la cual, el semantista debe ver el inventario de fonemas para la expresión y considerar las palabras según su contenido y su forma, sostienen que, en el primer caso, la tarea del semantista es determinar la significación de la palabra en una serie, concretar su significación y ver los límites que la norma da; en el segundo caso se deben estudiar si están semánticamente sistematizadas.

En general, se realizan una serie de estudios en los que se sostienen que el contenido semántico de la palabra puede descomponerse en semas y se analizan las palabras a partir de inventarios finitos y restringidos. A estos estudios, que partieron de Hjelmslev, se les aplicó el nombre de *semántica estructural*. Esta tendencia semántica trata de proporcionar las estructuras, sistemas o conjuntos de sistemas de relaciones mutuas que gobiernan los mensajes lingüísticos en lo relativo a su significado. Pero estos mensajes no son objetos, son modos de actuar. La tarea del semantista será mostrar el aspecto significante de esa actividad partiendo de las regulaciones que presentan en el plano visual-acústico, así como de las relaciones apreciables en su significación.

Estos mismos estudios recibieron en América la designación de *análisis en componentes*. La semántica componencial afirma que las unidades semánticas tienen determinados rasgos que nos permiten descubrir un sistema interno de relaciones semánticas en el vocabulario de una lengua.

c) *A partir de 1963* la Semántica toma el nuevo rumbo que tiene por finalidad averiguar cómo el hablante es capaz de construir frases dotadas del significado deseado valiéndose de su saber y de lo que significan las palabras en su idioma. Esto exigía una *semántica del habla*, lo que a su vez exigía una nueva teoría lingüística que pudiera explicar el fenómeno del habla a partir del sistema de la lengua. Todo ello pone de evidencia la dificultad de construir la disciplina de aquello que queda cuando del hablar se aísla la lengua, pues lo que queda son hechos particulares y heterogéneos. Con todo, el hablar es una actividad universal realizada por individuos particulares, en cuanto miembros de comunidades históricas, que exige una nueva Lingüística del habla, entre otras razones, porque, como afirma Coseriu, el lenguaje es más amplio que la lengua: mientras que la lengua se halla toda contenida en el hablar, el hablar no se halla todo contenido en la lengua. Consecuentemente, la labor de la Semántica consiste en colaborar en la descripción y explicación del contenido significativo del lenguaje elaborando un modelo idealizado que con su funcionamiento interno reproduzca el comportamiento observado. Esto se consigue postulando la existencia de ciertas entidades teóricas regidas por leyes de interacción y mediante la traducción del funcionamiento del modelo ideal a acontecimientos observables en el objeto real que se pretende explicar.

2. La Lexicología: distintos planteamientos.

2.1. Lexicología y Lexicografía: hacia una demarcación disciplinaria.

La Lexicología y la Lexicografía son dos disciplinas que vienen confundiéndose a lo largo de la historia, lo que pone de relieve la dificultad para una correcta demarcación disciplinaria así como el desconocimiento que se tiene de las mismas.

Por ello, nuestro deber consiste en precisar sus límites y dar la definición de cada una de ellas. En este sentido, quizá las mejores definiciones estén en el *Diccionario de la Academia*; recordémoslas:

– *Lexicología*: «estudio de las unidades léxicas de una lengua y de las relaciones sistemáticas que se establecen entre ellas».

– *Lexicografía*: «técnicas de componer léxicos o diccionarios. Parte de la Lingüística que se ocupa de los principios teóricos en que se basa la composición de diccionarios».

Algunas propuestas de caracterización son las siguientes:

a)   Julio *Casares* intenta también la delimitación de ambas disciplinas, definiendo la *Lexicología* como el «estudio del origen, forma y significado de las palabras desde el ámbito general y científico», y la *Lexicografía* como el «arte de componer diccionarios», de acuerdo con la definición tradicional. Hoy no podemos estar muy de acuerdo con ambas definiciones, puesto que, en el caso de la Lexicología, su estudio sería similar al de la Etimología, Morfología y Semántica, y, al adoptarse glotológicamente una concepción general, no haría un estudio particular de una lengua; y, en el caso de la Lexicografía, la definición Académica de entonces —en la que se basa Casares— ha sido superada hoy en día con creces.

b)   G. *Matoré* insiste, a su vez, en la confusión que la Lexicología ha tenido con disciplinas afines tales como la Estilística, Morfología, Gramática, Psicología y Semántica, lo que supone la indeterminación del objeto de estudio y, por tanto, del método que debe seguirse para su análisis.

Para él, la Lexicología es una disciplina de carácter sintético que estudia los hechos de civilización. En este sentido, el vocabulario no sólo es reflejo o producción mecánica de la realidad, sino un determinante de la misma. Sus límites estarían en la incapacidad para expresar de forma adecuada la esencia profunda de las cosas, y el aspecto más individual del yo. En el fondo, como reconoce M. Alvar Ezquerra, se trataría de una sociología a través de las palabras. Junto a ésta, define la Lexicografía como «el estudio analítico del vocabulario».

2.2. Propuesta de Trujillo.

R. *Trujillo*, basado en las propuestas de Togeby, quien considera que tanto la Gramática como la Lexicología y la Semántica son la misma disciplina (puesto que su objeto de estudio es el mismo) aunque con nombres diferentes dependiendo de la diferente denominación de sus unidades de funcionamiento; a saber, el *morfema* (unidad de la Morfología), el *lexema* (unidad de la Lexicología), y el *semantema* (unidad de la Semántica), afirma que sólo hay contenidos, pues la expresión sólo cumple funciones diacríticas, por lo que critica el camino seguido por la Gramática —ya que se aferra demasiado a la expresión— y defiende la Semántica como la disciplina de la forma del contenido, cuyo objeto de estudio es tanto lo gramatical como lo léxico.

El estudio semántico del significante sería un absurdo; pongamos el ejemplo de *saltamontes* y *saltarín*. Lo que nos interesa son los conceptos, es decir, el hecho de *saltar*, no la desinencia que se ponga. Así pues, el objeto de la Gramática será las formas de contenido que resulten analizables en los componentes del significante, y el de la Lexicología, las formas de contenido que reúnan este requisito.

De todo ello se desprende las dos formas de estudio lingüístico que se pueden adoptar:

a) *Desde el ámbito de la expresión*: en el que se estudiaría la forma de la expresión de los elementos gramaticales (Morfonología) y de las unidades de vocabulario (Lexicofonología).

b) *Desde el ámbito del contenido*: en el que se estudiaría las formas de contenido arquitecturales de una lengua (Gramática), las no arquitecturales (Lexicología), y las dos formas del contenido (Semántica).

2.3. Valoración de Alvar Ezquerra.

Como conclusión podemos decir, siguiendo a *Alvar Ezquerra*, que la Lexicología debe ser entendida como el estudio del léxico y la Lexicografía como la técnica para hacer diccionarios, que ambas disciplinas son inseparables e interdependientes y que siempre han existido unidas —aunque los autores de diccionarios no se hayan dado cuenta de ello—.

3. La Semántica: distintos planteamientos.

Vamos a precisar ahora los distintos tipos de semántica así como los diferentes caminos para llegar al significado.

3.1. Tipos de Semántica.

Guiraud propone la diferenciación entre tres tipos de semánticas. Veamos cada uno de ellos:

a) *Semántica lógica*: es aquella que desarrolla los problemas lógicos de la significación. Para ello, estudia la relación entre el signo lingüístico y la realidad, las condiciones necesarias para que un signo pueda ser aplicado a un objeto, y las reglas que aseguran una exacta significación.

b) *Semántica psicológica*: es la que intenta explicar las razones por las cuales establecemos un proceso de comunicación, lo que ocurre en la mente del hablante y del oyente cuando se produce este proceso, y el mecanismo psíquico que lo determina.

c) *Semántica lingüística*: es la que se ocupa del significado dentro del sistema de comunicación y describe su funcionamiento. Estudia, por tanto, cómo a la materia extralingüística se la transforma en sustancia dándole una organización en la lengua, y cómo se relacionan las unidades lingüísticas del plano del contenido absoluto, una vez estructurada la sustancia (recuérdese el capítulo 1).

Quizá, lo importante de todo ello sea la confirmación del gran interés que ha suscitado el problema del significado en ámbitos disciplinarios diferentes. Como resultado de este hecho, la forma de determinar el significado ha variado según el dominio en el que se sitúe el investigador. Veamos, pues, a continuación, las distintas respuestas que se han dado a este problema en el ámbito estrictamente *lingüístico,* que es el que nos interesa.

3.2. Propuestas de la semántica lingüística.

En este ámbito se nos ofrecen distintos caminos para llegar al significado. No pretendemos hacer aquí una historia de la Semántica lingüística en su intento de determinar el significado, ni mucho menos. Es una información que aparece en los clásicos manuales de Guiraud, Lyons, Ullmann, Geckeler, etc., cuyo conocimiento es generalizado y, por tanto, su información innecesaria. Sólo deseamos, pues, realizar una breve aproximación panorámica, por lo que, para ello, vamos a recordar, a continuación, algunos de estos caminos, siguiendo las explicaciones de Geckeler.

a) *Determinación situacional del significado*: el contexto situacional es el armazón esquemático mediante el cual puede establecerse la información pertinente al funcionamiento o significado de los enunciados. El significado, por consiguiente, no es una relación única ni una clase única de relación, sino que incluye una serie de relaciones múltiples y variadas que se mantienen entre el enunciado y sus partes y los aspectos y componentes característicos del ambiente, tanto culturales como físicos, y que forman parte del más amplio sistema de relaciones interpersonales que supone la existencia de las sociedades humanas.

Los defensores de esta propuesta sostienen, por tanto, que el significado vendría dado por las relaciones extralingüísticas en las que aparece una palabra: *speech acts* (Capítulo 5).

b) *Determinación contextual del significado*: ahora, desde esta propuesta, el significado de una palabra se equipara a la suma de los contextos en los que aparece.

c) Para otros autores situación y contexto no se identifican con el significado, sólo sirven para determinarlo.

d) El uso de las *reglas semánticas* (postulados de significado) ha sido otro de los caminos utilizados frecuentemente para llegar al significado. Para los defensores de esta teoría, el significado de un elemento léxico está especificado por el conjunto de todos los postulados de significado en los que aparece, los cuales forman parte del vocabulario de una lengua.

Hablando en términos generales, el uso de los postulados de significado ha sido considerado por los lingüistas como una alternativa al análisis componencial. Considerado desde este planteamiento, la ventaja de los postulados de significado sobre el análisis componencial consiste en que aquellos no presuponen la descomposición exhaustiva del sentido de un lexema en un número esencial de componentes de sentido universales. Los postulados de significado se pueden definir, para los lexemas como tales, sin hacer suposiciones de ningún tipo acerca de los conceptos atómicos, y se pueden usar para dar una explicación parcial del sentido de un lexema sin necesidad de llevar a cabo un análisis total.

e) Finalmente, una de las adopciones metodológicas que más frutos han dado (aunque no han faltado tampoco sus múltiples detractores) en la determinación del significado ha sido el *análisis mediante componentes semánticos*. El análisis componencial trata de analizar el contenido semántico de cada término en unidades de significación más pequeñas, que serían sus componentes. Obviamente, la Lexicografía ha hecho el trabajo preparatorio, que ha sido la base para estructurar todos los significados partiendo del postulado de que todos éstos guardan entre sí relaciones reales que abarcan con su red todo el contenido de la civilización manifestada por dicha lengua.

Desde esta propuesta, el significado se define mediante unos componentes que no pertenecen al vocabulario de una lengua, sino que son elementos hipotéticos que tienen por finalidad la descripción de las relaciones semánticas. De hecho, la Semántica componencial tiene determinados rasgos que componen cada una de las unidades semánticas y que nos permiten descubrir el sistema interno de relaciones semánticas en el vocabulario de una lengua. La clase de relaciones que la palabra pueda tener en la oración viene determinada, precisamente, por la naturaleza de los componentes semánticos.

Se complementa con un sistema de reglas de implicación que expresan generalizaciones importantes sobre la estructura semántica del vocabulario descrito. Así, una voz léxica en un diccionario establece unos terminales para el lexema en ciertos campos semánticos, pero no agotan sus posibilidades de ramificación —en otro caso, se produciría la posibilidad de describir y explicar un número ilimitado de signos desde el ámbito del contenido valiéndose de un número limitado de figuras—. El problema consiste en ver si estos componentes son verdaderamente limitados en número y si son universales. Estos componentes parecen fácilmente individualizados puesto que son reglas de subcategorización que permiten la concatenación gramatical de una frase.

De hecho, toda teoría estructuralista de la comunicación que distingue entre la lengua y el habla (o entre la *parole* y la *langue*, el mensaje y el código, el proceso y el sistema, el comportamiento y la norma), supone que todo acontecimiento del habla pertenece a la lengua; los elementos que no pertenecen a ella son elementos transferidos (préstamos) que la dinamizan.

4. Las unidades del plano del contenido absoluto.

Tras la descripción de las unidades del plano del contenido relativo que constituyen los niveles morfemático, sintagmático y oracional de la estructura morfosintáctica de la Lengua, realizada con anterioridad, debemos precisar ahora las características de las unidades lingüísticas del plano del contenido absoluto.

Podemos distinguir, siguiendo igualmente a Pottier, las siguientes unidades del plano del contenido absoluto, designativo o predicativo, que constituirán los funtivos de los distintos niveles de la estructura lexicosemántica del mencionado plano.

4.1. *El morfema lexema.*

El morfema (según la terminología de Pottier) o el monema (según la de Martinet) es la unidad mínima de significación con expresión (a la que se le llama *morfo*) y contenido (que recibe el nombre de *semema*).

Dejando a un lado los morfemas que tienen un contenido relativo o gramatical, llamados, por ello, gramemas —puesto que son unidades del nivel morfémico del plano del contenido relativo que vimos con anterioridad—, los morfemas con contenido absoluto reciben según Pottier el nombre de lexemas, y son los que aportan el significado léxico a la palabra.

4.2. La lexía.

Siguiendo la clara explicación de A. Vera, podemos decir que el conocimiento de esta unidad se asienta en la intuición de los hablantes, por lo que los criterios para su definición han sido múltiples.

a) *Criterio fonológico*: ni el criterio de la acentuación (Wells), que considera la lexía como una unidad acentual, ni el criterio de la segmentación (Nida), que la considera como segmentos limitados por junturas, permiten establecer definiciones válidas; en el primer caso, porque no caracteriza la especificidad de la lexía frente a otras unidades de la lengua, y, en el segundo, porque la pausa, además de ser difícilmente perceptible, se caracteriza por su parcialidad (puesto que la cadena hablada nunca llega a interrumpirse totalmente) y por su variabilidad (ya que todas las pausas no tienen idéntica intensidad).

b) *Criterio funcional*: es la propuesta sostenida, entre otros, por:

• Martinet, quien define la lexía como la unidad lingüística caracterizada por una función específica; definición puesta en duda muy certeramente por A. Vera al manifestar que el carácter funcional se extiende a cualquier unidad lingüística, no sólo a la lexía.

• Lázaro Carreter, por su parte, define la lexía como el más pequeño signo intercambiable, apto para diferenciar frases. Sin embargo, la definición tampoco es muy acertada a juicio de A. Vera porque hay muchas frases que no se diferencian por palabras. Es el caso de: *Juan viene* y *¿Juan viene?*

c) *Criterio semántico*: es la propuesta defendida, entre otros, por Rosetti, quien sostiene que la lexía es la más pequeña unidad significativa indescomponible en otras más pequeñas dotadas de significado autónomo.

Sin embargo, tal definición tampoco es aceptada porque la más pequeña unidad significativa corresponde al morfema, que tiene el mínimo significado léxico (lexema) y gramatical (gramema).

d) *Criterio basado en la Teoría General de Sistemas*: partiendo de la definición de A. Vera y de la propuesta por Pottier, podemos decir que la lexía es la menor unidad de comportamiento lingüístico, es decir de actualización de los morfemas, que adquieren una operatividad comunicativa (comportamiento lingüístico) en el seno de la lexía.

Pottier distingue, finalmente, cuatro *tipos* de lexías, que recogemos a continuación:

a) *Lexía simple*: es aquella lexía que consta de una sola palabra y que no son morfemas gramemas independientes, sino que tienen un significado absoluto, manifestado por un morfema lexema, al que se le pueden unir distintos morfemas gramemas dependientes (*casita, barco, coche*).

b) *Lexía compuesta*: es la que está formada por varias palabras que constituyen un conjunto léxico construido y unido gráficamente (*sacacorchos, chupatintas*).

c) *Lexía compleja*: consta también de varias palabras pero, aunque constituye un conjunto lexicalizado, conservan una separación gráfica, equivaliendo formalmente a un sintagma (*por ejemplo, a tontas y a locas*).

d) *Lexía textual*: constituida por varias palabras que formalmente equivalen a una oración y ha surgido de la memorización muy lexicalizada de la misma. Es el caso de los refranes y las frases hechas (*más sabe el diablo por viejo que por diablo*).

4.3. El enunciado.

El enunciado es la unidad de manifestación, que puede identificarse con el sintagma, la palabra o la oración.

Las características principales que presentan los enunciados son las siguientes:

a) Son unidades de *manifestación*, es decir, unidades que realizan una referencia a una realidad extralingüística con una determinada finalidad comunicativa (preguntar, informar, manifestar ira, etc.).

b) Son *autosuficientes* desde el ámbito semántico dentro de la situación comunicativa en la que se integran. Así, el enunciado *¿un café?* de manera aislada no se entiende, pero sí entre dos personas, una ofreciéndolo a otra en la casa de la primera.

c) Son *independientes* desde el ámbito sintáctico, puesto que sólo son constituyentes del discurso y no de otra unidad sintáctica.

d) Tienen una determinada *pauta entonativa* acorde con su finalidad (exclamativa, interrogativa, enunciativa, etc.).

5. Los sistemas del plano del contenido absoluto.

Frente a la semántica analítica o referencial, que estudia los triángulos metodológicos explicados anteriormente (Capítulo I), es la semántica operacional la que estudia el funcionamiento de las lexías y, por tanto, su carácter sistemático. La figura más radical dentro de la semántica operacional es la de Wittgenstein, quien manifestaba que el significado de las palabras era su uso.

5.1. Las categorías semánticas.

En un sentido amplio, la significación lingüística queda estructurada en sistemas diferenciados. Estos sistemas reciben el nombre de *categorías semánticas*. Por *categoría semántica* podemos entender cualquier categoría de contenido susceptible de presentar un significado distinto al que presentan otras categorías.

Según Pottier, los elementos de estos sistemas hacen concebir el significado de cuatro posibles maneras:

a) Significado como *designación*: es una unidad lingüística de contenido designativo, absoluto o predicativo (morfema lexema), que pertenece a un conjunto no acabado de términos. La *designación* tendría un significante llamado *morfo* y un significado llamado *semema*.

En el caso de *dudo*, sería *dud-*.

b) Significado como *identificación*: es una categoría lingüística de carácter relativo o gramatical que define a las designaciones para hacerlas funcionar. Pertenecen a un conjunto acabado. Inciden sobre la designación en incidencia directa y simple y su unidad es un morfema gramema.

En el caso de *dudo*, sería *-o*.

La *identificación* viene dada por datos de contenido gramatical que aportan significado relativo al significado designativo de la unidad.

c) Significado como *relación*: es también una categoría de contenido relativo o gramatical que pone en conexión dos o más designaciones. Pertenecen a un conjunto acabado (el del contenido relativo o gramatical) y ofrecen una incidencia doble e indirecta, relacionando dos designaciones identificadas o grupos de designaciones identificadas.

Canto <*porque*> quiero.

Las preposiciones y las conjunciones sirven para relacionar dos unidades con incidencia indirecta, porque no están unidas directamente a las palabras sobre las que inciden, produciendo transcategorizaciones o saltos de nivel.

d) Significado como *formulación*: es una categoría lingüística cuyo contenido no es léxico ni gramatical, ni absoluto ni relativo. Está ligada a la situación, contexto e interlocución. Pertenecen a un conjunto acabado. Serían los deícticos.

5.2. Lexema, semema, sema, archilexema, archisemema.

Frente al estudio gramatical orientado al morfema gramema, aquí debemos estudiar el significado del lexema (semema) y sus componentes (semas). Los semas son los rasgos semánticos mínimos pertinentes y distintivos de los significados léxicos. Estos pueden ser de dos tipos.

a) *Denotativos*: son los que determinan de una manera estable y con amplia aceptación social el significado léxico de un signo. Pueden ser *específicos* (cuando de manera estable identifican el significado de una unidad en su particularidad: el sema 'mueble' para *silla*), o *genéricos* (cuando determinan de manera estable el semema, poniéndolo en relación con clase semánticas muy generales: '+ humano' para *niño*).

b) *Connotativos*: son semas cuyo conjunto constituye el *virtuema*. Son semas variables que caracterizan de una forma inestable y a veces individual la significación de un signo.

El *archisemema* sería el conjunto de rasgos distintivos o semas comunes a varios sememas. Imbs lo llama *género próximo*. Finalmente, el *archilexema* sería el significante del archisemema.

6. La estructura del sistema lexicosemántico.

En esta infraestructura, el análisis intenta demostrar que el conjunto lexicosemántico de una lengua ofrece posibilidades de encontrar una organización estructural de esa totalidad de unidades que componen el vocabulario.

Coseriu para ello estableció la diferenciación entre *campo semántico* y *grupo funcional*.

6.1. Campo semántico.

El *campo semántico* está constituido por un conjunto de unidades léxicas (serían lexicosemánticas) que se reparten una zona de significación común.

El campo semántico presenta tres requisitos:

a) Requiere una sustancia conceptual fundamental y única. Esta sustancia caracteriza a las unidades que integran este campo y, al mismo tiempo, lo delimita, diferenciándolo de las unidades que no forman parte de ese campo.

b) La organización de esa sustancia común en una serie de sememas se ve en razón del juego de oposiciones distintivas que permite establecer los semas.

c) Se requiere un conjunto de morfos que den forma significante a los sememas que integran el campo.

De aquí se deduce que la base del campo semántico proviene de un archisemema muy general (un sema que aparece en todas las unidades del campo).

6.2. Grupo funcional.

Es una lista breve de lexemas dentro de la cual el hablante elige y el oyente interpreta el significado. Esta lista está cerrada en sincronía y es ampliable en diacronía.

Presenta una doble característica: está sistematizado en el nivel de la *lengua* en paradigmas donde cada término cobra su valor por oposición a todos los demás términos de la serie. En el nivel del *habla*, la serie que forma un grupo funcional está en conmutación paradigmática, lo que supone que el empleo de un término elimina automáticamente a todos y a cada uno de los demás de la serie.

Para establecer la estructura del sistema semántico, el procedimiento sería el siguiente:

— Establecer el *campo semántico* y dentro de él, los *grupos funcionales* en los que se puede dividir.

— Dentro de cada grupo funcional, definir las *unidades* que lo integran, precisando los *semas* en los que se descompone el *semema* de cada una de ellas. Para ello, usaremos los principales diccionarios.

— Estableceremos el *archisemema* y el *archilexema* si lo hubiere.

— *Representaremos gráficamente* los semas comunes y los semas específicos de cada semema.

— Finalmente, procederemos como hiciéramos en el sistema foneticofonológico (Capítulo 2); esto es, estudio de *oposiciones, relaciones entre oposiciones, haces de correlación.*

7. Relaciones sémicas.

Las relaciones sémicas se pueden analizar estudiando el significado de dos lexemas distintos o comparando los diferentes sentidos de un lexema.

7.1. Relaciones sémicas entre dos lexemas distintos: sinonimia y homesemia.

A continuación vamos a precisar las relaciones de los semas de aquellos sememas que ofrecen, para manifestarse lexicológicamente, lexemas distintos. Partiendo de las propuestas de Pottier, estas relaciones pueden ser de diferente naturaleza:

a) *Relación sémica de independencia*: dos lexemas distintos tienen dos sememas distintos. Es el caso de *niño* y *perro*. Sería el ideal de la sistematización lingüística en este nivel ya que cumple el ideal de la comunicación al suprimir el riesgo de confusión, aunque supone un esfuerzo de memorización. Se trata de dos conjuntos disjuntos porque no tienen elementos comunes.

b) *Relación sémica de intersección*: se da cuando dos lexemas distintos tienen dos sememas diferentes, pero entre estos dos sememas hay al menos un sema en común. Por ejemplo, *barco* y *coche*, cuyos sememas ofrecen en común el sema 'medio de transporte'. En esta afinidad se apoya la noción de *antonimia*, palabras cuyos significados son opuestos y están en los extremos de una gradación en las que cabe un término medio (*alto* y *bajo*). Esta oposición solo es posible cuando hay un sema en común.

$$A \cap B \quad \Leftrightarrow \quad \{x \mid x \in A \ \wedge \ x \in B\}$$

c) *Relación sémica de inclusión*: dos lexemas diferentes están en relación de inclusión cuando todos los componentes significativos del semema de uno de esos lexemas aparecen en el semema correspondiente al otro lexema, presentando este último algunos semas más. Lyons lo llama relación de *hiponimia*. Sería el caso de *barco* y *petrolero*. Antes que ser una figura literaria, la *metonimia* sería un fenómeno lingüístico de este tipo, ya que se emplea un lexema en lugar de otro cuando este otro tiene algún sema que comparte con el otro lexema. *Se tomó un Jerez.*

$$A \subset B \quad \Leftrightarrow \quad \forall x \in A \ \Rightarrow \ x \in B$$

d) *Relación sémica de identidad*: dos lexemas distintos tienen los semas exactamente iguales. Está en contra del carácter sistemático de la lengua y da lugar al fenómeno de la *sinonimia*. Según los estructuralistas, en el sistema de la lengua no existe una sinonimia exacta puesto que no hay dos unidades que tengan las mimas posibilidades de actualizar su significación. Ahora bien, si no existe sinonimia absoluta sí existe la *homosemia*, coincidencia de semas parciales que se produce en un determinado contexto (*estuve allí antes de ayer* = estuve allí hace dos días). La homosemia se explica por distintos niveles sociolingüísticos (*gratis, de gorra*), distinta procedencia geográfica (*pendientes, zarcillo*); distinto nivel técnico (*dentista, estomatólogo*).

$$A = B \quad \Leftrightarrow \quad (A \subset B) \wedge (B \cap A)$$

7.2. Relaciones sémicas entre dos lexemas idénticos: homonimia y polisemia.

A continuación vamos a precisar las relaciones de los semas de aquellos sememas que ofrecen, para manifestarse lexicológicamente, lexemas idénticos. Partiendo también de las propuestas de Pottier, estas relaciones pueden ser de diferente naturaleza:

a) *Relación sémica de independencia*: se da cuando los diferentes sememas asociados a un mismo lexema no tienen ningún punto semántico en común. Esto constituye el fenómeno de la *homonimia* (significados distintos pero con el mismo significante). Sería el caso de *gato* en cuanto 'animal' y *gato* en cuanto 'herramienta'. Se produce por divergencia semántica, influencia extranjera (*carpa* del circo por influencia de la *carpa* en cuanto 'tienda de los indios' del quechua frente al 'pez'). No es un problema en la comunicación ya que la independencia de sus semas hace que sus sememas estén incluidos en campos semánticos diferentes.

b) *Relación sémica de intersección*: los sememas ligados a un mismo lexema son en su conjunto diferentes entre sí, pero presentan algún sema en común. Es el caso de la *polisemia*: *dejar triste* ('abandonar'), *dejar el coche* ('prestar'), *dejar de estudiar* ('terminar'). El sema común sería el de 'separación'. Se produce por aplicación diferente de las palabras a distintos contextos lingüísticos, especialización de las palabras en medios sociolingüísticos determinados (*interés* tiene un significado particular en la banca), influencia extranjera (*jugó un papel importante en la democracia*, tomado del inglés). Aunque para interpretar en sentido pueda haber dificultad, el contexto nos ayuda, y no exige demasiado esfuerzo memorístico.

c) *Relación sémica de inclusión*: cuando dos sememas diferentes asociados a un mismo lexema presentan en un caso todos los semas que forman el semema, apareciendo en el segundo algún sema más. Origina el fenómeno de la *metáfora*, que antes que figura literaria fue fenómeno lingüístico. *Cresta* y *cresta de la montaña*.

8. El nivel textual.

Debemos considerar el texto no ya como una aplicación lingüística, sino como una unidad lingüística cualitativamente superior, que sirve de dinamizador de todas las unidades lingüísticas. Es la propuesta de A. Vera, que seguimos en esta exposición.

Por las razones metodológicas que nos llevan a la conformación de los límites de nuestra materia, hemos establecido los diferentes niveles de formalización de la estructura de los distintos planos en los que hemos dividido el signo lingüístico. Sin embargo, la ampliación de los horizontes a los que las nuevas corrientes metodológicas nos llevan, nos impulsan a la ampliación objetual, introduciendo ahora un nuevo nivel de descripción lingüística: el constituido por las unidades textuales.

La Lingüística textual, pues, en tanto que estudio de la lengua en funcionamiento, responde tanto a los hechos de construcción textual como a los de significación y comunicatividad interpersonal. De esta forma, recae bajo la teoría lingüístico–textual tanto la dimensión semiótica sintáctica como la semántica y pragmática, siendo ésta última la que determine los tipos de operatividad sintáctica y semántica que están al servicio de la función comunicativa del texto y de la intención del productor.

Veamos, por tanto, las características y propiedades del texto o discurso, así como la trayectoria histórica de los estudios textuales.

8.1. Características y propiedades del texto.

El presupuesto básico del que parten estas investigaciones es el de que la comunicación a través de una lengua natural no se produce merced al manejo de palabras u oraciones como elementos básicos, sino a través de *textos*, unidad de dimensión variable, producto de la actividad verbal humana, caracterizada por la autonomía total de la que carecen el resto de unidades de niveles distintos, que dependen de unidades jerárquicamente superiores, por su cierre semántico y comunicativo y por su coherencia. Por ello, las tres características principales del texto son las siguientes:

a) *Carácter comunicativo*, puesto que la principal finalidad de la actividad textual es la comunicativa.

b) *Carácter pragmático*, ya que se producen en una situación concreta, con interlocutores y referencias concretas al mundo que les rodea.

c) *Carácter estructurado*, ya que tienen una ordenación y unas reglas propias.

De estas principales características se derivan otras como pueden ser las siguientes:

a) *La plurisignificación,* derivada de su carácter comunicativo, consistente en la multiplicidad de sentidos condicionada por el lugar y el tiempo en el que se produce el texto.

b) *La intencionalidad,* derivada en este caso de su carácter pragmático. Al darse en unas coordenadas concretas, no es neutral y posee una intención concreta.

c) *El cierre textual,* propio de su carácter estructural, permite entender el texto como una unidad cerrada.

Además, para que puedan ser considerados textos, deben reunir también una serie de propiedades:

a) *Adecuación:* consiste en la correcta elección de entre las distintas soluciones lingüísticas que nos ofrece una lengua determinada, aquella que creamos más apropiada a la situación comunicativa en la que produzca el texto.

b) *Coherencia:* consiste en la elección correcta, en este caso de la información pertinente que debemos comunicar, y en saber cómo debemos hacerlo.

c) *Cohesión:* finalmente, consiste en la elección ya de los mecanismos tanto lingüísticos como paralingüísticos para relacionar las oraciones y los enunciados (entonación, signos de puntuación, etc.).

8.2. Trayectoria histórica de los estudios textuales.

La Lingüística textual tiene su antecedente más antiguo en la *Retórica,* sobre cuya textualidad explícita ha insistido García Berrio, al sostener la condición incuestionablemente textual del esquema escritural retórico clásico y sus tres grandes bloques operativos de *inventio, dispositio* y *elocutio*; las dos primeras correspondientes a un plano textual profundo y la última a la manifestación en superficie.

Dentro de una tradición más reciente, cuenta con algunos antecedentes en desarrollos disciplinarios que defienden la necesidad de encuadrar las investigaciones lingüísticas en un planteamiento transoracional. Harris y su *análisis del discurso,* procedimiento analítico fundamentado básicamente sobre la necesidad de atender al discurso, a la efectiva manifestación lingüística en tanto que hecho sujeto a las dimensiones de situación y contexto, como único medio de obtener las claves auténticas del funcionamiento de los enunciados de la lengua, constituye uno de estos antecedentes. Partiendo del principio de que todo elemento pertenece a una clase de equivalencia en virtud de su capacidad para alternar en determinados contextos con el resto de integrantes de la clase, Harris segmenta el discurso en sus morfemas constitutivos, de forma que su distribución posterior en clases ofrece la estructura global del texto.

Otro antecedente de la Lingüística textual se encuentra en una noción de considerable importancia en el marco de la *escuela praguense,* y en las figuras de Tesnière o Halliday: la de tema/rema, puesto que supuso, más allá de la dimensión oracional, la existencia de un principio estructurador de la comunicación que influiría en los procesos informativos y en su organización. Así pues, esta organización de todo mensaje oracional se va a producir partiendo de una serie de informaciones básicas de las que tendría lugar la predicación de informaciones nuevas.

El desarrollo de la noción de texto en momentos más recientes estuvo unido a dos tipos de investigaciones diferentes y con escasos puntos de contacto: los estudios *narratológicos* y los estrictamente *lingüístico–textuales.*

a) Por lo que a los primeros se refiere, la convicción de la existencia de un principio organizador narrativo–textual se remonta a Propp y su *Morfología del cuento*, esbozo de una Gramática narrativa donde la totalidad de elementos posteriormente empleables para la construcción de cualquier cuento estaría recogida, al igual que las leyes básicas por las que se regirían en tales casos dichos elementos en su combinatoria. Y, aunque el interés de estas investigaciones no radique en sus resultados definitivos, sí debe señalarse la orientación que impuso este tipo de estudios, superando los márgenes tradicionales de lo lineal significante y señalando la importancia de la dimensión textual de los objetos literarios.

b) Los estudios estrictamente *lingüístico–textuales.*

• *A. J. Greimas* estudia la dimensión textual de los productos discursivos desde un planteamiento esencialmente semántico y concibe el texto, desde su estructura semántica profunda, como principio semántico que, informando las distintas figuras actanciales y actoriales, determina su comportamiento narrativo, simple reflejo lineal de las características significativas, de las informaciones que constituyen su esquema profundo, y quedarían aprehendidas por sus lectores a partir de las distintas relaciones que en el texto lo reflejan. Se trata, en definitiva, de descodificar la intencionalidad comunicativa que organiza todo el texto.

• En el ámbito de la gramática transformatoria, *Teun A. Van Dijk* extiende nociones claves tales como competencia, estructura profunda, estructura superficial, al componente textual. Considera necesario postular una estructura subyacente para todos los textos de las lenguas naturales, basándose en razones de carácter empírico y psicológico, puesto que es difícil de conseguir que el hablante pueda producir y entender textos complejos como un todo coherente sin un programa o estrategia subyacente.

Para él, la estructura subyacente textual o macroestructura —que dará cuenta de la coherencia del discurso— será de carácter lógico-semántico. Por esta razón considera Van Dijk que la Semántica generativa puede ser, en muchos aspectos, un modelo adecuado para abordar la teorización de macroestructuras textuales.

• Junto a las aportaciones mencionadas, el dominio lingüístico–textual cuenta también con alguno de sus más significativos exponentes en Alemania, con figuras como las de Schmidt, partidario de la pragmática como ámbito fundamental desde el que acceder al estudio del texto y, sobre todo, Petöfi, cuyas investigaciones han ido, desde sus inicios, encaminadas a la construcción de una teoría semiótica de los textos verbales capaz de dar cuenta no sólo de los aspectos lingüísticos cotextuales (intratextuales) sino también de los contextuales; es decir, los relativos a las condiciones de producción y recepción exteriores al texto.

Posteriormente, precisará los principales componentes del modelo; a saber, el gramatical del texto, el semántico del mundo y el léxico. El núcleo de la Gramática del texto lo constituye el segundo, al determinar la estructura y funciones de los otros dos.

• Finalmente, T. *Albadalejo* precisará dicho modelo aportando un componente de representación, y un componente de pragmática textual.

* El componente de *representación* está constituido por la formalización de la misma teoría, partiendo de la distinción entre receptor común y receptor lingüista; al primero le corresponde representar los resultados de los procesos de recepción/producción de un texto dado, y al segundo, producir formalmente un texto, representando los resultados del proceso de producción que en él, como emisor normal, tiene lugar.

* El componente de *pragmática textual* permite y explica la realización de los procesos de comunicación y, por lo tanto, los actos de comunicación lingüística

Finalmente, debe señalarse que los modelos textuales no están exactamente en la lengua, puesto que el texto sólo es objeto de la lengua en su instrumentalidad, es decir, lingüísticamente llegamos al texto, pero no operamos exclusivamente desde él. En cuanto lingüístico, el modelo textual sólo puede ser el de la operativa discursiva, al que confluyen como límite todas las unidades lingüísticas inferiores, teniendo que acudir a una visión integral del hacer humano para explicar los modelos textuales.

Al ser el texto expresión del sentido, la Lingüística que se ocupe de él lo hará de la forma en que cristaliza ese sentido en un esquema lógico–semántico, lo que, obviamente, excede los presupuestos de la Lingüística formalista de carácter inmanente. De hecho, como sostiene Trives, aunque la operativa del discurso sea lingüística, la estrategia discursiva depende de la planificación textual, necesariamente extralingüística.

Los aspectos del texto en cuanto objeto lingüístico serán, pues, de doble tipo: cotextuales y contextuales. En este juego es donde debemos situar el texto como punto donde la Semántica debe trascender el significado para conectar con el sentido. Así, el texto podrá ser entendido, en primer lugar, como *proceso*, es decir, como juego de acción comunicativo, según Schmidt, que lo orienta hacia el sistema significativo en que se produce y hacia el proceso social en que participa en tanto que discurso; y, en segundo lugar, como *producto* o *resultado*.

Finalmente, considere que para haber alcanzado correctamente los objetivos propuestos en el proceso de enseñanza y aprendizaje del tema finalizado, debe haber comprendido con claridad que:

1. Los griegos se plantearon por primera vez la problemática del significado. Posibilitaron la aparición de dos grandes teorías: la teoría *Phisey* y la teoría *Thesey*. Ni la Edad Media, ni el Renacimiento, ni el Barroco ni el Neoclasicismo hicieron otra cosa que repetir lo que había sido dicho al respecto por los clásicos, limitándose a esbozar tratamientos atomizados que no encontraban solución adecuada. A partir del siglo XIX y gracias a la desmembración de los saberes positivistas, surge la Semántica como disciplina autónoma. No era nada más que un estudio de la forma de las palabras, en el que se presuponía su significado. En el siglo XX se produce un cambio de actitud frente a los estudios del significado, rechazando el estudio etimológico con interés lógico y abandonando el estudio de metáforas, consideraciones filológicas, y etimologías. Se investigará la organización de los significados y la estructura de los mismos.

2. Lexicología y Lexicografía son dos disciplinas que vienen confundiéndose a lo largo de la historia. La *Lexicología* estudia las unidades léxicas de una lengua y las relaciones sistemáticas que se establecen entre ellas. La *Lexicografía* es la técnica de componer léxicos o diccionarios. Parte de la Lingüística que se ocupa de los principios teóricos en que se basa la composición de diccionarios.

3. Hay tres tipos de Semántica: la *lógica*, que estudia la relación entre el signo lingüístico y la realidad; la *psicológica*, que explica lo que ocurre en la mente del hablante y del oyente cuando se produce un acto comunicativo; y la *lingüística*, que se ocupa del significado dentro del sistema de comunicación y describe su funcionamiento. Hay varias propuestas para llegar al significado: la determinación *situacional* y *contextual* del significado, el uso de las *reglas semánticas* y el análisis mediante *componentes*.

4. El *morfema* (según la terminología de Pottier) o el monema (según la de Martinet) es la unidad mínima de significación con expresión (a la que se le llama *morfo*) y contenido (que recibe el nombre de *semema*). Los

morfemas con contenido absoluto reciben el nombre de *lexemas*, y son los que aportan el significado léxico a la palabra.

5. La *lexía* es la menor unidad de comportamiento lingüístico, es decir de actualización de los morfemas, que adquieren una operatividad comunicativa. Pueden ser *simple, compuesta, compleja* o *textual*.

6. El *enunciado* es la unidad de manifestación (realiza una referencia a una realidad extralingüística con una determinada finalidad comunicativa), que puede identificarse con el sintagma, la palabra o la oración.

7. La significación lingüística queda estructurada en sistemas diferenciados. Estos sistemas reciben el nombre de *categorías semánticas* (categoría de contenido susceptible de presentar un significado distinto al que presentan otras categorías). El análisis intenta demostrar que el conjunto lexicosemántico de una lengua ofrece posibilidades de encontrar una organización estructural de esa totalidad de unidades que componen el vocabulario en *campos semánticos* y *grupos funcionales*.

8. Las relaciones sémicas se pueden analizar estudiando el significado de dos lexemas distintos (*hiponimia, antonimia, homosemia*) o comparando los diferentes sentidos de un lexema (*homonimia, metáfora, polisemia*).

9. El *texto* es una unidad de dimensión variable, producto de la actividad verbal humana, caracterizada por la autonomía total de la que carecen el resto de unidades de niveles distintos; por ello, es cualitativamente superior.

F. Actividades sugeridas.

— A continuación vaya anotando las dudas que le van surgiendo tras la lectura de los distintos puntos del tema y después la resolución de las mismas, ya sea por las clases recibidas, el estudio personal o las tutorías realizadas. Este proceso le servirá tanto para la mejor comprensión de la materia como para la preparación de la prueba final.

— Conteste a las siguientes cuestiones:

1. Explique cuáles son los dos valores que han organizado la historia del saber lingüístico y su plasmación en el ámbito de la Semántica.

2. Explique y justifique si se ha producido una ruptura epistemológica en el ámbito de la Semántica.

3. Haga un cuadro sinóptico en el que se visualice la historia de la Lexicología y la Semántica con las aportaciones de las diferentes escuelas y autores.

4. ¿Cuáles son las diferencias entre la Semántica lógica, psicológica y lingüística?

5. Estudie la situación, el contexto y la interlocución en la fijación del sentido de las palabras del texto.

«Don Clodio se sentó y dijo al chico de "la Parra".

- ¿No ha venido por aquí el señorito Sisemón?

- No señor, no ha venido.

- Bueno, ponme un blanco en aquella mesa.

- ¿En "cuala"?

- En aquella del fondo, hombre, en aquella que te estoy señalando con la mano. ¿O es que no lo entiendes?

El chico se calló y sirvió el blanco a don Clodio.

- ¿Quiere un décimo, señorito, el de la suerte?

- No.

Por la puerta de "La Parra" se colaba un gris fresquito que espabilaba las carnes.

- ¡Niño, cierra bien la puerta!

- Sí, señor.

Un hombre con bisoñé y con una caja como la de los pintores en la mano se acercó a la mesa de don Clodio».

6. Ponga una serie de ejemplos de los diferentes tipos de lexías.

7. ¿Qué son las categorías semánticas? Explíquelas.

8. ¿Cómo se establece la estructura del sistema lexicosemántico?

9. Dentro del campo semántico de las vías de comunicación en sincronía actual, establezca los grupos funcionales en los que se pueda estructurar, defina los elementos que integran cada uno de los grupos, precise el archisemema y archilexema si los hubiere y haga la representación gráfica de los grupos funcionales.

10. Estudie las relaciones sémicas que se pueden encontrar en el siguiente texto de Ignacio Aldecoa.

«Pío se sienta en el pedrusco de los llantos, acariciándose su barba de días, de muchos días, con el pulgar y el índice de la mano derecha. Es un hondo gesto de meditación el que aparece en su frente ya que si Pío se afeita no podrá invitar a sus amigos, y si no se afeita, sus amigos juzgarán, con mucha razón, que un hombre que no va a la barbería el importante día en que hace los 59 y convida, no es un hombre como Dios manda (y no es un decir). De pronto Pío se pone de pie y grita. Pío es bajo de estatura, combado de piernas, ancho de caderas y espalda, largo de cuello y cabezón. El cuello, que debiera ser corto, por ser largo y sostener el inmenso volumen de su cabeza, le da un aspecto grotesco que hace gracia a todo el mundo. A todo el mundo que no ha mirado a Pío cara a cara y que se hubiese sentido vencido al percatarse de su mirada, apostólica y socarrona, de perro perdiguero y de loro guasón, lo mismo capaz de conquistar a un amigo que de poner en guardia de burla o sentimiento al más pintado».

11. Una vez que ha finalizado la descripción de los distintos sistemas lingüísticos, realice un análisis estructural tipológico entre los siguientes ejemplos de distintas lenguas. Establezca parámetros tipológicos entre ellas.

ESPAÑOL (Lengua indoeuropea de la rama occidental románica del latín)	ALEMÁN (Lengua indoeuropea de la rama occidental germánica del protogermánico)	PERSA (Lengua indoeuropea de la rama oriental)	HEBREO (Lengua semítica)
1. Hombre	Mann	Maerd	Iš
2. Un hombre	Ein mann	Maerdi	Iš

3 El hombre	Der mann	An maerd	Haiš

4. La mujer	Die frau	An zaen	Haiša

5. Un hombre bueno	Ein guter mann	Maerdi xub	Iš tov

CONCLUSIONES TIPOLÓGICAS INTRALINGÜÍSTICAS			
Español	Alemán	Persa	Hebreo

CONCLUSIONES TIPOLÓGICAS INTERLINGÜÍSTICAS
1.
2.

3.

4.

5.

A continuación, utilice este espacio para resolver los ejercicios adicionales que le pueda proponer su profesor o para contestar a las preguntas de los posibles documentales visionados durante las clases.

— Comente los siguientes textos explicando su contenido y realizando la pertinente valoración. Como orientación para el análisis crítico sugerimos el presente modelo:

1. Breve noticia sobre el autor del texto.
2. Determinación de la problemática del texto, señalando su unidad específica y la formulación teórica en la que se ubica la misma.
3. Establecimiento de la estructura que presenta el texto; esto es, división en partes temáticas.
4. Exposición de la tesis que defiende el autor sobre la problemática planteada, señalando:
    4.1. La filosofía espontánea que afecta a su propuesta.
    4.2. Las ideas principales y secundarias del texto.
5. Precisión como conclusión de la respuesta que se pueda dar a la problemática planteada.
6. Valoración del texto en su conjunto a partir de una breve opinión personal.

1. Texto de Coseriu.

«Si por estructura se entiende la delimitación y organización de una sustancia por medio de unidades funcionales que son diferentes en lenguas diferentes es, sin duda, lícito hablar de una "estructura léxica", puesto que en este sentido, la organización de lo real por medio de las unidades léxicas y la organización de la sustancia fónica por medio de los fonemas son totalmente comparables».

(E. Coseriu, *Principios de semántica estructural*, Gredos, Madrid, 1977.)

2. Texto de Palmer.

«La Semántica no es un nivel de la lingüística claramente definido, ni comparable a la Fonología o a la Gramática. Antes bien, es una clase de estudios del uso del lenguaje en relación con muchos aspectos diferentes de la experiencia, con el contexto lingüístico y no lingüístico, con los participantes del discurso, con su conocimiento y experiencia, con las condiciones en las cuales una porción particular del lenguaje es apropiada. En realidad hay un sentido por el cual [...] la Semántica se relaciona con la suma total del conocimiento humano, aunque debe ser tarea del lingüista delimitar su campo de estudio y llevar orden a la manifiesta confusión y complejidad».

(F. R. Palmer, *La Semántica*, Siglo XXI, México, 1980).

G. Lecturas recomendadas.

Coseriu, E., «El estudio funcional del vocabulario» *apud Gramática, Semántica y Universales*, Gredos, Madrid, 1973, pp. 206-238.
Aplicación de los principios de funcionalidad, oposición, sistematicidad y neutralización al ámbito semántico.

Heger, K., «La semántica lingüística», *Lexis*, Vol. v, n° 2 (1981), pp. 59-93.
Artículo fundamental para comprender las distintas propuestas de organización estructural del signo lingüístico. Muy interesante las comparaciones entre los distintos autores.

Ogden, C. K. & Richards, I. A., «Pensamientos, palabras y cosas» *apud El significado del significado,* Paidós, Buenos Aires, 1964, pp. 19-41.
Estudian el tema del lenguaje y su significado desde un planteamiento psicologista, estructurándolos metodológicamente en pensamientos, palabras y cosas.

H. Ejercicios de autoevaluación.

Con el fin de que se pueda comprobar el grado de asimilación de los contenidos, presentamos una serie de cuestiones, cada una con tres alternativas de respuestas. Una vez que haya estudiado el tema, realice el test rodeando con un círculo la letra correspondiente a la alternativa que considere más acertada. Después justifique en el espacio que se deja a continuación las razones por las que piensa que la respuesta elegida es la correcta, indicando también las razones que invalidan la corrección de las restantes.

Cuando tenga dudas en alguna de las respuestas vuelva a repasar la parte correspondiente del capítulo e inténtelo otra vez.

1. Para los defensores de la Teoría *Phisey*, el lenguaje es

A Producto de la Naturaleza.
B Producto de la Cultura.
C Designación de la realidad por convención.

2. Para los defensores de la Teoría *Thesey*, el sentido surge

A De la realidad extralingüística.
B De la representación de la realidad.
C Del conjunto de relaciones lingüísticas que se dan entre los signos.

3. La reflexión formalista que ha organizado la Lingüística del Objeto tiene su fundamento epistémico en

A La Teoría *Thesey*.
B La Teoría *Phisey*.
C En las dos.

4. ¿Cuándo se produce la ruptura epistemológica en el ámbito de la Semántica?

A En el siglo xix.
B En el siglo xx.
C Las respuestas A y B no son correctas.

5. El contenido semántico de una lexía puede descomponerse en

A Semas.
B Morfemas.
C Semantemas.

6. La Semántica puede ser considerada

A Una disciplina lingüística.
B Una disciplina pseudolingüística.
C Una disciplina no lingüística.

7. La Semántica del habla surge

A En 1931.
B A partir de 1931.
C A partir de 1963.

8. La relación de dependencia se produce

A Entre dos conjuntos disjuntos.
B En la intersección entre dos conjuntos.
C Las respuestas A y B son incorrectas.

9. Los rasgos distintivos de los sememas

A Son el archilexema de los sememas.
B Son los semas.
C Son el archisemema del sema.

10. La Lexicología puede ser entendida como

A El estudio analítico del vocabulario.
B El estudio analítico del significado.
C El estudio sintético del vocabulario.

11. Alvar Ezquerra es uno de los máximos representantes españoles de

A Los estudios semánticos.
B La práctica lexicográfica.
C La Teoría de los campos léxicos.

12. La Semántica es la disciplina que estudia

A La sustancia del plano del contenido relativo.
B La sustancia del plano del contenido absoluto.
C La forma del plano del contenido absoluto.

13. ¿Cuál es la disciplina que estudia la relación entre el signo lingüístico y la realidad extralingüística?

A La Semántica lógica.
B La Semántica psicológica.
C La Semántica lingüística.

14. La Semántica psicológica adopta un planteamiento

A Onomasiológico.
B Semasiológico.
C Las respuestas A y B son correctas.

15. El trabajo preparatorio para el análisis componencial ha sido realizado por

A La Lexicología.
B La Lexicografía.
C La Semántica lógica.

16. La infraestructura del contenido absoluto posee unidades

A Poco numerosas y muy sistematizadas.
B Muy numerosas y poco sistematizadas.
C Poco numerosas y poco sistematizadas.

17. Los lexemas tienen un significado

A Absoluto.
B Relativo.
C Lexemático.

18. En la lexía niñito el morfema -*it*- es

A Gramema dependiente formante.
B Gramema dependiente facultativo.
C Gramema independiente formante.

19. En el mismo caso anterior, *-it-* tiene un significado absoluto de

A Diminutivo.
B La realidad extralingüística.
C Las respuestas anteriores son incorrectas.

20. La lexía puede definirse como la unidad lingüística caracterizada por una función específica

A Desde el planteamiento funcional.
B Desde el planteamiento formal.
C Las respuestas a y B no son correctas.

21. La lexía compleja está formada por
A Dos o más lexemas con significado absoluto.
B Dos o más gramemas con significado absoluto.
C Las respuestas A y B son falsas.

22. El enunciado es una unidad de

A Comunicación.
B Manifestación.
C Comportamiento lingüístico.

23. El texto puede considerarse como

A El lugar en el que se van a encontrar todas las unidades lingüísticas.
B Una unidad lingüística.
C Una unidad lingüística que no depende de otra superior.

24. La Lingüística textual tiene su antecedente

A En la Retórica.
B En la Oratoria.
C En la Gramática general.

25. Desde el ámbito semántico, el texto puede entenderse como

A Expresión del sentido.
B Expresión del significado.
C Expresión del contenido.

I. Glosario.

Análisis del discurso: Procedimiento analítico iniciado por Harris, basado en la necesidad de atender al texto como único medio para conocer el funcionamiento de los enunciados lingüísticos.

Antonimia: Relación sémica de intersección entre dos lexemas distintos cuyos significados son opuestos y están en los extremos de una gradación en las que cabe un término medio.

Archilexema: Significante del archisemema.

Archisemema: Conjunto de rasgos distintivos o semas comunes a varios sememas.

Binarismo: Teoría que sostiene que en toda oposición hay un término marcado frente a otro no marcado.

Campo léxico: Campo semántico desde un criterio formal.

Campo semántico: Desde un criterio funcional, conjunto de semantemas que se reparten una zona de significación común.

Categoría semántica: Sistema en el que se estructura la significación lingüística.

Coherencia: Propiedad del discurso consistente en la correcta elección de la información pertinente que debemos comunicar (véase otra acepción en al capítulo 1 de *Lingüística general I*).

Cohesión: Propiedad del discurso consistente en la correcta elección de mecanismos lingüísticos y paralingüísticos para relacionar oraciones o enunciados.

Connotación: Significación subjetivamente añadida a la denotación.

Designación: 1. Capacidad que tiene el signo lingüístico de referirse a la realidad extralingüística sin tener en cuenta la organización de la lengua. 2. Unidad lingüística de contenido designativo, absoluto o predicativo.

Enunciado: Unidad lingüística de manifestación, autosuficiente desde un planteamiento semántico y sintáctico, con una pauta entonativa específica.

Formulación: Categoría lingüística cuyo contenido no es léxico ni gramatical, ni absoluto ni relativo, ligada a la situación, contexto e interlocución y desempeñada por los deícticos.

Género próximo: Archisemema.

Grupo funcional: Lista breve de sememas dentro de la cual el hablante elige y el oyente interpreta el significado.

Homonimia: Relación sémica de independencia entre dos lexemas idénticos, que presenta diferentes sememas asociados a un mismo lexema sin tener ningún punto semántico en común.

Homosemia: Relación sémica de identidad entre dos lexemas distintos entre los que hay coincidencia de semas parciales que se produce en un determinado contexto.

Identificación: Categoría lingüística de carácter gramatical que define a las designaciones para hacerlas funcionar.

Lexema: Morfema portador de contenido absoluto.

Lexía: Menor unidad a través de la cual se actualizan los morfemas para adquirir una operatividad comunicativa.

Lexicalización: Fenómeno de interrelación entre las dos infraestructuras del contenido, que permite a una unidad la pérdida de su significado relativo y el funcionamiento en el ámbito del contenido absoluto.

Léxico: Sistema de palabras que componen una lengua.

Lexicología: Disciplina que estudia la forma del significado absoluto del plano del contenido del signo lingüístico.

Lingüística textual: Estudio de la lengua en su funcionamiento a través de textos.

Metáfora: Relación sémica de inclusión en la que los sememas diferentes asociados a un mismo lexema presentan en un caso todos los semas que forman el semema, apareciendo en el segundo algún sema más.

Metonimia: Relación sémica de inclusión entre dos lexemas distintos en la que se emplea un lexema en lugar de otro cuando este otro tiene algún sema que comparte con el otro lexema.

Narratología: Investigación lingüisticotextual basada en la elaboración de una gramática de los elementos empleables para la construcción de cualquier cuento.

Onomasiología: **1.** Planteamiento desde el cual se analizan los fenómenos lingüísticos teniendo en cuenta el ámbito del hablante. **2.** Estudio de los distintos significantes que corresponden a un significado.

Polisemia: Relación sémica de intersección entre dos lexemas idénticos en la que los sememas ligados a un mismo lexema son en su conjunto diferentes entre sí, pero presentan algún sema en común.

Relación: Categoría de contenido relativo o gramatical que pone en conexión dos o más designaciones.

Relación sémica: Aquella que se establece entre los significados de dos lexemas distintos o entre los diferentes sentidos de un mismo lexema.

Sema: Rasgo semántico mínimo constituyente del semema.

Sema connotativo: Aquél que caracteriza de una forma inestable y a veces individual la significación de un signo.

Sema denotativo: Aquél que determina de una manera estable y con amplia aceptación social el significado léxico de un signo.

Semantema: Nombre que recibe el signo lingüístico en el ámbito de la Semántica estructural.

Semántica analítica: Estudio de la entrada de la materia extralingüística en el ámbito de la significación y su representación en triángulos metodológicos.

Semántica componencial: Nombre que recibe la semántica estructural en EE.UU.

Semántica lingüística: Aquélla que se ocupa del significado dentro del sistema comunicativo, describiendo su funcionamiento.

Semántica lógica: Aquélla que desarrolla los problemas lógicos de la significación.

Semántica operacional: aquella que estudia el funcionamiento de las lexías.

Semántica psicológica: Aquélla que explica las razones por las cuales se establece un proceso comunicativo.

Semasiología: 1. Planteamiento desde el cual se analizan los fenómenos lingüísticos teniendo en cuenta el ámbito del oyente. 2. Estudio de los distintos significados que corresponden a un significante.

Semema: Plano del contenido del morfema.

Sentido: Elección en el habla de una de las posibilidades de significación que una unidad lingüística posee.

Significación: Estructuración que la lengua da a la realidad extralingüística teniendo en cuenta el carácter opositivo de la lengua.

Significado: Posibilidades de significación que una unidad lingüística tiene en la lengua.

Sinonimia. Relación sémica de identidad entre dos lexemas distintos entre los que hay coincidencia exacta de semas.

Texto: Unidad lingüística cualitativamente superior, que sirve de dinamizador del resto de las unidades.

Virtuema: Conjunto de semas connotativos.

Vocabulario: Conjunto de palabras usadas por un autor, escuela, disciplina, etc.

J. Bibliografía general.

AAVV, *Lingüística y significación,* Salvat, Barcelona, 1973.

ABRAHAM, W., *A Theory of Structural Semantics*, Mouton, La Haya-París, 1966.

ADAMS, J. M., *Éléments de linguistique textuelle*, Madarga, Liège, 1990.

BALDINGER, K., *Teoría semántica I: Hacia una semántica moderna*, Alcalá, Madrid, 1970.

BAYLON, J. & FABRE, J. P., *La Sémantique*, Nathan, París, 1981.

BEAUGRANDE, R. A. & DRESSLER, W., *Introduzione alla linguistica testuale*, Il Mulino, Bolonia, 1984.

BERNÁRDEZ, E. (ed.), *La lingüística del texto*, Arco/Libros, Madrid, 1988.

BERRUTO, G., *La semantica*, Zanichelli, Bolonia, 1976.

BONONI, A. & USBERTI, B., *Sintassi e semantica nella grammatica transformazionalle*, Il Saggiatore, Milán, 1971.

BRÉAL, M., *Essai de sémantique*, Hachette, París, 1897, 1911.

BREKLE, H., *Sémantique*, A. Colin, París, 1973.

BUNGE, M., *Antología semántica*, Nueva Visión, Buenos Aires, 1960.

CONTE, E. (ed.), *La linguistica testuale*, Feltrinelli, Milano, 1981.

COSERIU, E., *Principios de semántica estructural*, Gredos, Madrid, 1977.

COSERIU, E., *Gramática, semántica, universales*, Gredos, Madrid, 1978.

CHOMSKY, N., *Studies on Semantics in Generative Grammar*, Mouton, The Hague, 1972.

DIJK, T. A. van, *Texto y contexto*, Cátedra, Madrid, 1980.

DUBOIS, F. & CHARLIER, F. (eds.), *La semántica generativa*, Narcea, Salamanca, 1977.

DRESSLER, W., *Introduzione alla linguistica del testo*, Officina, Roma, 1974.

ECO, U., *Lector in Fabula*, Bompiani, Milán, 1979.

FERNÁNDEZ GONZÁLEZ, A. *et alii, Introducción a la semántica*, Cátedra, Madrid, 1977.

FODOR, J. D., *Semántica. Teorías del significado en la gramática generativa*, Cátedra, Madrid, 1985.

FREGE, G., *Estudios lógico-semánticos*, Tecnos, Madrid, 1974.

FREGE, G., *Estudios sobre semántica*, Ariel, Barcelona, 1971.

FUENTES RODRÍGUEZ, C., *Enlaces extraoracionales*, Alfar, Sevilla, 1987.

GALMICHE, M., *Semántica generativa*, Gredos, Madrid, 1980.

GARDIN, J. C., *Les analyses du discours*, Delacraux-Niestle, Neuchatel, 1974.

GECKELER, H., *Semántica estructural y teoría del campo léxico*, Gredos, Madrid, 1971.

GEORGE, F. H., *Introducción a la semántica*, Fundamentos, Madrid, 1974.

GERMAIN, C., *La semántica funcional*, Gredos, Madrid, 1986.

GREIMAS, A. J., *En torno al sentido*, Fragua, Madrid, 1973.

GREIMAS, A. J., *Semántica estructural*, Gredos, Madrid, 1973.

GREIMAS, A. J., *Sobre el sentido II*, Gredos, Madrid, 1989.

GUIRAUD, P., *La semántica*, F.C.E., México, 1974.

GUTIÉRREZ ORDÓÑEZ, S., *Introducción a la semántica funcional,* Síntesis, Madrid, 1989.

GUTIÉRREZ ORDÓÑEZ, S., *Lingüística y semántica. Aproximación funcional,* Universidad de Oviedo, Oviedo, 1981.

HALLIDAY, M.A.K., *An Introduction to Functional Grammar,* Edward Arnold, Londres, 1985.

HARRIS, Z., *Structural Linguistics*, University of Chicago Press, Chicago, 1961.

HEGER, K., *Teoría semántica II*, Alcalá, Madrid, 1974.

HURFORD, J., *Curso de Semántica*, Visor, Madrid, 1989.

JAKOBSON, R., *Six Lecons sur le son et le sens*, Minuit, París, 1976.

JIMÉNEZ RUIZ, J. L., *Campo léxico y connotación: A propósito de la Inspiración y la Razón en Bécquer,* Universidad de Alicante, Alicante, 1993.

JIMÉNEZ RUIZ, J. L., *Bases metodológicas para el estudio dialéctico del significado*, Tesis Doctoral, edición en microfichas, Universidad de Málaga, Málaga, 1993.

JUSTO GIL, M., *Fundamentos del análisis semántico*, Universidad de Santiago de Compostela, Santiago, 1990.

KANY, Ch. E., *Semántica hispanoamericana*, Aguilar, Madrid, 1962.

KIEFER, F., *Studies in Syntax and Semantics*, D. Reidel, Dordrecht, 1969.

KIRSCHNER, C., *Semántica generativa del español,* Almar, Salamanca, 1981.

LEECH, G., *Semántica*, Alianza Universidad, Madrid, 1977.

LOPE BLANCH, J. M., *Análisis gramatical del discurso*, UNAM, México, 1983.

LOZANO, J. & ABRIL, G., *Análisis del discurso*, Cátedra, Madrid, 1982.

LUNDQUIST, L., *La cohérence textuelle: syntaxe, sémantique, pragmatique*, A. Busck, Copenhague, 1980.

LYONS, J., *Lenguaje, significado y contexto*, Paidós, Barcelona-Buenos Aires, 1983.

LYONS, J., *Semántica*, Teide, Barcelona, 1980.

MAINGUENEAU, D., *Introducción a los métodos de análisis del discurso*, Hachette, Buenos Aires, 1980.

MAURO, T. de, *Introduzione a la semantica*, Laterza ed., Bari, 1965.

MAURO, T. de, *Minisemántica*, Gredos, Madrid, 1986.

MOLHO, M., *Semántica y poética*, Crítica, Barcelona, 1978.

MOUNIN, G., *Claves para la semántica*, Anagrama, Barcelona, 1975.

NEUBAUER, F., *Coherence in natural-Language Text*, Buske, Hamburgo, 1983.

OGDEN, C. & Richards, i. e., *El significado del significado*, Paidós, Buenos Aires, 1964.

PALMER, F. R., *Semantics*, Cambridge University Press, Cambridge, 1976.

PETÖFI, J. S. & GARCÍA BERRIO, A., *Lingüística del texto y crítica literaria*, Alberto Corazón, Madrid, 1978.

PETÖFI, S. J. *et alii* (eds.), *Researchs in Text Connexity and Text Coherence*, Buske, Hamburgo, 1986.

RAMÓN TRIVES, *Aspectos básicos de semántica lingüístico-textual*, Alcalá, Madrid, 1979, pp. 165-237.

RAMÓN TRIVES, E., *Estudios sintáctico-semánticos del español, I. La dinámica interoracional,* Godoy, Murcia, 1982.

RASTIER, F., *Sémantique Interpretative*, P.U.F., París, 1987.

RESTREPO, F., *El alma de las palabras. Diseño de semántica general,* Norma, Colombia, 1938.

RIGAU, G., *Gramàtica del discurs*, Universidad Autónoma de Barcelona, Bellaterra, 1981.

RODRÍGUEZ ADRADOS, F., *Estudios de semántica y sintaxis,* Planeta, Barcelona, 1975.

ROMÁN DEL CERRO, J. L., *Teoría del nexo*, Universidad de Alicante, Alicante, 1984.

SALVADOR, G., *Semántica y lexicología del español*, Paraninfo, Madrid, 1984.

SÁNCHEZ DE ZAVALA, V., *Semántica y sintaxis en la lingüística transformatoria*, Alianza, Madrid, I y II, 1974-1976.

SCHAFF, A., *Introducción a la semántica*, F.C.E., México, 1973.

Schmidt, S. J., *Teoría del texto*, Cátedra, Madrid, 1977.

SÖZER, E. (ed.), *Text Connexity, Text Coherence, Aspects, Methods, Results*, Buske, Hamburgo, 1985.

STEINBERG, D. & Jakobovits, L. A. (eds.), *Semantics. An Interdisciplinary Reader in Philosophy, Linguistics and Psychology*, C. U. P., Cambridge, 1971.

STUBBS, M., *Análisis del discurso*, Alianza, Madrid, 1987.

TAMBA-MECZ, I., *La semántica*, Oikos-Tau, Barcelona, 1989.

TesniÈre, L., *Eléments de syntax structurale*, Klincksieck, París, 1959.

TRUJILLO, R., *Elementos de semántica lingüística*, Cátedra, Madrid, 1979.

TRUJILLO, R., *Introducción a la semántica española*, Arco-libros, Madrid, 1988.

ULLMANN, S., *Lenguaje y estilo*, Aguilar, Madrid, 1968.

ULLMANN, S., *Semántica: introducción a la ciencia del significado*, Aguilar, Madrid, 1967.

VERA LUJÁN, A. & GARCÍA BERRIO, A., *Fundamentos de Teoría Lingüística*, Comunicación, Madrid, 1977.

WOTJAK, G., *Investigaciones sobre la estructura del significado*, Gredos, Madrid, 1979.

MÓDULO II

**SEGUNDA VÍA DE LOS ESTUDIOS
LINGÜÍSTICOS: LA TEORÍA DE LAS LENGUAS.
RAMAS DE LA LINGÜÍSTICA.**

Capítulo 5

LA LINGÜÍSTICA DESDE UN PLANTEAMIENTO INTERDISCIPLINAR: LAS RAMAS DE LA LINGÜÍSTICA TEÓRICA.

A. Cronograma.

Semana 11

Actividad docente	Horas presenciales		Horas no presenciales		
	Teóricas	Prácticas	Estudio	Ejercicios	Tutorías
1. Lectura de los puntos 1, 2, 3 y 4 del tema y anotación de dudas			1		
2. Exposición panorámica de los puntos 1, 2, 3 y 4 y resolución de dudas	2				
3. Realización de actividades teóricas y prácticas 1, 2, 3 y 4 y texto 1				2	
4. Estudio de los contenidos y nociones de los puntos 1, 2, 3 y 4			1		
5. Sesión práctica sobre los contenidos y actividades realizadas		2			
6. Tutorías o resolución de dudas					2

Semana 12

Actividad docente	Horas presenciales		Horas no presenciales		
	Teóricas	Prácticas	Estudio	Ejercicios	Tutorías
1. Lectura de los puntos 5, 6 y 7 del tema y anotación de dudas			1		
2. Exposición panorámica de los puntos 5, 6 y 7 y resolución de dudas	2				
3. Realización de actividades teóricas y prácticas 5, 6, 7, 8, 9, 10 y 11, texto 2 y lecturas recomendadas				2	
4. Estudio de los contenidos y nociones de los puntos 5, 6 y 7			1		
5. Sesión práctica sobre los contenidos y actividades realizadas		2			
6. Proceso de autoevaluación			1		
7. Tutorías o resolución de dudas					2
Total volumen de trabajo del tema en las dos semanas	4	4	5	4	4
	8		13		

B. Objetivos.

1. Comprender la situación y los marcos de existencia de los hechos lingüísticos y las ramas de la Lingüística que se han acercado a ellos tomándolos como objeto de estudio e investigación.

2. Entender los fundamentos de la Psicolingüística a partir de las distintas aportaciones teóricas a lo largo de la historia.

3. Conocer los fundamentos de la Neurolingüística así como su trayectoria histórica hasta ser entendida tal y como se hace en la actualidad.

4. Entender en qué consiste la Sociolingüística, valorando las distintas aportaciones teóricas y sus líneas principales de investigación en la actualidad.

5. Comprender la importancia de la Pragmática en la Lingüística actual, conociendo sus teorías más importantes.

6. Conocer en qué consiste la Antropología lingüística, diferenciándola de la Sociolingüística y valorando la importancia de los análisis conversacionales.

7. Adquirir una visión panorámica de las principales aportaciones en el ámbito de la Filosofía del lenguaje.

C. Palabras clave.

- Psicolingüística.
- Interaccionismo.
- Teoría modular.
- Sociolingüística.
- Método cuantitativo.
- Microsociolingüística.
- Diglosia.
- Situación de habla.
- Actos de habla.
- Acto ilocutivo o ilocucionario.
- Principio de cooperación.
- Implicaciones.
- Filosofía analítica del lenguaje.

- Conductismo.
- Neurolingüística.
- Teoría de circuitos.
- Variacionismo.
- Multilingüismo.
- Macrosociolingüística.
- Pragmática.
- Acontecimientos de habla.
- Acto locutivo o locucionario.
- Acto perlocutivo o perlocucionario.
- Máximas conversacionales.
- Presuposiciones.
- Teoría de la relevancia.

- Antropología lingüística.
- Comunidad de habla.
- Análisis conversacional.

- Etnometodología.
- Principio de cortesía.
- Filosofía hermenéutica del lenguaje.

D. Organización de los contenidos.

1. Introducción.
2. La Psicolingüística.
    2.1.   Definición y objeto de la Psicolingüística.
    2.2.   Planteamiento histórico.
    2.3.   Propuestas actuales.
    2.4.   El desarrollo y la adquisición del lenguaje.
3. La Neurolingüística.
    3.1.   Definición y objeto de la Neurolingüística.
    3.2.   Planteamiento histórico.
    3.3.   Propuestas actuales.
4. La Sociolingüística.
    4.1.   Definición y objeto de la Sociolingüística.
    4.2.   Planteamiento histórico.
    4.3.   Propuestas actuales.
5. La Pragmática.
    5.1.   Definición y objeto de la Pragmática.
    5.2.   Planteamiento histórico.
    5.3.   Propuestas actuales.
6. La Antropología lingüística.
    6.1.   Definición y objeto de la Antropología lingüística.
    6.2.   Planteamiento histórico.
    6.3.   Propuestas actuales.
7. La Filosofía del lenguaje.
    7.1.   Definición y objeto de la Filosofía del lenguaje.
    7.2.   Planteamiento histórico.
    7.3.   Propuestas actuales.

Una vez que haya estudiado el tema y con el fin de que alcance una visión panorámica del mismo que le ayude a *sintetizar, ordenar* y *estructurar* una información de cierta amplitud y a preparar una posible prueba de examen, realice un **cuadro sinóptico o esquema** en el que, partiendo de la estructuración propuesta anteriormente, organice de manera resumida los contenidos fundamentales del tema. Utilice para ello únicamente el espacio que se le propone.

E. Desarrollo de los contenidos.

1. Introducción.

Como precisamos en *Lingüística general I,* para organizar el estudio de nuestro objeto, los lingüistas han realizado una serie de propuestas, concretando las grandes ramas de la Lingüística y sus subdivisiones metodológicas.

Tras haber estudiado anteriormente en las grandes divisiones en las que los lingüistas han estructurado las lenguas, vamos en este capítulo a centrarnos en las grandes ramas de la Lingüística teórica.

Se trata de estudiar ahora la situación y los marcos de existencia de los hechos lingüísticos y las ramas de la Lingüística que se han acercado a ellos tomándolos como objeto de estudio e investigación. Estas ramas son, como precisamos anteriormente, la Psicolingüística, la Neurolingüística, la Sociolingüística, la Antropología lingüística, la Pragmática y la Filosofía del lenguaje.

Todas ellas surgen de considerar el lenguaje desde distintos puntos de vista; a saber, como hecho social (recuérdese lo explicado en el capítulo 6 de *Lingüística general I*), simbólico (recapitúlese lo visto en el capítulo 4 de *Lingüística general I*) o neuropsicológico (recuérdese ahora lo tratado en el capítulo 5 del mismo libro).

Por todo ello, vamos pues a desarrollar estas ramas atendiendo al cuadro sistematizador que proponemos. En él precisamos las disciplinas con las que se relaciona la Lingüística así como las diferentes concepciones del lenguaje que dan lugar a las mencionadas ramas de la Lingüística teórica.

Disciplinas	Psicología	Sociología			Filosofía	Biología
Ramas de la Lingüística teórica	Psicolingüística	Sociolingüística	Pragmática	Antropología Ling.	Filosofía del lenguaje	Neurolingüística
Concepción del lenguaje	Psicológica	Simbólica y social	Simbólica y social	Simbólica y social	Simbólica	Neurológica
LINGÜÍSTICA						

Fig. 1: Ramas de la Lingüística teórica.

Partiendo de este cuadro podemos dar una primera definición aproximada de estas ramas hasta que la completemos con el estudio que vamos a realizar en este tema. Así podríamos definirlas de la siguiente manera:

> – *Psicolingüística*: rama de la Lingüística teórica surgida de la relación de la Lingüística con la Psicología, basada en una concepción psicológica del lenguaje.
> – *Sociolingüística*, *Pragmática* y *Antropología lingüística*: ramas de la Lingüística teórica surgida de la relación de la Lingüística con la Sociología, basadas en una concepción simbólica y social del lenguaje.
> – *Filosofía del lenguaje*: rama de la Lingüística teórica surgida de la relación de la Lingüística con la Filosofía, basada en una concepción simbólica del lenguaje.
> – *Neurolingüística*: rama de la Lingüística teórica surgida de la relación de la Lingüística con la Biología, basada en una concepción neurológica del lenguaje.
> Como puede apreciarse, ramas como la *Sociolingüística*, *Pragmática* y *Antropología lingüística* tendrían la misma definición. De ahí que sean los criterios del punto de vista adoptado por cada rama y de la finalidad del estudio de su objeto los que nos permitirán la definición diferencial a lo largo del tema.

2. La Psicolingüística.

La Psicolingüística es una rama de la Lingüística teórica surgida de la relación de la Lingüística con la Psicología, que aúna los puntos de vista lingüístico y psicológico del lenguaje (Capítulo 5 de *Lingüística general I*). Veamos en qué consiste, su trayectoria histórica hasta la actualidad y la problemática del desarrollo y adquisición del lenguaje.

2.1. Definición y objeto de la Psicolingüística.
El objetivo de la Psicolingüística es llegar a una mejor comprensión de los aspectos cognitivos relacionados con la emisión (producción) y recepción (comprensión) de los mensajes y con la adquisición del lenguaje y su desarrollo.

2.2. Planteamiento histórico.
Podemos considerar la figura de *Wundt*, de principios del siglo xx (1832-1920), como el precedente más importante de la investigación psicolingüística actual, debido a la importancia que otorgó a la experimentación y a su idea de que los procesos cognitivos están vinculados a procesos de adquisición a partir del aprendizaje.

En los años 40 y 50, debido al predominio del *Conductismo* (Skinner), que sostiene que el lenguaje es un conjunto de hábitos que se adquieren por un mecanismo de estímulos y repuestas, la Psicolingüística (que estudiaba los procesos mentales) estuvo poco desarrollada.

En los años 70, el auge del *Transformacionalismo* (Chomsky) potenció el desarrollo de las teorías psicolingüísticas, al sostener que el aprendizaje es resultado de la capacidad creativa y no de los hábitos de comportamiento, puesto que el hablante construye oraciones con elementos que antes no había utilizado, lo que se explica sólo desde el ámbito creador. Esto dio lugar a la controversia entre Chomsky y Skinner que duraría algunos años.

A partir de los 80, las *teorías cognitivo-semánticas* defienden la interacción entre el desarrollo cognitivo y la experiencia del mundo, por lo que el lenguaje se considera un medio de representación de la realidad basado en el conocimiento del mundo que posee el hablante.

En la actualidad, no interesan tanto las reglas y estructuras lingüísticas sino la motivación sociocomunicativa del lenguaje, es decir los mecanismos psicológicos para lograr una comunicación eficaz que permita la transmisión de las intenciones de los hablantes.

2.3. Propuestas actuales.

Actualmente, las teorías interaccionalistas del lenguaje se agrupan en torno a dos ejes explicativos:

a)   El que considera que el desarrollo del lenguaje se debe a la *interacción* de la persona con el mundo y la que procede de sus habilidades cognitivas. El lenguaje no será, pues, una habilidad autónoma sino que estará relacionado con aspectos cognitivos y pragmáticos.

b)   El que considera la existencia de una gramática universal con sus leyes y principios, que interactúa con habilidades mentales determinadas para esta función lingüística. Por tanto, las habilidades mentales son distintas a las lingüísticas y son las que las ponen en marcha.

2.4. El desarrollo y la adquisición del lenguaje.

La interrogación sobre el desarrollo del lenguaje es muy antigua. En Grecia había pensadores que sostenían que el lenguaje era innato y que se desarrollaba con la evolución biológica del hombre (los estoicos, por ejemplo). Por otro lado, Aristóteles pensaba que el lenguaje era un sistema de comunicación que se debía aprender.

En la actualidad, las teorías psicolingüísticas estudian las pautas evolutivas que sigue el desarrollo del lenguaje. Son las siguientes:

a)   *Comunicación prelingüística*: es la que establece el niño con las personas de su entorno antes de adquirir el lenguaje. Esta etapa preverbal es la base sobre la que se asentarán las posteriores capacidades lingüísticas.

Las principales capacidades prelingüísticas que desarrollará el niño son las siguientes:

• La *percepción del habla*: desde pequeño el bebé percibe categorías fonológicas distinguiendo los sonidos que se refieren a fonemas diferentes.

• *Preferencias auditivas*: el bebé prefiere los estímulos sonoros cuya frecuencia, intensidad y estructura se asemeja a la de la voz humana. Prefiere el habla normal a la música o al ruido e incluso tiene preferencia por la voz de la madre.

• *Gestos comunicativos*: el bebé usa el gesto como componente de la comunicación interpersonal. Así, entre los 8 y 10 meses, el gesto tiene una finalidad imperativa (pedir algo), a partir del año, el gesto tiene una valor referencial, informando sobre el contexto.

• *Respuestas no verbales*: primero el bebé pretende mostrar algo, después entregar u ofrecer, y finalmente lo da con un valor simbólico, para que el adulto juegue o le dé el objeto.

• *Primeros sonidos*: los primeros son de origen fisiológico (llanto, estornudo). Alrededor de los 2 meses comienza la etapa de *balbuceo* que consiste en la emisión de sonidos de una sílaba acompañados de sonrisas. A los 6 meses comienza el *balbuceo iterativo*, combinando varios sonidos iguales a los que se añaden otros distintos. A los 12 meses ya son distintos totalmente, comenzando el *parloteo* o jerga expresiva, pronunciando la primera palabra, que no tienen nada que ver con la lengua, hasta las verdaderas palabras que las emitirá entre los 18 y 24 meses para referirse a algo importante (comida, juguete, familia, etc.).

b) *Comunicación lingüística*: es la que establece el niño con las personas de su entorno a través del lenguaje. Esta etapa verbal suele comenzar entre los 18 y los 24 meses, aunque el momento varía debido a la estimulación que haya podido tener el bebé ejercida por las personas de su entorno.

A partir de pronunciar la primera palabra, el niño reconocerá unas cien y su vocabulario lo compondrá unas cincuenta palabras que le servirán para nombrar todo lo que ve. En este proceso el niño comprenderá las palabras antes de usarlas.

El desarrollo semántico sigue un proceso de ensayo y error por el que el niño denomina la realidad, empezando por la particular (*guau* para su perro) y continuando por la general (*guau* para todos los perros que ve por la calle). En este proceso tiene lugar el error de sobreextensión, llamando *guau* no sólo al perro sino también al gato, al pájaro, etc.

3. La Neurolingüística.

La Neurolingüística es una rama de la Lingüística teórica surgida de la relación de la Lingüística con la Biología (Neurología), que aúna los puntos de vista lingüístico y neurológico del lenguaje (capítulo 5 de *Lingüística general I*). Ha tenido un creciente auge en la actualidad; por ello, vamos a precisar, en qué consiste y su trayectoria histórica hasta la actualidad.

3.1. Definición y objeto de la Neurolingüística.

La Neurolingüística es una parte de la Neuropsicología que estudia el substrato neurológico del lenguaje, es decir las correlaciones entre el lenguaje y las funciones cerebrales, en situaciones de normalidad y patológicas. Por tanto, estudia el funcionamiento del lenguaje verbal y sus manifestaciones en correlación con el cerebro.

El término aparece por primera vez en una tesis doctoral presentada en la Universidad de Columbia en los años 30 y proliferaría a partir de 1969 en el que el neurólogo *Hécaen* y el lingüista *Dubois* dieron por primera vez el nombre de Neurolingüística a un congreso en el que, además, precisaron los objetivos de la misma; a saber, el análisis de las alteraciones verbales debidas a causas neurológicas.

Como manifestamos con anterioridad (Capítulo 5 de *Lingüística general I*), el lenguaje, al ser un hecho neuropsicológico, es una función superior del sistema nervioso y, por ello, es muy difícil de estudiar. Sin embargo, no debe pensarse como consecuencia que este aspecto del lenguaje no ha interesado desde antiguo. Lo cierto es todo lo contrario. Por ello, vamos a dar una perspectiva histórica de estas reflexiones siguiendo las explicaciones de Ortiz, Fajardo y Moya, entre otros, hasta llegar a la constitución de la Neurolingüística entendida tal y como se hace en la actualidad.

3.2. Planteamiento histórico.

La historia de estos estudios se remonta a la Antigüedad. Así, Hipócrates precisó ya en el año 400 a. C. la pérdida de la capacidad de hablar como resultado de una lesión cerebral.

Galeno (131-201) fue el primero que estableció que las funciones mentales dependen de zonas cerebrales. Así, relacionó la imaginación con el cerebro anterior y la sensación con el posterior.

Con todo, la primera sistematización al respecto no llegaría hasta la *Frenología*, cuyo fundador, Gall (1776-1828), defendería que el cerebro es el órgano de la mente dividido en una serie de partes a las que corresponde una determinada facultad mental.

Más tarde, *Broca* (1861) confirmó la hipótesis de la localización de las funciones lingüísticas en el nivel de la corteza cerebral y la importancia del hemisferio izquierdo en la localización del habla.

En 1874, *Wernicke* precisó la importancia de establecer una distinción funcional entre mecanismos de emisión y recepción.

En el siglo xx se darán las bases de la Neurolingüística actual. Así, *Orton*, en 1928 estableció la teoría de la dominancia cerebral.

Con todo, será a partir de la segunda guerra mundial cuando la Neurolingüística cobra importancia debido al gran número de pacientes con lesiones cerebrales.

En los años 70, *Luria* introdujo un importante cambio en el estudio de las afasias, indicando que era mejor estudiar los niveles de organización del lenguaje en lugar de buscar su localización.

En la actualidad, los grandes avances técnicos en el conocimiento del cerebro (fisiología, neurotransmisión, tomografía axial computerizada, resonancia magnética nuclear, etc.) han abierto un campo de investigación muy importante en el estudio neurolingüístico.

3.3. Propuestas actuales.

Actualmente, el funcionamiento del lenguaje es la piedra angular de las investigaciones neurolingüísticas. Las principales teorías al respecto son las siguientes:

a) *Teoría modular:* sostiene una arquitectura del cerebro a partir de una serie de módulos independientes que recogen funciones cerebrales.

b) *Teoría de circuitos*: sostiene una arquitectura del cerebro relacionada con las conexiones neuronales.

Por tanto, la Neurolingüística estudia más al usuario del lenguaje que al lenguaje en sí, analizando ya sea el lugar cerebral en el que se produce el comportamiento verbal relacionado con la codificación y descodificación, o las conexiones neuronales que posibilitan este mismo comportamiento verbal, ya sea normal o patológico.

4. La Sociolingüística.

La Sociolingüística es una rama de la Lingüística teórica surgida de la relación de la Lingüística con la Sociología, que aúna los puntos de vista lingüístico, simbólico y social del lenguaje (Capítulo 6 de *Lingüística general I*), para estudiarlo atendiendo a la variación lingüística. Veamos en qué consiste así como su trayectoria histórica hasta la actualidad.

4.1. Definición y objeto de la Sociolingüística.

La Sociolingüística estudia las relaciones entre el lenguaje, el individuo y los grupos sociales con el objeto de establecer principios de sistematización de la variación lingüística en relación con el contexto social. Para ello analizará los signos lingüísticos considerándolos unidades funcionales relacionadas históricamente con supraentidades históricas y sociales.

Por tanto, se trata de una disciplina contextual que trata de completar los estudios lingüísticos con el análisis de las variaciones que se dan en el habla.

4.2. Planteamiento histórico.

La Sociolingüística es una disciplina reciente, nacida en la segunda mitad del siglo xx, a partir del desarrollo de los estudios sobre el carácter social del lenguaje (Capítulo 6 de *Lingüística general I*) y sobre su función comunicativa (Capítulo 4 de *Lingüística general I*), aunque pueden considerarse los estudios dialectológicos como antecedentes de la misma.

Con todo, podemos considerar a *Weinreich*, con sus trabajos realizados en la década de los cincuenta, como el punto de partida de la Sociolingüística, al tratar de establecer una dialectología no geográfica, que atendiera a las diferencias parciales entre dos variedades dentro de un planteamiento (socio) lingüístico de lenguas en contacto.

Sin embargo, para ser más precisos, será en la década de los sesenta cuando se origine en EE.UU. y Canadá una serie de seminarios que reúnan a lingüistas y sociólogos con el objetivo de estrechar la colaboración entre ellos.

Fruto de esta situación fue, en esta misma década, la proliferación de los trabajos de *Labov* y *Fishman*, entre otros, quienes incluyen variables como el origen social, el sexo o la edad para estudiar el aspecto social del lenguaje.

Labov investigó las variables sociolingüísticas en el inglés de Nueva York, sentando las bases para lo que se conocería como el «estudio de la lengua en su contexto social», cuyo fin era el establecimiento de la estructura sociolingüística de la comunidad de habla neoyorkina.

Fishman estableció las diferencias entre la Sociolingüística y la Sociología del lenguaje como dos áreas concéntricas con un núcleo común: la variación condicionada socialmente en el uso lingüístico y la variación en el comportamiento de la organización social.

Posteriormente, la aplicación de la metodología cuantitativa y las técnicas estadísticas de medición de datos junto a su interpretación constituyen los aspectos definitorios del ámbito sociolingüístico, que se acercan a la variación en la comunidad o en los individuos, ligando los lectos a distintas situaciones sociales.

4.3. Propuestas actuales.

Actualmente, han sido elaboradas propuestas teóricas que o bien centran su objeto en los datos de observación o bien lo hacen en las teorías elaboradas para describir la naturaleza de estos datos. En este sentido, son dos las líneas principales de investigación en el ámbito sociolingüístico:

a) La que trata de obtener una *clasificación tipológica* de los temas de investigación incluidos en la estructura socioinstitucional y académica (sin prestar demasiado interés a la discusión teórica sobre la definición del objeto y la delimitación de fronteras).

b) La que se centra en el *establecimiento de límites y conceptos* y evita, en lo posible, los inventarios, ya sea en su planteamiento sociológico (observación de los efectos recíprocos entre lengua y sociedad, el código y su uso diverso) o propiamente en su planteamiento sociolingüístico (análisis de la variación lingüística estructurada en diasistemas).

De ahí la distinción entre una Micro- y una Macrosociolingüística, con la que se pretende discriminar el ámbito sociolingüístico atendiendo a su ubicación —en el interior de la Lingüística o la Sociología— y a su carácter —descriptivo, explicativo, etc.—.

La *Macrosociolingüística* incluiría la Sociología del lenguaje como disciplina encargada de estudiar la sociedad en relación con el lenguaje, describiendo las reglas y normas sociales explicativas de la conducta lingüística así como el valor simbólico que las variedades lingüísticas tienen para los hablantes. Sería el ámbito en el que se plantean los principios generales explicativos y predictivos sobre el comportamiento lingüístico.

Por otro lado, la *Microsociolingüística* sería la Sociolingüística estricta, es decir, la que, frente a la generalidad de las cuestiones relativas al estudio del lenguaje en sus coordenadas sociales, analiza específicamente la variación lingüística y el multilingüismo.

SOCIOLINGÜÍSTICA	Macrosociolingüística	Sociología del lenguaje
	Microsociolingüística	Sociolingüística estricta

Los estudios sociolingüísticos del multilingüismo se han centrado, principalmente, en tres aspectos:

a) El *contacto entre las lenguas*, a partir de análisis contrastivos entre las lenguas.

b) Fenómenos de *diglosia*, es decir, de lenguas usadas con distintos fines en la misma comunidad lingüística.

c) *Variacionismo*, con objeto de explicar la competencia sociolingüística de las comunidades de habla bilingüe a partir de sus repertorios lingüísticos.

5. La Pragmática.

La Pragmática es una rama de la Lingüística teórica surgida de la relación de la Lingüística con la Sociología, que aúna los puntos de vista lingüístico, social y simbólico del lenguaje, para estudiarlo como elemento comunicativo. Veamos en qué consiste así como su trayectoria histórica hasta la actualidad.

5.1. Definición y objeto de la Pragmática.
La Pragmática es concebida de distintas maneras en el ámbito lingüístico, teniendo por objeto el estudio del aspecto social comunicativo del lenguaje, es decir, lo que podemos considerar como el lenguaje en su uso. Se trata, por tanto, del estudio del lenguaje en su relación con los hablantes y con los contextos.

Algunas concepciones de la Pragmática son las siguientes:
a) Desde el planteamiento *interdisciplinar*, estudia los aspectos del significado nacidos de la acción comunicativa y no abordados por ello ni por la Semántica ni por la Sintaxis.

b) Desde el ámbito *empirista*, estudia el funcionamiento del contexto en la interpretación de enunciados.

c) Desde la perspectiva *epistemológica*, es una propuesta investigadora que estudia los aspectos comunicativos y sociales del lenguaje en su uso.

Consecuentemente, siguiendo a Hymes, podemos decir que estudia la interacción comunicativa que se da en una comunidad lingüística entre los hablantes de la misma. Concretamente las:
a) *Situaciones de habla*: marcos en los que se dan los actos de habla (oficina, club, taller, etc.).

b) *Acontecimientos de habla*: actividades regidas por normas dentro de cada situación de habla (entrevista, boda, conferencia, etc.).

c) *Actos de habla*: emisión de enunciados en un contexto determinado.

5.2. Planteamiento histórico.

Peirce fue el primero que dio a la Pragmática el sentido de teoría de los interpretantes y del uso lingüístico que éstos hacían. La concibió como el estudio de la manera en que los signos dan lugar a otros signos, y la denominó *Retórica Pura*. Sin embargo, sus trabajos —elaborados a mediados de los años 30— tardaron décadas en darse a conocer, por lo que el inicio de la Pragmática se suele situar en autores posteriores.

Así, *Morris*, siguiendo a Peirce, al tratar de fundar una Semiótica como disciplina general del signo (recuérdese lo explicado en el capítulo 4 de *Lingüística general I*), la dividió en 1938 en tres áreas: Semántica, Sintaxis y Pragmática. Esta última estudiaría las relaciones entre los signos y sus usuarios dentro del contexto en que éstos los usan.

Posteriormente, *Carnap*, en 1948 sigue las definiciones de Morris aplicándolas a las lenguas naturales y no a cualquier sistema de signos, tal y como hiciera Morris.

Austin, en una conferencia dada en la Universidad de Harvard en 1955, introduce una noción de considerable importancia para la Pragmática: la noción de *acto de lenguaje*. Defiende la idea de que cuando usamos el lenguaje no sólo descubrimos el mundo, sino que realizamos actos, los actos de lenguaje. Las bases de su teoría las estableció en 1962 cuando precisó los tres sentidos básicos de la actividad lingüística:

a) *Acto locutivo* o *locucionario:* es el acto que consiste en la emisión de una determinada expresión lingüística con un determinado sentido y una referencia. *¿Han estudiado la lección?*, oración interrogativa directa.

b) *Acto ilocutivo* o *ilocucionario:* es la finalidad comunicativa concreta (intención) con la que el hablante realiza el acto locucionario. En el caso de la oración anterior dicha por el profesor a sus alumnos existe un acto ilocutivo de invitar al estudio que debe conseguir el efecto de que los alumnos estudien la lección correspondiente.

c) *Acto perlocutivo* o *perlocucionario:* comprende las consecuencias que los enunciados pueden conseguir en los receptores: miedo, convencimiento, etc. En el caso anterior, el profesor puede poner nervioso a sus alumnos porque intuyen que puede preguntarles la temida lección.

Grice en 1967 mostró en una conferencia impartida también en la Universidad de Harvard que las relaciones lógicas puestas en práctica por los enunciados en la comunicación estaban regidas por unas reglas que tenían su fundamento en la concepción racional de la comunicación. Con ello explicó cómo se comunica más de lo que se significa con un enunciado.

Así establecería posteriormente el *principio de cooperación* en el acto de habla, principio asumido por el emisor y el receptor según el cual sus contribuciones deben ser tal y como lo exija la finalidad de la conversación en cada etapa de ésta. Para ello, establece una serie de reglas interiorizadas y aceptadas por toda la comunidad lingüística a las que llama *máximas conversacionales*. Son las siguientes:

a) *Máxima de cantidad:* el discurso debe ser todo lo informativo que sea necesario sin introducir más información de la necesaria.

b) *Máxima de cualidad:* el discurso no debe contener cosas que creamos falsas y de las que no tengamos pruebas.

c) *Máxima de relevancia:* la contribución debe ser pertinente, de interés para el oyente.

d) *Máxima de modo o manera:* la contribución debe ser clara, evitando la oscuridad en la expresión y la ambigüedad, siendo breve y ordenada.

A partir del principio de cooperación y de estas máximas usadas por un emisor en un contexto determinado, se pueden producir:

a) *Implicaciones* o significados adicionales que el interlocutor infiere de ciertas expresiones lingüísticas pero que no figuran realmente en lo que decimos. *Juan logró aprobar el carné de conducir*, inferimos que le costó mucho trabajo.

b) *Presuposiciones* o significados adicionales implícitos en ciertas expresiones que deben cumplirse para que la oración sea verdadera. Si decimos *Juan ha dejado de estudiar* presuponemos que Juan estudiaba.

Posteriormente, *Searle*, a finales de la década de los setenta, elaboró su teoría de los llamados *actos de habla*, que constituyen el estudio pragmático por excelencia. Establece cuatro sentidos básicos en la actividad lingüística:

a) *Actos de enunciación*: los que se realizan al emitir palabras u oraciones. Por ejemplo, *¿Juan no trabaja todavía?*

b) *Actos proposicionales*: los correspondientes a la referencia y a la predicación. El referente es *Juan* del que decimos la predicación de que *aún no está trabajando*.

c) *Actos ilocucionarios*: consiste en asignar a los actos proposicionales una intención. En el caso anterior, nuestra intención es preguntar.

d) *Actos perlocucionarios*: son los que buscan resultados prácticos en el receptor. En este caso, que Juan trabaje ya de una vez.

Por tanto, para Searle realizar un acto de habla consiste en decir (acto de enunciación) algo (acto proposicional) con la intención (acto ilocucionario) de producir determinados efectos (acto perlocucionario) en el receptor.

Posteriormente clasifica los actos de habla ilocucionarios en cinco grandes grupos:

a) *Actos representativos:* indican cómo son las cosas del mundo o las acciones. *El coche es blanco.*

b) *Actos directivos*: intentan conseguir que los receptores hagan cosas. Van desde la invitación al orden. *Le ruego que no llegue tarde.*

c) *Actos expresivos*: muestran sentimientos y actitudes. *Siento haberle ofendido.*

d) *Actos declarativos*: producen cambios a través de nuestras emisiones. *Yo os declaro marido y mujer.*

e) *Actos compromisivos*: nos compromete a hacer algo en el futuro. *Te garantizo que cuidaré de tu hijo.*

Finalmente, *Sperber* y *Wilson* propusieron en 1986 la *teoría de la relevancia* para explicar la conducta comunicativa, a partir de la reunificación en un único principio de relevancia de las cuatro máximas propuestas por Grice en 1975.

Para ellos, cada enunciado posee una variedad de posibles interpretaciones, sin embargo el oyente no recibe todas estas interpretaciones de la misma manera, puesto que unas requieren más esfuerzo que otras. Así, el oyente, al estar dotado de un único criterio evaluador de las interpretaciones, excluye todas las interpretaciones menos una, que es la que acepta.

5.3. Propuestas actuales.

Actualmente, la Pragmática se ha consolidado ya como una de las grandes ramas de la Lingüística teórica dedicada al análisis contextual en sus distintas dimensiones:

a) *Análisis del contexto lingüístico:* aquí aparecen escuelas orientadas al estudio del enunciado, como el Análisis del discurso.

b) *Análisis del contexto existencial:* realizada principalmente por filósofos del lenguaje, estudian la relación entre palabras y referente a partir de los trabajos de Halliday, y el lenguaje como algo inmerso en el contexto de la acción humana, según el modelo propuesto por Austin y Grice.

c) *Análisis del contexto situacional:* a partir del estudio de la situación en la que se da la comunicación, intentando determinar el valor simbólico de las variedades lingüísticas para sus usuarios.

d) *Análisis del contexto de la acción:* con estudios de actos de habla según la propuesta de Searle.

e) *Análisis del contexto psicológico:* desarrollos de la teoría de la relevancia de Sperber y Wilson.

6. Antropología lingüística.

La Antropología lingüística es una rama de la Lingüística teórica surgida de la relación de la Lingüística con la Sociología, que aúna los puntos de vista lingüístico, simbólico y social del lenguaje, para estudiarlo como un recurso de la cultura. Veamos en qué consiste así como su trayectoria histórica hasta la actualidad.

6.1. Definición y objeto de la Antropología lingüística.

La Antropología lingüística estudia la naturaleza del lenguaje como instrumento social que se utiliza en la práctica cultural. Por tanto, concibe el lenguaje como una facultad humana, y el uso que se hace de él en un contexto antropológico es su objeto.

Trata, pues, de acercarse al lenguaje en tanto marco de prácticas culturales, y, por ello, lo concibe como un sistema de comunicación que permite las representaciones entre individuos del orden social y la realización entre ellos mismos de actos sociales.

En este sentido, sostiene que los signos lingüísticos en tanto que representaciones del mundo no son neutrales sino que se utilizan para la construcción de afinidades culturales y de diferencias culturales. Y la mejor construcción se realiza en situaciones comunicativa cara a cara. De ahí la importancia que ha concedido la Antropología lingüística a los estudios conversacionales.

6.2. Planteamiento histórico.

La Antropología lingüística fue también llamada Etnolingüística y gozó de una relativa popularidad en EE.UU. a finales de los años 40 y principio de los 50, en los que se acercan a los hablantes como actores sociales de comunidades lingüísticas singulares y complejas articuladas a través de una red de expectativas, creencias y valores morales entrecruzados. Por tanto, su unidad de análisis no será el enunciado o el texto sino la *comunidad de habla* en la que se produce.

El término Antropología lingüística fue estabilizado por *D. Hymes* a principios de los años 60 y 70, a partir de la tradición antropológica de la Lingüística norteamericana de Sapir y Boas. El análisis de la lengua en relación con el contexto cultural y social constituye su objetivo de trabajo. Así, la descripción parte del núcleo de una comunidad de habla formado por los hablantes que comparten un conocimiento de las normas de la conducta social (competencia comunicativa) y lingüística (competencia lingüística).

En los últimos veinte años el campo de la Antropología lingüística ha crecido notablemente incluyendo estudios sobre folklore y actuación, sociología cognitiva, alfabetización, etc., aplicando los presupuestos de la Etnometodología (estudio de los métodos utilizados por los actores sociales en la interpretación de su vida diaria) a su campo.

En este sentido, se ha independizado de la Sociolingüística, que suele utilizar métodos cuantitativos para trabajar en entornos urbanos, usando métodos cualitativos y trabajando con sociedades más reducidas o grupos que pueden ser étnicos, tribales, etc., para analizar sus intercambios verbales cara a cara.

En este sentido, *Goffman* señaló la importancia de la situación social para el estudio de la interacción, haciendo hincapié en la importancia de la conversación, sobre la que dijo que poseía una estructura retórica.

Sin embargo fueron *Saks* y *Schegloff* los que investigaron los intercambios conversacionales, llamando a este tipo de estudio *análisis conversacional*.

En él, analizaron llamadas telefónicas a un Centro de prevención de suicidios en Los Ángeles mediante la grabación de conversaciones espontáneas en las que se trataban los enunciados como objetos sociales, es decir, como estructuras alrededor de las cuales las personas organizan su interacción. Las conclusiones a las que llegaron fueron las siguientes:

a) La comunicación se organiza secuencialmente, no sólo de manera sintagmática, sino también por sucesión de hablantes mediante un sistema de alternancia al que llamaron *turnos*.

b) La transición entre los turnos es conocida por el oyente que planifica así el momento en el que debe realizar la transición.

c) Las conversaciones se organizan en unidades más amplias que los enunciados. Se trata de secuencias de doble turno.

En estas conversaciones juega un papel muy importante la *cortesía* que llega así a convertirse en una auténtica estrategia conversacional que permite al hablante reducir al mínimo el conflicto con su interlocutor cuando los intereses de ambos no coinciden.

En este sentido, *Leech* en 1983 estableció que el *principio de cortesía* se caracterizaba por las siguientes *máximas*:

a) *Máxima de tacto*: consiste en atenuar la expresión de ideas que supongan una pérdida para el receptor, potenciando por ello el uso de expresiones que indiquen beneficios.

b) *Máxima de generosidad*: consiste en disminuir el uso de expresiones que resalten el beneficio que uno mismo puede recibir.

c) *Máxima de aprobación*: se trata de reducir las expresiones críticas hacia el receptor.

d) *Máxima de modestia*: persigue la reducción de alabanzas hacia uno mismo.

e) *Máxima de pacto*: se trata de atenuar las ideas de discrepancia.

f) *Máxima de solidaridad*: consiste en el uso de expresiones que resalten la solidaridad frente al poder que da un estatus superior.

6.3. Propuestas actuales.

Actualmente, la Antropología lingüística ha experimentado un importante desarrollo, estudiando las diferentes modalidades de acontecimientos comunicativos en los diversos ámbitos de las modernas sociedades industriales.

En este sentido, va a considerar la conversación como un microcosmos en el que los significados son negociados por los interlocutores atendiendo a sus conocimientos previos (cultura).

7. La Filosofía del lenguaje.

La Filosofía del lenguaje es una rama de la Lingüística teórica surgida de la relación de la Lingüística con la Filosofía, que aúna los puntos de vista lingüístico y simbólico del lenguaje, para estudiarlo en relación con el hombre. Veamos en qué consiste así como su trayectoria histórica hasta la actualidad.

7.1. Definición y objeto de la Filosofía del lenguaje.

La Filosofía del lenguaje, al igual que ocurre con el resto de las ramas anteriores de la Lingüística, se diferencia de éstas no por el objeto (que sigue siendo el lenguaje) sino por el tipo de pregunta con respecto a la que se busca su justificación.

Así, frente a las ramas que se acercan al lenguaje buscando su individualidad o considerándolo como una clase de objeto, la Filosofía del lenguaje se acerca a él para interrogarse sobre su ser. Así, la Filosofía del lenguaje es aquella filosofía que se pregunta por el sentido del ser del lenguaje. Desarrolla, por tanto, un pensamiento *esencialista*, puesto que pretende llegar al conocimiento profundo del lenguaje.

En este acercamiento al lenguaje desde el prisma filosófico, se le ha considerado en una doble dimensión:

a) *Dimensión objetiva:* como elemento que relaciona el hombre y las cosas, es decir, el hombre y el universo en el que éste se encuentra.

b) *Dimensión subjetiva:* en este caso, como elemento que sirve para relacionar a los hombres entre sí.

Así pues, la Filosofía del lenguaje tendría por objeto el ser del lenguaje, considerando que éste se encuentra en la potencialidad de relacionar al hombre con las cosas o con otros hombres.

7.2. Planteamiento histórico.

Desde la Antigüedad hasta el Renacimiento, el problema predominante en la Filosofía del lenguaje fue el primero. A partir del humanismo se plantearía el segundo, que continuaría hasta Heidegger.

En la *Filosofía griega* se pretende llegar lo más rápido posible a las cosas, y en este camino está el lenguaje puesto que llegamos al conocimiento de las cosas a partir del nombre que éstas tienen. Son los problemas del nombrar (llegamos a las cosas a través de sus nombres) y del decir (comunicamos este conocimiento). Como puede entenderse, el problema del lenguaje se plantea sobre todo como problema instrumental y no en sí mismo.

Esto mismo continuaría hasta *Kant*. Después de él ya no habrá sistema filosófico que ignore el lenguaje. Así, el primero que da al lenguaje una situación privilegiada en la Filosofía fue *Hegel*, quien establece la Filosofía del lenguaje como disciplina autónoma en el sentido de que considera el lenguaje no como forma de la cultura (junto a la religión, el arte, la ciencia y la filosofía) sino como la forma fundadora previa que posibilita la construcción del mundo para la cultura, para poder vivir después en él.

Posteriormente, La Filosofía logicista de *Russell* establece que el lenguaje está constituido por proposiciones moleculares, compuestas de proposiciones atómicas, que serían los elementos básicos del lenguaje; y por proposiciones atómicas, formadas por nombres propios que tienen carácter de índice, de alusión deíctica al mundo del referente.

Tras él, vamos a considerar la figura de *Wittgenstein*, quien parte de la identificación y reconocimiento de los hechos como constitutivos fundamentales del mundo, pues ambos tienen los mismos límites. Los nombres significan el objeto al que se refieren pero no son simples reflejos de dicho referente; tienen una estructura lógica representada en la proposición. Por tanto, la proposición tiene un carácter componencial que pretende dar un nuevo sentido con expresiones viejas. Surge, entonces, la *teoría del mostrar*: la función más importante de la proposición es darnos a conocer la estructura de lo real.

7.3. Propuestas actuales.

Actualmente, el interés por el lenguaje se ha acentuado tanto, hasta el punto de que la problemática del lenguaje ha pasado a ser el núcleo de la reflexión filosófica. Ello ha posibilitado un notable desarrollo de la Filosofía del lenguaje en una doble dirección:

a) *Filosofía analítica del lenguaje* que, partiendo de la dimensión objetiva anterior, considera el lenguaje como el objeto adecuado para que la Filosofía abandone la especulación metafísica.

b) *Filosofía hermenéutica del lenguaje* para la que el lenguaje es, además, un instrumento de comunicación y expresión de pensamientos, que hace posible la interpretación (desarrollando, por tanto, la dimensión subjetiva anterior) del sentido.

Finalmente, considere que para haber alcanzado correctamente los objetivos propuestos en el proceso de enseñanza y aprendizaje del tema finalizado, debe haber comprendido con claridad que:

1. Hemos estudiado la situación y los marcos de existencia de los hechos lingüísticos y las ramas de la Lingüística que se han acercado a ellos tomándolos como objeto de estudio e investigación. Estas ramas son la Psicolingüística, la Neurolingüística, la Sociolingüística, la Antropología lingüística, la Pragmática y la Filosofía del lenguaje.

2. La *Psicolingüística* es una rama de la Lingüística teórica surgida de la relación de la Lingüística con la Psicología, que aúna los puntos de vista lingüístico y psicológico del lenguaje. El objetivo de la Psicolingüística es llegar a una mejor comprensión de los aspectos cognitivos relacionados con la emisión (producción) y recepción (comprensión) de los mensajes y con la adquisición del lenguaje y su desarrollo.

3. La *Neurolingüística* es una rama de la Lingüística teórica surgida de la relación de la Lingüística con la Biología (Neurología), que aúna los puntos de vista lingüístico y neurológico del lenguaje. Es una parte de la Neuropsicología que estudia el substrato neurológico del lenguaje, es decir las correlaciones entre el lenguaje y las funciones cerebrales, en situaciones de normalidad y patológicas. Por tanto, estudia el funcionamiento del lenguaje verbal y sus manifestaciones en correlación con el cerebro.

---

4.   La *Sociolingüística* es una rama de la Lingüística teórica surgida de la relación de la Lingüística con la Sociología, que aúna los puntos de vista lingüístico, simbólico y social del lenguaje, para estudiarlo atendiendo a la variación lingüística. Estudia las relaciones entre el lenguaje, el individuo y los grupos sociales con el objeto de establecer principios de sistematización de la variación lingüística en relación con el contexto social. Para ello analizará los signos lingüísticos considerándolos unidades funcionales relacionadas históricamente con supraentidades históricas y sociales.

5.   La *Pragmática* es una rama de la Lingüística teórica surgida de la relación de la Lingüística con la Sociología, que aúna los puntos de vista lingüístico, social y simbólico del lenguaje, para estudiarlo como elemento comunicativo. Tiene por objeto el estudio del aspecto social comunicativo del lenguaje, es decir, lo que podemos considerar como el lenguaje en su uso. Se trata, por tanto, del estudio del lenguaje en su relación con los hablantes y con los contextos.

6.   La *Antropología lingüística* es una rama de la Lingüística teórica surgida de la relación de la Lingüística con la Sociología, que aúna los puntos de vista lingüístico, simbólico y social del lenguaje, para estudiarlo como un recurso de la cultura. Estudia la naturaleza del lenguaje como instrumento social que se utiliza en la práctica cultural. Por tanto, concibe el lenguaje como una facultad humana, y el uso que se hace de él en un contexto antropológico es su objeto.

7.   La *Filosofía del lenguaje* es una rama de la Lingüística teórica surgida de la relación de la Lingüística con la Filosofía, que aúna los puntos de vista lingüístico y simbólico del lenguaje, para estudiarlo en relación con y desde el punto de vista del hombre. Se acerca al lenguaje para interrogarse sobre su ser. Así, la Filosofía del lenguaje es aquella filosofía que se pregunta por el sentido del ser del lenguaje. Desarrolla, por tanto, un pensamiento esencialista, puesto que pretende llegar al conocimiento profundo del lenguaje.

F. Actividades sugeridas.

— A continuación vaya anotando las dudas que le van surgiendo tras la lectura de los distintos puntos del tema y después la resolución de las mismas, ya sea por las clases recibidas, el estudio personal o las tutorías realizadas. Este proceso le servirá tanto para la mejor comprensión de la materia como para la preparación de la prueba final.

— Conteste a las siguientes cuestiones:

1. Explique las diferencias entre divisiones y ramas de la Lingüística, y realice un cuadro en el que organice estas últimas.

2. ¿En qué consiste la controversia entre Chomsky y Skinner para el estudio del lenguaje?

3. ¿Cuáles son los presupuestos de la moderna Neurolingüística?

4. Explique las diferencias entre la Micro- y la Macrosociolingüística.

5. Indique los tipos de actos de habla que se dan en los casos siguientes:

* Invitar.

* Advertir.

* Recordar.

* Manifestar.

* Informar.

* Alertar.

6 ¿Qué máxima conversacional se incumple en el siguiente ejemplo? Razone la respuesta.
— ¿Ha estudiado Juan la lección?
— No, Pedro no la ha estudiado.

7. ¿Cuál es la implicación que se puede deducir de los siguientes ejemplos?

* El padre a un hijo que llega a casa: ¿Tú sabes qué hora es?

* La novia que dice al novio: mi padre no llegará antes de las 12.

8. Explique la tipología de actos de habla de Searle.

9. ¿En qué consiste la teoría de la relevancia?

10. Explique el principio de cortesía.

11. ¿Qué es la Filosofía del lenguaje? Explíquela.

A continuación, utilice este espacio para resolver los ejercicios adicionales que le pueda proponer su profesor o para contestar a las preguntas de los posibles documentales visionados durante las clases.

— Comente los siguientes textos explicando su contenido y realizando la pertinente valoración. Como orientación para el análisis crítico sugerimos el presente modelo:

1. Breve noticia sobre el autor del texto.
2. Determinación de la problemática del texto, señalando su unidad específica y la formulación teórica en la que se ubica la misma.
3. Establecimiento de la estructura que presenta el texto; esto es, división en partes temáticas.
4. Exposición de la tesis que defiende el autor sobre la problemática planteada, señalando:
   4.1. La filosofía espontánea que afecta a su propuesta.
   4.2. Las ideas principales y secundarias del texto.
5. Precisión como conclusión de la respuesta que se pueda dar a la problemática planteada.
6. Valoración del texto en su conjunto a partir de una breve opinión personal.

1. Texto de Villena:

«La Sociolingüística es hoy día ya un cauce académico de márgenes sinuosos, pero aceptados en la práctica, y de fundamentos conceptuales generales y metódicos tenidos por comunes. Con frecuencia se identifica su tarea con cierto *cambio de rumbo* de la ciencia del lenguaje, capaz de situar los estudios lingüísticos en el recto camino de la objetividad y la neutralidad (teoría y práctica del muestreo aleatorio; ciencia de la encuesta) y de la ciencia verdadera (cuantificación) frente a los errores e insuficiencias anteriores; a saber, tanto las restricciones racionalistas de los modelos transformativos, como las distancias formalistas con respecto al objeto real, propias del estructuralismo glotológico».

(J. A. Villena, *Fundamentos del pensamiento social sobre el lenguaje*,
Ágora, Málaga, 1992).

2. Texto de A. Vera.

«Así pues, el ámbito de lo que denominamos texto es el de la producción de sentido; producción que, en el caso de las diferentes lenguas naturales, se logra mediante la dinamización, pertinentización o rentabilización de su código gramatical, al servicio de esta función esencialmente comunicativa, que introduce, por consiguiente, como factores esenciales de lo textual las figuras del emisor y receptor o, lo que es lo mismo, los mecanismos de la enunciación. Todo texto es la enunciación de un enunciado.

La condición textual de un determinado acto lingüístico le viene siempre a éste por ser la manifestación de una organización estructural, siempre diferente de dicha manifestación, que coincidirá, en el caso de los textos producidos a través de sistemas semióticos que sean lenguas naturales, con unidades de los niveles gramaticales de los códigos de tales lenguas».

(A. Vera, *Fundamentos de análisis sintácticos*, Universidad de Murcia, Murcia, 1994).

G. Lecturas recomendadas.

DURANTI, A., «Intercambios conversacionales» *apud Antropología lingüística*, Cambridge University Press, Madrid, 2000, pp. 329-374.

Amplia y completa panorámica de los presupuestos de la Antropología lingüística, con principal hincapié en los intercambios conversacionales y en las unidades de participación.

REYES, G., *El abecé de la Pragmática*, Arco/Libros, Madrid, 1995.

Introducción clara y didáctica al ámbito de la Pragmática.

VILLENA, J. A., «Introducción» *apud Fundamentos del pensamiento social sobre el lenguaje,* Ágora, Málaga, 1992, pp. 15-25.

Presentación clara y sistemática de los polos sobre los que gira la reflexión contemporánea sobre el lenguaje como hecho social.

H. Ejercicios de autoevaluación.

Con el fin de que se pueda comprobar el grado de asimilación de los contenidos, presentamos una serie de cuestiones, cada una con tres alternativas de respuestas. Una vez que haya estudiado el tema, realice el test rodeando con un círculo la letra correspondiente a la alternativa que considere más acertada. Después justifique en el espacio que se deja a continuación las razones por las que piensa que la respuesta elegida es la correcta, indicando también las razones que invalidan la corrección de las restantes.

Cuando tenga dudas en alguna de las respuestas vuelva a repasar la parte correspondiente del capítulo e inténtelo otra vez.

1. La Psicolingüística es una rama de la Lingüística aplicada surgida de la relación de la Lingüística con la

    A Filosofía.
    B Psicología.
    C Las respuestas A y B no son correctas.

2. El Mentalismo de Skinner sostiene que

    A El lenguaje es un conjunto de hábitos.
    B El lenguaje es resultado de la capacidad creativa.
    C Las respuestas A y B no son correctas.

3. Una de las nociones fundamentales del Transformacionalismo chomskyano es la de

A Creatividad.
B Conductismo.
C Cognitivismo.

4. Podemos decir que las habilidades lingüísticas son distintas a las mentales y son las que las ponen en marcha

A Siempre.
B Nunca.
C A veces.

5. Es correcto afirmar que el objetivo de la Neurolingüística es analizar las alteraciones verbales debidas a causas fisiológicas

A Sí.
B No.
C Sólo en algunos casos.

6. La primera elaboración teórica que constituiría el germen de la Neurolingüística se debe a

A La Frexología de Gall.
B Las investigaciones de Broca.
C Las respuestas A y B no son correctas.

7. El establecimiento de que las funciones cerebrales se encuentran en la corteza cerebral se debe a

A Galeno.
B Gall.
C Broca.

8. La rama de la Lingüística que estudia los signos lingüísticos de manera contextual es la

A Psicolingüística.
B Neurolingüística.
C Sociolingüística.

9. La Dialectología ha influido en los estudios lingüísticos de carácter

A Social.
B Simbólico.
C Neurológicos.

10. El lingüista que sistematizó el estudio de la variación fue

A Fishman.
B Labov.
C Weinreich.

11. La disciplina que estudia el lenguaje en su relación con los hablantes y su uso es la

A Sociolingüística.
B Pragmática.
C Las respuestas A y B no son correctas.

12. Las actividades lingüísticas regidas por normas se dan siempre en

A Situaciones de habla.
B Acontecimientos de habla.
C Actos de habla.

13. La noción de *acto de habla* se debe a

A Peirce.
B Morris.
C Austin.

14. ¿Qué autor estableció el principio de cooperación?

A Austin.
B Searle.
C Grice.

15. Los significados adicionales que están implícitos en ciertas expresiones se denominan

A Implicaciones.
B Presuposiciones.
C Sobreentendidos.

16. ¿Qué tipo de acto ilocucionario es el siguiente: *Le agradezco su regalo*?

A Representativo.
B Directivo.
C Expresivo.

17. De los tres ejemplos que vienen a continuación sólo uno constituye un acto declarativo. ¿Cuál es?

A *Insisto en que el hecho no se produjo como usted dice.*
B *He cumplimentado la documentación tal y como me dijo.*
C *He dimitido de mi cargo tal y como me pidió.*

18. ¿Qué disciplina concibe el lenguaje como un sistema comunicativo que permite las representaciones entre los individuos del orden social?

A La Sociolingüística.
B La Etnolingüística.
C La Sociología del lenguaje.

19. La Antropología lingüística se caracteriza por el uso de

A Métodos cuantitativos.
B Métodos cualitativos.
C Ambos a la vez.

20. Cuando un hablante no utiliza expresiones que critiquen las propuestas de su interlocutor está aplicando la máxima de

A Generosidad.
B Aprobación.
C Modestia.

21. La Filosofía del lenguaje se acerca a éste desde un planteamiento

A Metodológico.
B Ontológico.
C Existencialista.

22. Para Wittgenstein, el lenguaje constituye

A Un conjunto de reglas.
B La auténtica realidad del ser que somos.
C La casa del ser.

23. El desarrollo actual del Paradigma Realista del lenguaje desde el ámbito de la Filosofía está constituido por las propuestas de la

A Filosofía analítica.
B Filosofía hermenéutica.
C Por ambas a la vez.

24. La dimensión subjetiva del lenguaje ha sido abordada a lo largo de la historia por

A El Paradigma Idealista.
B El Paradigma Realista.
C La Filosofía del lenguaje.

25. La Antropología lingüística tiene su precedente en

A La Lingüística norteamericana.
B La Lingüística europea.
C La Lingüística soviética.

I. Glosario.

Acontecimientos de habla: Actividades regidas por normas dentro de cada situación de habla.

Acto ilocutivo: Finalidad comunicativa concreta (intención) con la que el hablante realiza el acto locucionario.

Acto locutivo: Emisión de una determinada expresión lingüística con un determinado sentido y una referencia.

Acto perlocutivo*:* Aquél que pretende encontrar resultados prácticos en el receptor.

Actos compromisivos*:* Actos ilocucionarios que nos comprometen a hacer algo en el futuro.

Actos de enunciación: Los que se realizan al emitir palabras u oraciones.

Actos de habla: Emisión de enunciados en un contexto determinado.

Actos declarativos*:* Actos ilocucionarios que producen cambios a través de nuestras emisiones.

Actos directivos*:* Actos ilocucionarios que intentan conseguir que los receptores hagan cosas.

Actos expresivos*:* Actos ilocucionarios que muestran sentimientos y actitudes.

Actos ilocucionarios: Actos proposicionales con una intención.

Actos perlocucionarios: Los que buscan resultados prácticos en el receptor.

Actos proposicionales: Los correspondientes a la referencia y a la predicación.

Actos representativos*:* Actos ilocucionarios que indican cómo son las cosas del mundo o las acciones.

Análisis conversacional: El que estudia los intercambios lingüísticos que se dan durante una conversación.

Antropología lingüística: Rama de la Lingüística teórica surgida de la relación de la Lingüística con la Sociología, que aúna los puntos de vista lingüístico, simbólico y social del lenguaje para estudiarlo como recurso de la cultura.

Conductismo: Escuela psicológica que sostiene que el lenguaje es un conjunto de hábitos que se adquieren por un mecanismo de estímulos y repuestas.

Diglosia: Fenómeno lingüístico consistente en el uso de distintas lenguas en la misma comunidad lingüística con diferentes fines.

Etnolingüística: Antropología lingüística en EE.UU.

Etnometodología: Estudio de los métodos utilizados por los actores sociales en la interpretación de su vida diaria.

Filosofía analítica del lenguaje*:* La que considera el lenguaje como el objeto adecuado para que la Filosofía abandone la especulación metafísica.

Filosofía del lenguaje: Rama de la Lingüística teórica surgida de la relación de la Lingüística con la Filosofía, que aúna los puntos de vista lingüístico y simbólico del lenguaje para estudiarlo en relación con el hombre.

Filosofía hermenéutica del lenguaje*:* La que considera el lenguaje como un instrumento de comunicación y expresión de pensamientos, que hace posible la interpretación del sentido.

Implicaciones: Significados adicionales que el interlocutor infiere de ciertas expresiones lingüísticas pero que no figuran realmente en lo que decimos.

Macrosociolingüística: Propuesta de la sociolingüística que estudia el lenguaje desde el ámbito sociológico.

Máxima de aprobación: La que sostiene que hay que reducir las expresiones críticas hacia el receptor.

Máxima de cantidad: La que sostiene que el discurso debe ser todo lo informativo que sea necesario sin introducir más información de la necesaria.

Máxima de cualidad: La que sostiene que el discurso no debe contener cosas que creamos falsas y de las que no tengamos pruebas.

Máxima de generosidad: La que sostiene que hay que disminuir el uso de expresiones que resalten el beneficio que uno mismo puede recibir.

Máxima de modestia: La que sostiene que hay que perseguir la reducción de alabanzas hacia uno mismo.

Máxima de modo o **manera:** La que sostiene que la contribución debe ser clara, evitando la oscuridad en la expresión y la ambigüedad, siendo breve y ordenada.

Máxima de pacto: La que sostiene que hay que atenuar las ideas de discrepancia.

Máxima de relevancia: La que sostiene que la contribución debe ser pertinente, de interés para el oyente.

Máxima de solidaridad: La que sostiene que hay que usar expresiones que resalten la solidaridad frente al poder que da un estatus superior.

Máxima de tacto: La que sostiene que hay que atenuar la expresión de ideas que supongan una pérdida para el receptor, potenciando por ello el uso de expresiones que indiquen beneficios.

Máximas conversacionales: Reglas interiorizadas y aceptadas por toda la comunidad lingüística en una conversación.

Microsociolingüística: Propuesta de la sociolingüística que estudia específicamente la variación lingüística y el multilingüismo.

Neurolingüística: Rama de la Lingüística teórica surgida de la relación de la Lingüística con la Biología (Neurología), que aúna los puntos de vista lingüístico y neurológico del lenguaje para estudiar el funcionamiento del lenguaje verbal y sus manifestaciones en correlación con el cerebro.

Pragmática: Rama de la Lingüística teórica surgida de la relación de la Lingüística con la Sociología, que aúna los puntos de vista lingüístico, social y simbólico del lenguaje para estudiarlo como elemento comunicativo en su relación con los hablantes y con los contextos.

Presuposiciones: Significados adicionales implícitos en ciertas expresiones que deben cumplirse para que la oración sea verdadera.

Principio de cooperación: El que determina que las contribuciones del emisor deben ser tal y como lo exija la finalidad de la conversación en cada etapa de ésta.

Principio de cortesía: Estrategia conversacional que permite al hablante reducir al mínimo el conflicto con su interlocutor cuando los intereses de ambos no coinciden.

Psicolingüística: Rama de la Lingüística teórica surgida de la relación de la Lingüística con la Psicología, que aúna los puntos de vista lingüístico y psicológico del lenguaje con el fin de comprender los aspectos cognitivos relacionados con la emisión y recepción de los mensajes así como con la adquisición del lenguaje y su desarrollo.

Retórica pura: Para Peirce, estudio de la manera en que los signos dan lugar a otros signos.

Situaciones de habla: Marcos en los que se dan los actos de habla.

Sociolingüística: Rama de la Lingüística teórica surgida de la relación de la Lingüística con la Sociología, que aúna los puntos de vista lingüístico, simbólico y social del lenguaje para estudiarlo atendiendo a la variación lingüística en relación con el contexto social.

Sociología del lenguaje: Disciplina que estudia la sociedad en relación con el lenguaje, describiendo las reglas y normas sociales explicativas de la conducta lingüística así como el valor simbólico que las variedades lingüísticas tienen para los hablantes.

Teoría de circuitos: Investigación neurolingüística que sostiene una arquitectura del cerebro relacionada con las conexiones neuronales.

Teoría de la relevancia: La que explica la conducta comunicativa como una interacción para mejorar nuestro conocimiento del mundo.

Teoría modular: Investigación neurolingüística que sostiene una arquitectura del cerebro a partir de una serie de módulos independientes que recogen funciones cerebrales.

Turno: Sistema de alternancia que se da durante la conversación.

J. Bibliografía general.

ALBERT GALERA, J., *Pragmática lingüística y diccionario,* Palibrio, Bloomington, 2012.

BAYÉS, R. (comp.), *¿Chomsky o Skinner? La génesis del lenguaje,* Fontanella, Barcelona, 1979.

BLAS, J. L., *Sociolingüística del español,* Cátedra, Madrid, 2005.

BERRUTO, G., *Fondamenti di sociolinguistica,* Laterza, Bari, 1995.

BERTUCELLI, M., *Qué es la Pragmática,* Paidós, Madrid, 1993.

BRIZ, A., *Pragmática, discurso y sociedad,* Universidad de Valencia, Valencia, 2007.

CALVO, J., *Introducción a la Pragmática del español,* Cátedra, Madrid, 1994.

CAPLAN, D., *Introducción a la neurolingüística y al estudio de los trastornos del lenguaje,* Visor, Madrid, 1992.

CHAMBERS, J. K., *Sociolinguistics Theory. Linguistic Variation and its Social Significance,* Blackwell, Oxford, 1995.

CONESA, F., *Filosofía del lenguaje,* Herder, Barcelona, 1998.

CORREDOR, C., *Filosofía del lenguaje,* Visor, Madrid, 1999.

COULMAS, F. (ed.), *The Handbook of Sociolinguistics,* Blackwell, Oxford, 1997.

DOLZ, J., *Psicolingüística genética,* Avesta, Barcelona, 1985.

DURANTI, A., *Antropología lingüística,* Cambridge University Press, Madrid, 2000.

ESCANDELL, Mª V., *Introducción a la Pragmática,* Ariel, Barcelona, 1996.

ESCAVY, R., *Pragmática y Subjetividad lingüística,* Universidad de Murcia, Murcia, 2008.

ESCAVY, R., *Pragmática y Textualidad,* Universidad de Murcia, Murcia, 2009.

FAJARDO, L. A. & MOYA, C., *Fundamentos neuropsicológicos del lenguaje,* Universidad de Salamanca e Instituto Caro y Cuervo, Bogotá, 1999.

FERNÁNDEZ PÉREZ, M., «Sociolingüística y Lingüística», *Lingüística Española Actual,* xv/2 (1993), pp. 149-248.

FLETCHER, P. & MACWHINNEY, B. (eds.), *The Handbook of Psycholinguistics,* Blackwell, Oxford, 1995.

GARAGALZA, L., *La interpretación de los símbolos, Hermenéutica y lenguaje en la filosofía actual*, Anthropos, Barcelona, 1990.

GARCÍA MARCOS, F. J., *Nociones de sociolingüística*, Octaedro, Barcelona, 1993.

GARCÍA MARCOS, F. J., *Fundamentos críticos de sociolingüística*, Universidad de Almería, Almería, 1999.

GARMAN, M., *Psicolingüística*, Visor, Madrid, 1996.

GUTIÉRREZ ORDÓÑEZ, S., *Presentación de la Pragmática*, Universidad de León, León, 1996.

HERNÁNDEZ CAMPOY, J. M., *Metodología de la investigación sociolingüística*, Comares, Granada, 2005.

JULIO, Mª T. & MUÑOZ, R. (comp.), *Textos clásicos de pragmática*, Arco/ Libros, Madrid, 1998.

KASHER, A. (ed.), *Pragmatics. Critical Concepts*, Routledge, Londres-Nueva York, 1998.

KUTSCHERA, F. von, *Filosofía del lenguaje*, Gredos, Madrid, 1979.

LESSER, R. & MILROY, L., *Linguistics and Aphasia. Psycholinguistic and Pragmatic Aspects of Intervention*, Longman, Londres-Nueva York, 1993.

LEVINSON, S. C., *Pragmática*, Teide, Barcelona, 1989.

LÓPEZ GARCÍA, A., *Psicolingüística*, Síntesis, Madrid, 1988.

LÓPEZ GARCÍA, A., *Estudios sobre Neurolingüística y traducción*, Universidad de Valencia, Valencia, 2008.

LÓPEZ MORALES, H., *Sociolingüística*, Gredos, Madrid, 1989.

MESEGUER, E., *Una doble visión de la Psicolingüística*, Universidad de La Laguna, La Laguna, 2006.

MORENO FERNÁNDEZ, F., *Metodología sociolingüística*, Gredos, Madrid, 1990.

MORENO FERNÁNDEZ, F., *Principios de Sociolingüística y Sociología del lenguaje*, Ariel, Barcelona, 1998.

OLERÓN, P., *El niño y la adquisición del lenguaje*, Morata, Madrid, 1981.

ORTIZ OSÉS, A., *La nueva filosofía hermenéutica*, Anthropos, Barcelona, 1986.

ORTIZ, A. T., *Neuropsicología del lenguaje*, C.E.P.E., Madrid, 1995.

PERAITA, H., *Adquisición del lenguaje*, U.N.E.D., Madrid, 1988.

REBOUL, A., *La pragmatique aujourd'hui. Une nouvelle science de la communication*, Seuil, París, 1998.

RICHELLE, M., *La adquisición del lenguaje*, Herder, Barcelona, 1978.

ROMAINE, S., *El lenguaje en la sociedad. Una introducción a la Sociolingüística*, Ariel, Barcelona, 1996.

SANTA CRUZ, J., *Psicología del lenguaje: Procesos*, U.N.E.D., Madrid, 1987.

SERRANO, M. J., *Sociolingüística*, Ediciones del Serval, Barcelona, 2011.

SVEJCER, A., *Contemporary Sociolinguistics. Theory, problems methods*, J. Benjamins, Amsterdam, 1986.

VILLENA, J. A., *Fundamentos del pensamiento social sobre el lenguaje*, Ágora, Málaga, 1992.

WIERZBICKA, A., *Cross-Cultural Pragmatics. The Semantics of Human Interaction*, Mouton de Gruyter, Berlín-Nueva York, 1991.

Capítulo 6

LA LINGÜÍSTICA DESDE UN PLANTEAMIENTO INTERDISCIPLINAR: LAS RAMAS DE LA LINGÜÍSTICA APLICADA.

A. Cronograma.

Semana 13

Actividad docente	Horas presenciales		Horas no presenciales		
	Teóricas	Prácticas	Estudio	Ejercicios	Tutorías
1. Lectura de los puntos 1, 2, 3 y 4 del tema y anotación de dudas			1		
2. Exposición panorámica de los puntos 1, 2, 3 y 4 y resolución de dudas	2				
3. Realización de actividades teóricas y prácticas 1, 2, 3, 4, 5, 6, y 7 y texto 1				2	
4. Estudio de los contenidos y nociones de los puntos 1, 2, 3 y 4			1		
5. Sesión práctica sobre los contenidos y actividades realizadas		2			
6. Tutorías o resolución de dudas					2

Semana 14

Actividad docente	Horas presenciales		Horas no presenciales		
	Teóricas	Prácticas	Estudio	Ejercicios	Tutorías
1. Lectura de los puntos 5, 6 y 7 del tema y anotación de dudas			1		
2. Exposición panorámica de los puntos 5, 6 y 7 y resolución de dudas	2				
3. Realización de actividades teóricas y prácticas 8, 9, 10 y 11, texto 2 y lecturas recomendadas				2	
4. Estudio de los contenidos y nociones de los puntos 5, 6 y 7			1		
5. Sesión práctica sobre los contenidos y actividades realizadas		2			
6. Proceso de autoevaluación			1		
7. Tutorías o resolución de dudas					2
Total volumen de trabajo del tema en las dos semanas	4	4	5	4	4
	8		13		

B. Objetivos.

1. *Comprender* la noción de Lingüística aplicada así como su ámbito disciplinario.

2. *Conocer* el ámbito de la Glosodidáctica, valorando los distintos métodos educativos así como la importancia del enfoque comunicativo en el proceso de enseñanza y aprendizaje de una lengua.

3. *Conocer* el ámbito disciplinario de la Traductología realizando una breve aproximación histórica.

4. *Entender* la noción de Planificación lingüística, conociendo sus principales objetivos así como el proceso de aplicación.

5. *Relacionar* el ámbito de la Lingüística clínica con la Neurolingüística, comprendiendo sus distintas áreas de exploración.

6. *Conocer* el ámbito de la Lingüística computacional así como algunos trabajos realizados, valorando sus ventajas e inconvenientes.

C. Palabras clave.

- Lingüística aplicada.
- Lengua materna.
- Métodos de enseñanza.
- Método directo.
- Enfoque comunicativo.
- Planificación lingüística.
- Lingüística clínica.
- Lingüística computacional.
- Lexicometría.
- Diccionarios automáticos.

- Glosodidáctica.
- Lengua extranjera.
- Método audiolingual.
- Método de gramática-traducción.
- Traductología.
- Normalización lingüística.
- Fluidez verbal.
- Concordancias.
- Tablas de frecuencia.
- Lingüística de *corpora*.

D. Organización de los contenidos.

1. Introducción.
2. Noción de Lingüística aplicada.
3. Glosodidáctica.
    3.1. Noción de Glosodidáctica.

3.2. Métodos de enseñanza.

3.3. El enfoque comunicativo.

4. Traductología.

4.1. Noción de Traductología.

4.2. Planteamiento histórico.

5. Planificación lingüística.

5.1. Noción de Planificación lingüística.

5.2. Objetivos.

5.3. Desarrollo.

6. Lingüística clínica.

6.1. Noción de Lingüística clínica.

6.2. Áreas de exploración.

7. Lingüística computacional.

7.1. Noción de Lingüística computacional.

7.2. Ventajas y problemas de la Lingüística computacional.

7.3. Algunos trabajos en Lingüística computacional.

Una vez que haya estudiado el tema y con el fin de que alcance una visión panorámica del mismo que le ayude a *sintetizar, ordenar* y *estructurar* una información de cierta amplitud y a preparar una posible prueba de examen, realice un **cuadro sinóptico o esquema** en el que, partiendo de la estructuración propuesta anteriormente, organice de manera resumida los contenidos fundamentales del tema. Utilice para ello únicamente el espacio que se le propone.

E. Desarrollo de los contenidos.

1. Introducción.

Si seguimos con lo propuesto en el capítulo 1, debemos precisar ahora las grandes ramas de la Lingüística aplicada.

Se trata de estudiar en este caso las aplicaciones de la Lingüística destinadas a resolver problemas reales. Estas aplicaciones son, como precisamos anteriormente, la Glosodidáctica, la Traductología, la Planificación lingüística, la Lingüística clínica y la Lingüística computacional.

Todas ellas surgen también de considerar el lenguaje desde distintos puntos de vista; a saber, como resultado de la concepción del lenguaje como hecho *social* (Capítulo 6 de *Lingüística general I*), se estudian los problemas derivados de la enseñanza y aprendizaje de las lenguas (Glosodidáctica), el trasvase de información de unas lenguas a otras (Traductología), y el mantenimiento o normalización de lenguas (Planificación lingüística); como resultado, en este otro caso, de la concepción del lenguaje como fenómeno *neuropsicológico* (Capítulo 5 de *Lingüística general I*), se evalúan las deficiencias lingüísticas y se diseñan las terapias adecuadas para su tratamiento (Lingüística clínica); finalmente como resultado del avance tecnológico en general y al carácter simbólico comunicativo (Capítulo 4 de *Lingüística general I*) del lenguaje, se ha atendido al procesamiento artificial de las lenguas y al tratamiento informático de los datos lingüísticos (Lingüística computacional).

Es importante que quede claro que todas estas ramas constituyen un terreno específico de la investigación lingüística que no debe subordinarse al ámbito de la Lingüística teórica. Se trata de ámbitos de investigación paralelos a los establecidos en el capítulo anterior pero no subordinados. Por ello no debemos caer en el error de considerar, por ejemplo, la Lingüística clínica como una Neurolingüística aplicada o la Planificación lingüística como una Sociolingüística aplicada, por poner unos casos.

Una vez precisado lo anterior, vamos a reflexionar ahora sobre la noción de Lingüística aplicada y su historia para desarrollar a continuación sus grandes ramas atendiendo al cuadro sistematizador que proponemos. En él precisamos las disciplinas con las que se relaciona la Lingüística así como las diferentes concepciones del lenguaje que dan lugar a las mencionadas ramas de la Lingüística aplicada.

Disciplinas	Psicología	Sociología		Biología	
Ramas de la Lingüística aplicada	Glosodidáctica	Traductología	Planificación lingüística	Lingüística clínica	Lingüística computacional
Concepción del lenguaje	Social	Social	Social	Neuropsicológica	Simbólica
LINGÜÍSTICA					

Fig. 1: Ramas de la Lingüística aplicada.

Partiendo de este cuadro podemos dar una primera definición aproximada de estas ramas hasta que en la completemos con el estudio que vamos a realizar en este tema. Así podríamos definirlas de la siguiente manera:

- *Glosodidáctica*: rama de la Lingüística aplicada surgida de la relación de la Lingüística con la Psicología, basada en una concepción social del lenguaje.
- *Traductología* y *Planificación lingüística*: ramas de la Lingüística aplicada surgida de la relación de la Lingüística con la Sociología, basadas en una concepción social del lenguaje.
- *Lingüística clínica*: rama de la Lingüística aplicada surgida de la relación de la Lingüística con la Biología, basada en una concepción neuropsicológica del lenguaje.
- *Lingüística computacional*: rama de la Lingüística aplicada surgida de la relación de la Lingüística con la Biología, basada en una concepción simbólica del lenguaje.

Como puede apreciarse, ramas como *Traductología* y *Planificación*, tendrían la misma definición. De ahí que sean los criterios del punto de vista adoptado por cada rama y de la finalidad del estudio de su objeto los que nos permitirán la definición diferencial a lo largo del tema.

2. Noción de Lingüística aplicada.

La Lingüística aplicada surge como un complemento de la Lingüística teórica con el objeto de desarrollar aplicaciones concretas. Su diferencia, pues, con la Lingüística teórica no radica en el objeto (que sigue siendo el lenguaje) ni en el método sino en el propósito que mueve las investigaciones aplicadas: dar soluciones concretas a los problemas materiales del lenguaje y las lenguas. Así, el conocimiento que se produce en este ámbito no es el fin en sí mismo de las investigaciones realizadas sino que con él se intentan solucionar problemas concretos del ámbito lingüístico.

Por tanto, los parámetros que definen la Lingüística aplicada, según Slama-Cazacu, son los siguientes:

a) La finalidad práctica es la que determina el carácter material del objeto de estudio.

b) Se estudian los problemas que afectan al lenguaje en su realidad, considerando pues los aspectos externos inherentes a la actualización el lenguaje.

c)   Se utilizan los procedimientos de investigación más adecuados para solucionar los problemas del campo lingüístico determinado.

d)   Tiene un carácter dinámico en el sentido de que pretende numerosas metas.

e)   Cada rama tendrá una terminología específica, diferente a la de otras ramas.

f)   Finalmente, la Lingüística aplicada es multidisciplinar, en el sentido de que debe tenerse en cuenta el conjunto de todas las ramas, puesto que problemas de una rama pueden estar implicados con problemas de otra.

El término apareció por primera vez en 1940 porque se consideró que la enseñanza de las lenguas extranjeras no era un problema sólo de técnica sino de investigación, en este caso con un fin práctico.

A pesar de todo, fue en el Primer Congreso Internacional de Lingüística Aplicada, celebrado en Nancy en 1964, cuando fue aceptada institucionalmente como dominio disciplinar. Ello vino auspiciado por la necesidad de potenciar la traducción y la enseñanza y aprendizaje de lenguas tras la segunda guerra mundial y por la independencia de países africanos, asiáticos y americanos que necesitaron implantar sus lenguas oficiales.

En 1969 se celebró en Cambridge el Segundo Congreso. En él, Malmberg distinguió entre el análisis científico de los métodos y los procedimientos de los diferentes ámbitos y la teoría lingüística como base de actividades, necesidades sociales y enseñanza.

En los tres congresos siguientes (1972, 1975, 1978), la Lingüística aplicada se asienta por completo, estableciéndose ya las relaciones interdisciplinares entre sus distintas ramas.

Hoy no sólo se preocupa por la distinción entre lo teórico y lo aplicado sino por las finalidades de su propia actividad, relacionado así objeto, método y finalidad. En España es la *Asociación Española de Lingüística Aplicada* (creada en 1983) la que se dedica al estudio de estas cuestiones.

3. Glosodidáctica.

La Glosodidáctica es una rama de la Lingüística aplicada surgida de la relación de la Lingüística con la Psicología, que aúna los puntos de vista lingüístico y social del lenguaje con objeto de formular técnicas para la enseñanza y aprendizaje de las lenguas. Veamos en qué consiste.

3.1. Noción de Glosodidáctica.

El estudio de los procesos de adquisición de las lenguas debe ir inexorablemente unido al de su enseñanza. En este sentido, la Glosodidáctica estudia el proceso de enseñanza de las lenguas, enseñanza que es diferente en el caso de que el aprendizaje sea de la lengua materna o de una lengua extranjera, puesto que los objetivos, métodos y técnicas son diferentes.

El estudio de la lengua materna debe venir definido como descriptivo y no prescriptivo, dando cuenta de la manera en que hablan y escriben los miembros de una comunidad lingüística.

Los objetivos básicos en la enseñanza de la lengua materna son los siguientes:

a) *Aprendizaje* o ampliación de la lengua culta y coloquial maternas en la competencia y en la actuación.

b) *Concienciación* de lengua materna y de sus lenguas funcionales.

c) *Adquisición* de la competencia comunicativa, en el sentido de poder formar oraciones gramaticalmente correctas y aplicarlas en situaciones adecuadas.

El objetivo de la enseñanza de las lenguas extranjeras es el dominio lo más completo posible de una determinada lengua extranjera, interiorizando inconscientemente los componentes de la lengua extranjera aprendidos conscientemente.

La enseñanza de las lenguas debe acompañarse de una metodología que proporcione el conjunto de procedimientos de análisis encaminados a determinar no sólo las reglas de una lengua, sino también la competencia comunicativa. Así, el método en la enseñanza de lenguas supone siempre la explicitación de unos determinados principios que se basan en tres puntos fundamentales:

a) La adopción de un *marco teórico*.

b) Los *contenidos* que constituyan el objeto de estudio.

c) Las *prácticas, materiales, técnicas* y *sistemas de evaluación* que acompañen el proceso de enseñanza y aprendizaje de acuerdo con el marco teórico elegido.

3.2. Métodos de enseñanza.

Para conseguir el proceso de enseñanza y aprendizaje se han utilizado una serie de métodos entre los que podemos citar los siguientes:

a) *Métodos pasivos*: es una forma de enseñar basada en la comunicación directa unidireccional que parte del profesor. Pone más énfasis en la enseñanza que en el aprendizaje.

b) *Métodos activos individuales*: son aquellos que intentan que los alumnos aprendan con la acción y con la práctica, creando así nuevas estructuras mentales, asimilando (recepción) y acomodando (creación).

c) *Enseñanza por fichas*: mediante tarjetas que sirven al alumno de apoyo en el proceso de aprendizaje.

d) *Métodos activos grupales*: tienen su base en actividades de socialización que buscan la creatividad a través del descubrimiento, la motivación y la comunicación entre los alumnos.

Llevado al terreno de la enseñanza de lenguas, estos métodos se han concretado en los que representamos en el siguiente cuadro.

	Método audiolingual	Método directo	Método de gramática-traducción
Fundamentos teóricos	Contraste entre lenguas. Repetición mecánica.	Asociación entre formas y significados.	Lecturas de obras en versión original.
Objetivos	Competencia lingüística a partir de las cuatro destrezas.	Competencia lingüística a partir del dominio de la fonética.	Competencia lingüística a partir de teorías sobre la lengua.
Contenidos	Porciones de lengua.	Palabras y oraciones de uso cotidiano.	Gramática y reglas.
Procedimientos	Aprendizaje oral y después escrito.	Aprendizaje oral en L2 mediante exposición de objetos y asociaciones.	Traducción de oraciones de forma aislada.

Fig. 2: Fundamentos teóricos, objetivos, contenidos y procedimientos de los principales métodos de enseñanza.

3.3. El enfoque comunicativo.

A diferencia de los métodos, basados en una única teoría psicológica del aprendizaje, los enfoques incluyen más de un planteamiento de enseñanza, con el objetivo de que el alumno adquiera la competencia comunicativa.

El enfoque comunicativo se basa en la noción de competencia comunicativa que recoge la importancia del valor social de la lengua y se basa en los cinco principios que resume Johnson:

a) *Principio de transferencia de información:* se trata de que los alumnos entiendan primero una información y después sean capaces de transmitirla.

Se suele hacer en parejas de alumnos que toman información, por ejemplo, de determinadas guías.

b) *Principio de «information gap»:* ahora los alumnos completan la información con la de la pareja.

c) *Principio del rompecabezas:* en grupos de cuatro a ocho miembros se completa la información.

d) *Principio de dependencia de una tarea:* se utiliza la información recibida a lo largo del curso para hacer algo con ella.

e) *Principio de corrección de contenidos:* se evalúa la eficacia comunicativa del proceso.

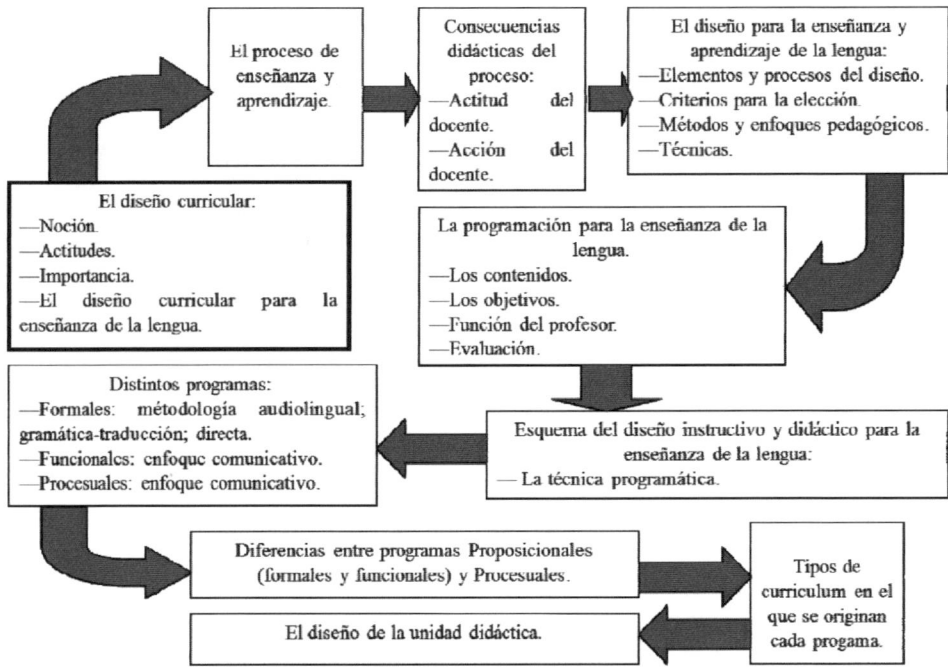

Fig. 3: Esquema de los principales aspectos que debe considerar el diseño curricular.

4. Traductología.

La Traductología es una rama de la Lingüística aplicada surgida de la relación de la Lingüística con la Sociología, que aúna los puntos de vista lingüístico y social del lenguaje con objeto de formular técnicas o estrategias de transferencia de una lengua a otra. Veamos en qué consiste.

4.1. *Noción de Traductología.*

La Traductología es una disciplina de análisis descriptivo que pretende ofrecer soluciones a los problemas que plantea el procesamiento de la información y la producción textual en un proyecto de traducción.

En este sentido, se pretende encontrar la equivalencia funcional en una lengua del significado que una unidad lingüística tiene en otra. Y, para ello, la Lingüística aporta los instrumentos de análisis para poder segmentar y procesar las configuraciones de significado que presenta un texto en una lengua y sus posibilidades de transferencia a otra.

Debe entenderse que lo esencial de la actividad traductora no es encontrar equivalencias formales entre varias lenguas, sino la práctica de un ejercicio exegético sobre el texto que se va a traducir, puesto que la traducción no opera sobre las lenguas sino sobre los mensajes, es decir, sobre los actos comunicativos. De ahí la importancia de la situación y del contexto en el acto de traducción.

4.2. *Planteamiento histórico.*

Los orígenes de las reflexiones sobre el acto de traducir tienen una gran antigüedad. Los estudios historiográficos datan este hecho hasta Cicerón, que ya sintió la preocupación por esta cuestión.

Sin embargo, es en el siglo xx, cuando la Traductología encuentra su ubicación disciplinaria en el ámbito de la Lingüística, en la que halla los instrumentos necesarios para comprender el fenómeno de la traducción y resolver los problemas prácticos derivados de la actividad traductora.

Así, desde la década de los 50 se sistematizan los fines y el objeto de estudio de esta nueva disciplina. Y en ello tuvieron su repercusión los dos grandes paradigmas de la Lingüística más importantes en aquel momento:

a) La *Lingüística estructural contrastiva* posibilitó el establecimiento de posibles equivalencias existentes entre unidades pertenecientes a sistemas lingüísticos distintos; sin embargo, esto no era suficiente, puesto que la traducción requiere un marco semiótico explicativo más amplio.

b) La *Lingüística transformatoria* permitió a la Traductología superar su principal problema, el de las grandes diferencias que existen entre las lenguas, al ofrecer un nivel por debajo de la estructura superficial en el que forma y significado están más próximos y, por tanto, más cerca de poder ser traducidos de una lengua a otra.

En la actualidad, la traducción se sitúa en el marco de una teoría de la comunicación en la que hay un emisor, un mensaje que se tiene que transmitir, un código que sirve para codificar ese mensaje, unos receptores y un contexto. El traductor será el emisor que transmitirá un mensaje codificado por otro emisor, con una nueva codificación para que sea inteligible por un receptor que posee esta otra codificación.

5. Planificación lingüística.

La Planificación lingüística es una rama de la Lingüística aplicada surgida de la relación de la Lingüística con la Sociología, que aúna los puntos de vista lingüístico y social del lenguaje con objeto de gestionar las lenguas con un propósito determinado. Veamos en qué consiste, sus principales objetivos y desarrollo.

5.1. Noción de Planificación lingüística.

La Planificación lingüística estudia la percepción, evaluación y modificación de las formas y los usos lingüísticos con un propósito deliberado. Este propósito suele tener un carácter gubernamental, por lo que se suele llamar a veces *política lingüística* o *normalización lingüística*.

La noción de planificación se refiere a un ámbito mayor que los más restringidos de reforma y modernización, que se presentan para unas ciertas explicaciones del cambio lingüístico desde la historia externa de las lenguas. *Planificación* supone una decisión política y social sobre el funcionamiento lingüístico.

En este sentido, la normalización lingüística queda estructurada en el marco de una teoría general de la interacción entre lengua y sociedad mediante un proceso de adaptación de las lenguas a las prácticas sociales, implantándolas en nuevos ámbitos funcionales, en territorios nuevos o en el uso de nuevos hablantes.

5.2. Objetivos.

Lamuela establece con claridad los principales objetivos que se pretenden conseguir con la Planificación lingüística. Son los siguientes:

a) *Reglamentar* los usos lingüísticos en organizaciones plurilingües, organizando así, funcional y territorialmente el plurilingüismo del estado.

b) *Promocionar* una lengua, variedad o forma lingüística. De esta manera se establece la lengua del estado, se promociona nacional e internacionalmente.

c) *Proteger* una lengua o variedad lingüística frente a otra que se considera dominante.

d) *Realizar* una serie de actividades accesorias como la creación de estructuras de planificación, estructuras de uso, formación de profesionales, elaboración de materiales, elaboración de productos culturales, etc.

5.3. Desarrollo.

La Planificación lingüística, en estos días de supresión de las fronteras de los estados y de potenciación de los estados plurilingües, se desarrolla en una serie de aspectos o etapas que, siguiendo a Labrie, resumimos a continuación de manera general:

a) *Observación* de la realidad desde un determinado prisma político y de valores que conlleva una determinada concepción del mundo.

b) *Formulación* de la política lingüística mediante un discurso que plasma la propia visión de la realidad y propone intervenciones para mantenerla o cambiarla.

c) *Utilización* de los recursos disponibles para imponer sus propios valores y realizarlos.

d) *Acciones* que intervienen en la realidad de acuerdo con los propios valores.

e) *Evaluación* del proceso mediante nuevas observaciones y programas de actuación.

6. Lingüística clínica.

Para Gainotti, el estudio de las patologías del lenguaje se encontró en un punto muerto cuando se enfrentaron los afasiólogos de formación neurológica con los de tendencia psicológica. Ninguno de ellos disponía de los instrumentos adecuados para el análisis de las disfunciones de los pacientes afásicos ni tenían un conocimiento profundo de la estructura y función del lenguaje. Por ello, la intervención de los lingüistas fue muy importante ya que dotó de un enfoque interdisciplinario a estas investigaciones, aglutinando la práctica neurológica, las técnicas psicológicas y las teorías lingüísticas en el estudio de los pacientes afásicos.

Aparece así la Lingüística clínica, como una rama de la Lingüística aplicada surgida de la relación de la Lingüística con la Biología, que aúna los puntos de vista lingüístico y neuropsicológico del lenguaje. Veamos en qué consiste así como sus diferentes áreas de intervención.

6.1. Noción de Lingüística clínica.

La Lingüística clínica estudia los déficits lingüísticos provocados por patologías con la finalidad de evaluarlos y diseñar la actividad terapéutica necesaria para poder paliarlos.

Esta actividad evaluativa se realiza mediante tres acercamientos:

a) *Examen clínico* del lenguaje como parte de un examen general del estado mental del paciente.

b) Aplicación de *test* estandarizados.

c) Aproximación de corte *experimental*.

El segundo de estos acercamientos es el que más nos interesa, puesto que los tests permiten la medición de una serie de variables relacionadas con el habla espontánea y, como señala Caplan:

a) Diagnosticar el *tipo de afasia* y, a partir de ahí, deducir el área cerebral lesionada que ha causado el déficit lingüístico detectado.

b) Examinar el *nivel de ejecución* del paciente en un amplio número de pruebas para detectar los cambios en el tiempo tomando como criterio la evaluación inicial.

c) Establecer las *limitaciones* específicas de cada sujeto con el fin de diseñar un seguimiento de rehabilitación específico para cada uno de ellos, mediante estimulación o terapias de grupo que socialicen al paciente.

6.2. Áreas de exploración.

Se realiza la evaluación de las áreas de exploración que citamos a continuación.

a) *La expresión oral*: aquí se evalúa el habla espontánea o lenguaje de conversación para valorar su fluidez o no-fluidez, las repeticiones, etc.

La evaluación de la fluidez del habla se hace preguntando al sujeto sobre temas muy familiares o presentando láminas para que las describa.

La afasia no fluida es provocada por lesiones en la parte anterior de la cisura de Rolando y la fluida en la parte posterior.

La *afasia no fluida* se caracteriza por los siguientes elementos:

• Emisión de menos de cincuenta palabras por minuto.

• Alteración disprosódica (en el ritmo, timbre, inflexiones de la voz, etc.).

• Fatiga en el esfuerzo articulatorio.

Por otro lado, la *afasia fluida* se caracteriza ahora por los elementos que señalamos:

• Emisión de cien a doscientas palabras por minuto.

• Construcción de frases de longitud normal.

• Articulación normal.

• Alteración en el contenido del discurso.

Para evaluar la repetición se pide al paciente que repita letras, sílabas, dígitos, palabras de una sílaba; así hasta llegar a frases más complicadas. Si el paciente se muestra incapaz de repetirlas tiene una lesión en la cisura de Silvio.

b) *La comprensión oral*: la comprensión es difícil de analizar porque los afásicos pueden comprender palabras de uso frecuente. Por ello, se usan palabras conocidas, pero concretas y abstractas y se comprueba que tienen menos problemas con las concretas.

Para evaluar la comprensión se utilizan, entre otros, los siguientes métodos:

• Pedir al sujeto que realice una serie de órdenes concretas. Si las cumple, la comprensión está preservada. Si no lo hace hay que interpretar por si tiene una dificultad motora (apraxia) u otra patología.

• Preguntar cosas en las que las respuestas puedan ser sí o no.

• Señalar distintos objetos que el terapeuta va nombrando.

c) *La lectura y la escritura*: Las alteraciones en la lectura como consecuencia de una lesión cerebral se denomina alexia. Los ejercicios que se realizan para su detección son los siguientes:

• Ensamblaje de ímputs auditivos a palabras escritas.

• Lectura de palabras sin sentido (logatomos).

• Escritura automática, dictados, etc.

Todas estas exploraciones permiten caracterizar las distintas afasia estudiadas con anterioridad (recuérdese lo desarrollado en el capítulo 5 de *Lingüística general I*). Recordémoslas de manera esquemática:

Tipo de afasia	Resultados de la exploración
Afasia de Wernicke	Lenguaje muy fluido. Repetición muy alterada. Comprensión muy alterada. Lectura y escritura alterada; sintaxis conservada.
Afasia de Broca	Lenguaje espontáneo muy poco fluido. Repeticiones lentas, fatigosas, con dificultad articulatoria. Comprensión limitada a palabras sueltas. Lectura alterada. Escritura limitada a firma y a copia.
Afasia de conducción	Lenguaje espontáneo fluido con errores fonémicos. Repetición muy alterada, con errores. Comprensión limitada a palabras sueltas. Lectura mala en voz alta. Escritura pobre, a veces sólo firma y copia.
Afasia anómica	Lenguaje fluido con anomias frecuentes. Repetición buena. Comprensión relativamente buena. Escritura afectada por la anomia.

Fig. 4: Tipos de afasia a partir de los resultados de la exploración.

7. Lingüística computacional.

La Lingüística computacional es una rama de la Lingüística aplicada surgida de la relación de la Lingüística con la Biología, que aúna los puntos de vista lingüístico y simbólico del lenguaje con objeto de hacer lingüística ayudados por ordenadores. Veamos en qué consiste así como sus diferentes áreas de intervención.

7.1. Noción de Lingüística computacional.

Es la Lingüística realizada con ayuda de ordenadores para estudiar los sistemas de computación utilizados en la comprensión y generación de las lenguas naturales.

No se pudo hablar de Lingüística computacional hasta que se introdujo un programa y se obtuvieron resultados lingüísticos en un ordenador. Por ello, la Lingüística computacional es algo más que un recuento de unidades; debe incluir la explicación de algo nuevo y conclusiones prácticas o teóricas, obtenidas una vez que el desarrollo tecnológico en su ámbito informático lo posibilitó.

Trata de elaborar técnicas que permita procesar el lenguaje natural humano en lenguaje máquina para que ésta pueda reconocer y generar unidades lingüísticas.

Grishman sostiene que son tres las aplicaciones fundamentales de la Lingüística computacional:

a) *La traducción automática*, que pretende construir interlinguas que permitan el paso de una lengua a otra.

b) *La recuperación de información*, mediante la elaboración de programas informáticos.

c) *El diseño de interfaces hombre-máquina*, mediante la elaboración también de programas informáticos que permitan precisar esta interacción.

A éstas hay que añadir:

a) En el ámbito *fonético* los estudios sobre el reconocimiento del habla.

b) En el ámbito *gráfico*, la elaboración de editores y procesadores de textos.

c) En el terreno *morfológico, lexicológico* y *sintáctico*, los analizadores y generadores de estructuras y formas.

d) En el ámbito *semántico*, los estudios sobre sinonimia de los sistemas de corrección, lo relacionado con las bases de datos, recuperación de la información y estructura del conocimiento, en relación con problemas generales como la inteligencia artificial.

7.2. Ventajas y problemas de la Lingüística computacional.

Las ventajas de la Lingüística computacional son reconocidas por todos. Kock señala las siguientes:

a) La precisión de la máquina.

b) La amplitud de los datos con los que trabaja.

c) La rapidez en el procesamiento de los datos.

d) La validez de los datos para futuras investigaciones de distintos lingüistas.

Los problemas que presentaban estas investigaciones se han ido reduciendo. Así, los elevadísimos costes de las investigaciones iniciales han disminuido notablemente y la escasa formación de los lingüistas en este ámbito se va superando cada día más. Además, ya no existe ningún prejuicio en el terreno de las humanidades por el uso del ordenador, que cada día se convierte en una de las herramientas más usuales del estudioso.

Así, tras los trabajos de Wiener en 1950 en los que se veía la Lingüística computacional como la causante de la deshumanización de las ciencias humanas, la máquina reproduce la fase física de la inteligencia humana, lo que interesa al lingüista ya que ve en la máquina el uso de un mecanismo que también utiliza el hombre: el código de signos. La diferencia está en que la máquina no trabaja con contenidos; recibe una cadena de símbolos que después elabora con un conjunto de reglas, obteniendo otra cadena de símbolos. En este proceso, obviamente, no puede participar la emotividad.

7.3. Algunos trabajos en Lingüística computacional.

Los principales trabajos realizados en Lingüística computacional son los siguientes:

a) *Índices y concordancias*: se trata de una clasificación de las palabras de un texto o autor con listas de frecuencias y cuadros estadísticos de categorías gramaticales, colocación, variantes, etc.

b) *Tablas de frecuencia*: en este caso son obras que tienden a ser representativas para conjuntos mayores e incluso para la lengua en general.

c) *Estudios lexicométricos*: se trata de aplicar la estadística para el estudio del léxico con objeto de analizar la riqueza léxica, las palabras claves que se dan en los textos, la probabilidad de aparición de los vocablos, etc.

d) *Diccionarios automáticos*: construyendo diccionarios de base que agrupan las formas derivadas de una misma base en una misma entrada, acompañados por una gramática que recoge las formas que no pueden preverse automáticamente.

e) *Correctores ortográficos, gramaticales y de estilo*: ayudan en el proceso de escritura mediante un diccionario que está previamente almacenado en el ordenador.

f) *Comprensión automática de textos*: a partir de unos analizadores automáticos de datos lingüísticos que incorporan el conocimiento que los hablantes tienen de la lengua.

g) *Lingüística de corpora*: a partir de la construcción de grandes bases de datos textuales unificadas en el sistema de estructuración de datos, textos, referencias y utensilios informáticos para su tratamiento.

Finalmente, considere que para haber alcanzado correctamente los objetivos propuestos en el proceso de enseñanza y aprendizaje del tema finalizado, debe haber comprendido con claridad que:

1. La Lingüística aplicada surge como un complemento de la Lingüística teórica con el objeto de desarrollar aplicaciones concretas. Su diferencia, pues, con la Lingüística teórica no radica en el objeto (que sigue siendo el lenguaje) ni en el método sino en el *propósito* que mueve las investigaciones aplicadas: dar soluciones concretas a los problemas materiales del lenguaje y las lenguas. Las aplicaciones de la Lingüística destinadas a resolver problemas reales son: la Glosodidáctica, la Traductología, la Planificación lingüística, la Lingüística clínica y la Lingüística computacional.

2. La *Glosodidáctica* es una rama de la Lingüística aplicada surgida de la relación de la Lingüística con la Psicología, que aúna los puntos de vista lingüístico y social del lenguaje con objeto de formular técnicas para la enseñanza y aprendizaje de las lenguas. Estudia el proceso de enseñanza de las lenguas, enseñanza que es diferente en el caso de que el aprendizaje sea de la lengua materna o de una lengua extranjera, puesto que los objetivos, métodos y técnicas son diferentes.

3. La *Traductología* es una rama de la Lingüística aplicada surgida de la relación de la Lingüística con la Sociología, que aúna los puntos de vista lingüístico y social del lenguaje con objeto de formular técnicas o estrategias de transferencia de una lengua a otra. Es una disciplina de análisis descriptivo que pretende ofrecer soluciones a los problemas que plantea el procesamiento de la información y la producción textual en un proyecto de traducción.

4. La *Planificación lingüística* es una rama de la Lingüística aplicada surgida de la relación de la Lingüística con la Sociología, que aúna los puntos de vista lingüístico y social del lenguaje con objeto de gestionar las lenguas con un propósito determinado. Estudia la percepción, evaluación y modificación de las formas y los usos lingüísticos con un propósito deliberado.

5. La *Lingüística clínica* es una rama de la Lingüística aplicada surgida de la relación de la Lingüística con la Biología, que aúna los puntos de vista lingüístico y neuropsicológico del lenguaje. Estudia los déficits lingüísticos provocados por patologías con la finalidad de evaluarlos y diseñar la actividad terapéutica necesaria para poder paliarlos.

6. La *Lingüística computacional* es una rama de la Lingüística aplicada surgida de la relación de la Lingüística con la Biología, que aúna los puntos de vista lingüístico y simbólico del lenguaje con objeto de hacer Lingüística ayudados por ordenadores.

F. Actividades sugeridas.

— A continuación vaya anotando las dudas que le van surgiendo tras la lectura de los distintos puntos del tema y después la resolución de las mismas, ya sea por las clases recibidas, el estudio personal o las tutorías realizadas. Este proceso le servirá tanto para la mejor comprensión de la materia como para la preparación de la prueba final.

— Conteste a las siguientes cuestiones:

1. Realice un cuadro sinóptico en el que presente los fundamentos así como los distintos ámbitos disciplinarios de la Lingüística aplicada.

2. Explique las diferencias entre los métodos y los enfoques para la enseñanza y aprendizaje de una lengua.

3. ¿Qué diferencias existen entre los procedimientos metodológicos empleados para la enseñanza y aprendizaje de la lengua materna y de la lengua extranjera?

4. Explique en qué consiste el enfoque comunicativo.

5. Valore la relación existente entre la Lingüística y los estudios traductológicos.

6. ¿En qué consiste la Planificación lingüística?

7. Explique las etapas de desarrollo de un proceso de Planificación lingüística.

8. Establezca la relación existente entre la Neurolingüística y la Lingüística clínica.

9. Comente las distintas áreas de intervención de la Lingüística clínica.

10. ¿Qué es la Lingüística computacional?

11. Explique algunos de los trabajos realizados en el ámbito de la Lingüística computacional.

A continuación, utilice este espacio para resolver los ejercicios adicionales que le pueda proponer su profesor o para contestar a las preguntas de los posibles documentales visionados durante las clases.

— Comente los siguientes textos explicando su contenido y realizando la pertinente valoración. Como orientación para el análisis crítico sugerimos el presente modelo:

1. Breve noticia sobre el autor del texto.

2. Determinación de la problemática del texto, señalando su unidad específica y la formulación teórica en la que se ubica la misma.

3. Establecimiento de la estructura que presenta el texto; esto es, división en partes temáticas.

4. Exposición de la tesis que defiende el autor sobre la problemática planteada, señalando:

4.1 La filosofía espontánea que afecta a su propuesta.

4.2 Las ideas principales y secundarias del texto.

5. Precisión como conclusión de la respuesta que se pueda dar a la problemática planteada.

6. Valoración del texto en su conjunto a partir de una breve opinión personal.

1. Texto de Fernández Pérez:

«Con los presupuestos previos de recurrir inexcusablemente a pautas internas, técnicas y objetivas para lograr una delimitación entre Lingüística aplicada y Lingüística teórica que responda a características de la investigación cultivada y del producto alcanzado, la vía que parece más apropiada y pertinente es la que conduce al criterio de la finalidad, al criterio de la orientación del conocimiento (antes que al criterio del objeto de estudio) lo que implica admitir diferencias en el modo de enfrenarse con un tema según el objetivo sea el conocimiento, la teoría sin más, o sea algo distinto a conocimiento teórico lo que se busque».

(M. Fernández Pérez, *Avances en Lingüística aplicada*, Universidad de Santiago de Compostela, Santiago de Compostela, 1996).

2. Texto de Alvar y Villena:

«El proyecto VUM es un ambicioso estudio a largo plazo y a gran escala sobre Málaga como ciudad lingüística, que trata de conjugar el interés general por el conocimiento del mapa de la comunidad urbana y de sus zonas geográficas colindantes, con la profundización en las peculiaridades del uso lingüístico más 'natural' de sus hablantes. El método de recolección de los datos es etnográfico y se basa, mayoritariamente, en la observación participante a través de redes sociales ancladas en los diferentes barrios de la ciudad, en función de rasgos sociodemográficos y generacionales».

(M. Alvar y J. A. Villena, *Estudios para un corpus del español*, Universidad de Málaga, Málaga, 1994).

G. Lecturas recomendadas.

Azorín, D. & Jiménez, J. L., «Estudio preliminar» *apud Corpus oral de la variedad juvenil universitaria del español hablado en Alicante,* Diputación Provincial de Alicante, Alicante, 1997, pp. 19-38.
Introducción a la noción de *corpus* lingüístico y presentación del trabajo llevado a cabo en Alicante.

Calvo Pérez, J., «Lingüística aplicada» *apud* López García, A. (ed.), *Lingüística general y aplicada,* Universidad de Valencia, Valencia, 1990, pp. 321-346.
Presentación rigurosa y exhaustiva del campo de la Lingüística aplicada.

Fernández Pérez, M., «El campo de la Lingüística aplicada» *apud Avances en Lingüística aplicada,* Universidad de Santiago de Compostela, Santiago de Compostela, 1996, pp. 11-45.
Certera presentación del ámbito de la Lingüística aplicada con una clara exposición de sus bases tanto teóricas como metodológicas.

H. Ejercicios de autoevaluación.

Con el fin de que se pueda comprobar el grado de asimilación de los contenidos, presentamos una serie de cuestiones, cada una con tres alternativas de respuestas. Una vez que haya estudiado el tema, realice el test rodeando con un círculo la letra correspondiente a la alternativa que considere más acertada. Después justifique en el espacio que se deja a continuación las razones por las que piensa que la respuesta elegida es la correcta, indicando también las razones que invalidan la corrección de las restantes.

Cuando tenga dudas en alguna de las respuestas vuelva a repasar la parte correspondiente del capítulo e inténtelo otra vez.

1. La relación de la Lingüística aplicada con la teórica es de

A Independencia.
B Inclusión.
C Interrelación.

2. Las principales diferencias entre la Lingüística teórica y la Lingüística aplicada radican en el

A Objeto de estudio e investigación.
B Objetivo de la investigación.
C Método empleado en la investigación.

3. La Lingüística aplicada tiene un carácter dinámico porque

A Pretende solucionar los problemas reales de la Lingüística.
B Presenta una terminología específica en cada una de sus ramas.
C Intenta conseguir una multiplicidad de objetivos.

4. La Lingüística aplicada adquirió el estatuto de disciplina

A En 1940.
B En 1964.
C En 1969.

5. El estudio de la lengua materna debe ser

A Descriptivo.
B Prescriptivo.
C Normativo.

6. En la actualidad, el principal objetivo en la enseñanza de las lenguas es la adquisición de la

A Competencia lingüística.
B Competencia comunicativa.
C Actuación lingüística.

7. El método que pretende la enseñanza y aprendizaje de una lengua mediante el estudio de reglas lingüísticas se denomina

A Audiolingual.
B Directo.
C De gramática-traducción.

8. Para el enfoque comunicativo en la enseñanza y aprendizaje de una lengua, ésta tiene un carácter principalmente

A Simbólico.
B Social.
C Psicológico.

9. La Traductología es una disciplina

A Descriptiva.
B Social.
C Explicativa.

10. En el acto de traducción, el traductor debe interpretar el mensaje

A Siempre.
B Nunca.
C Sólo en algunos casos.

11. Una noción de capital importancia para la Traductología fue la de

A Estructura superficial.
B Estructura profunda.
C Componente sintagmático.

12. La Planificación lingüística adopta un planteamiento

A Descriptivo.
B Prescriptivo.
C Funcional.

13. La Planificación lingüística pretende proteger la lengua dominante

A Siempre.
B Nunca.
C En algunos casos.

14. La Planificación lingüística tiene una proyección

A Social.
B Simbólica.
C Psicológica.

15. Para la Planificación lingüística la cultura puede entenderse como un elemento

A Activo y normativo.
B Pasivo y descriptivo.
C Pasivo y normativo.

16. Cuando se usa el lenguaje para prescribir la conducta que debe seguirse se adopta un planteamiento cercano al

A Pragmatismo.
B Instrumentalismo.
C Sociologismo.

17. La afasia no fluida es provocada por lesiones

A En la parte posterior de la cisura de Rolando.
B En la parte anterior de la cisura de Silvio.
C En la parte anterior de la cisura de Rolando.

18. La alteración disprosódica se produce en

A La afasia fluida.
B La afasia no fluida.
C En ninguna de ellas.

19. La alexia consiste en la

A Alteración en la lectura debido a una lesión cerebral.
B Dificultad para repetir las lexías.
C Alteración en el orden de las lexías debido a una lesión cerebral.

20. ¿Qué tipo de afasia presenta la comprensión más alterada?

A Afasia de Wernicke.
B Afasia de Broca.
C Afasia de conducción.

21. La Lexicometría pretende

A Analizar la riqueza léxica de un texto.
B Contabilizar las palabras de un texto.
C Estudiar los significados de las palabras de un texto.

22. La Lingüística de *corpora* trabaja con

A Textos escritos.
B Textos orales.
C Ambos.

23. Los prejuicios de Wiener sobre la Lingüística computacional

A Han sido superados ya.
B No han sido superados todavía.
C Están en proceso de superarse.

24. La construcción de interlinguas se produce en el ámbito de la

A Recuperación de información.
B Traducción automática.
C Lingüística de *corpora*.

25. Para la Lingüística computacional el ordenador puede considerarse como

A Un utensilio de trabajo.
B Una técnica de recogida de datos.
C Un generador de unidades lingüísticas.

I. Glosario.

Competencia comunicativa: Capacidad para utilizar la lengua correctamente en situaciones comunicativas concretas.

Enfoque comunicativo: El que pretende la adquisición de la competencia comunicativa primando el valor social de la lengua.

Glosodidáctica: Rama de la Lingüística aplicada surgida de la relación de la Lingüística con la Psicología, que aúna los puntos de vista lingüístico y social del lenguaje con objeto de formular técnicas para la enseñanza y aprendizaje de las lenguas.

Instrumentalismo: Propuesta teórica que considera el pensamiento y lo que le rodea como un instrumento para la acción.

Lingüística clínica: Rama de la Lingüística aplicada surgida de la relación de la Lingüística con la Biología, que aúna los puntos de vista lingüístico y neuropsicológico del lenguaje con el fin de evaluar los déficits lingüísticos provocados por patologías y diseñar la actividad terapéutica necesaria para poder paliarlos.

Lingüística computacional: Rama de la Lingüística aplicada surgida de la relación de la Lingüística con la Biología, que aúna los puntos de vista lingüístico y simbólico del lenguaje con objeto de hacer lingüística ayudados por ordenadores.

Lingüística de *corpora*: La que pretende la construcción de grandes bases de datos textuales unificadas en el sistema de estructuración de datos, textos, referencias y utensilios informáticos para su tratamiento.

Método audiolingual: El que pretende la adquisición de la competencia lingüística primando primero el aprendizaje oral y después el escrito mediante repeticiones mecánicas.

Método de gramática-traducción: El que pretende la adquisición de la competencia lingüística a partir de teorías sobre la lengua.

Método directo: El que pretende la adquisición de la competencia lingüística a partir del dominio de la fonética.

Planificación lingüística: Rama de la Lingüística aplicada surgida de la relación de la Lingüística con la Sociología, que aúna los puntos de vista lingüístico y social del lenguaje con objeto de gestionar las lenguas con un propósito determinado.

Pragmatismo: Propuesta teórica que considera lo verdadero como lo útil.

Traductología: Rama de la Lingüística aplicada surgida de la relación de la Lingüística con la Sociología, que aúna los puntos de vista lingüístico y social del lenguaje con objeto de formular técnicas o estrategias de transferencia de una lengua a otra.

J. Bibliografía general.

AA. VV., *Lingüística aplicada al aprendizaje de Lenguas*, Universidad de Santiago de Compostela, Santiago, 2005.

AMENGUAL, M., *Lingüística aplicada en la sociedad de la información y la comunicción*, Universidad de las Islas Baleares, Palma de Mallorca, 2006

AZORÍN, D., JIMÉNEZ, J. L. & MARTÍNEZ, Mª A. (eds.), *Estudios para un corpus del español hablado en Alicante*, Universidad de Alicante, Alicante, 1999.

BAKER, M., *Routledge Encyclopedia of Translations Studies*, Routledge, Londres, 1997.

BARNBROOK, G., *Language and Computers*, Edinburgh University Press, Edinburgo, 1996.

BOUTON, C., *La Linguistique apliquée*, P.U.F., París, 1984.

CESTERO MANCERA, A. M., *Lingüística aplicada a la enseñanza del español,* Universidad de Alcalá, Alcalá de Henares, 2006.

COOPER, R. L., *Language Planning and Social Change*, Cambridge University Press, Cambridge, 1989.

CORDER PIT, S., *Introducción a la Lingüística aplicada*, Impesa, México, 1992.

CRYSTAL, D., *Clinical linguistics*, Springer-Verlag, Viena, 1981.

EBNETER, T., *Lingüística aplicada*, Gredos, Madrid, 1982.

FERNÁNDEZ BARRIENTOS, J. & WALLHEAD, C., *Temas de Lingüística aplicada*, Universidad de Granada, Granada, 1995.

FERNÁNDEZ PÉREZ, M. (coord.), *Avances en Lingüística aplicada*, Universidad de Santiago de Compostela, Santiago de Compostela, 1996.

GARCÍA HOZ, V. (dir.), *Enseñanza y aprendizaje de las lenguas modernas*, Rialp, Madrid, 1993.

GRIFFIN, K., *Lingüística aplicada a la enseñanza del español como L2*, Arco/Libros, Madrid, 2005.

HATIM, B. & MASON, I., *Teoría de la traducción. Una aproximación al discurso*, Ariel, Barcelona, 1995.

HERRERA SOLER, H., *Estadística aplicada a la investigación lingüística*, EOS, Madrid, 2011.

JERNUDD, B. H., *Lectures on Language Problems*, Bahri, Nueva Delhi, 1991.

LACORTE, M., *Lingüística aplicada del español*, Arco/Libros, Madrid, 2007.

LLOBERA, M. (coord.), *Competencia comunicativa. Documentos básicos en la enseñanza de lenguas extranjeras*, Edelsa, Madrid, 1995.

LOMAS, C., OSORO, A. & TUSÓN, A., *Ciencias del lenguaje, competencia comunicativa y enseñanza de la lengua*, Paidós, Barcelona, 1993.

LÓPEZ GARCÍA, A. (ed.), *Lingüística general y aplicada*, Universidad de Valencia, Valencia, 1990.

LÓPEZ GARCÍA, A., *Lingüística aplicada a la traducción*, Tirant, Valencia, 2012.

MARCOS MARÍN, F. & SÁNCHEZ LOBATO, J., *Lingüística aplicada*, Síntesis, Madrid, 1988.

MORENO SANDOVAL, A., *Lingüística computacional. Introducción a los modelos simbólicos, estadísticos y biológicos*, Síntesis, Madrid, 1998.

NINYOLES, R. LL., *Estructura social y política lingüística*, Fernando Torres, Valencia, 1975.

PARKINSON DE SAZ, S. M., *La Lingüística y la enseñanza de las lenguas. Teoría y práctica,* Empeño, Madrid, 1980.

PAYRATÓ, L., *De profesión, lingüista. Panorama de la Lingüística aplicada*, Ariel, Barcelona, 1998.

PEÑACASANOVA,J.,*Normalidad,semiologíaypatologíaneuropsicológicas*, Masson, Barcelona, 1991.

PERIÑÁN, C., *Nuevas tendencias en Lingüística aplicada*, Universidad Católica de San Antonio, Murcia, 2005.

SAGER, J. C., *La industria de la lengua*, Universidad de Barcelona, Barcelona, 1992.

SÁNCHEZ, A., *Los métodos en la enseñanza de idiomas. Evolución histórica y análisis didáctico*, S.G.E.L., Madrid, 1997.

SLAMA CAZACU, T., *Linguistique appliquée: une introduction*, La Scuola, Brescia, 1984.

VEZ JEREMÍAS, J. M., *Claves para la Lingüística aplicada*, Ágora, Málaga, 1984.

VIDAL BENEYTO, J. (dir.), *Las industrias de la lengua*, Fundación Germán Sánchez Ruipérez y ediciones Pirámide, Madrid, 1991.

MÓDULO III

TERCERA VÍA DE LOS ESTUDIOS LINGÜÍSTICOS: LA TEORÍA DE LAS GRAMÁTICAS.

Capítulo 7
CONSIDERACIONES EPISTEMOLÓGICAS DE LA LINGÜÍSTICA ACTUAL.

A. Cronograma.

Semana 15

Actividad docente	Horas presenciales		Horas no presenciales		
	Teóricas	Prácticas	Estudio	Ejercicios	Tutorías
1. Lectura de los puntos del tema y anotación de dudas			1		
2. Exposición panorámica de los puntos del tema y resolución de dudas	2				
3. Realización de actividades teóricas y prácticas, texto y lecturas recomendadas				2	
4. Estudio de los contenidos y nociones de los puntos			1		
5. Sesión práctica sobre los contenidos y actividades realizadas		2			
6. Proceso de autoevaluación			1		
7. Tutorías o resolución de dudas					2
Total volumen de trabajo del tema en la semana	2	2	3	2	2
	4		7		

B. Objetivos.

1. Conocer los fundamentos de la tercera vía de los estudios lingüísticos.

2. Comprender las bases de la Filosofía de la ciencia lingüística como reflexión glotológica sincrónica de nuestro ámbito disciplinario.

3. Entender el proceso globalizante de síntesis realizado desde la vertiente de la Filosofía de la ciencia.

4. Conocer las tesis de la Lingüística desde la Filosofía de la ciencia.

5. Comprender las parcelas ideológica y científica de los discursos lingüísticos.

6. Valorar la aportación de la Historiografía lingüística como reflexión glotológica diacrónica de nuestro ámbito disciplinario.

7. Comprender la filosofía espontánea inmersa en los dos grandes paradigmas de la Lingüística.

8. Conocer otras aportaciones hermenéuticas de nuestro ámbito disciplinario.

C. Palabras clave.

– Filosofía de la ciencia.	– Historiografía.
– Epistemología.	– Hermenéutica.
– Ontología.	– Metodología.
– Realismo.	– Idealismo.
– Objeto.	– Sujeto.
– Reflexión empirista.	– Reflexión criticista.
– Mundo lingüístico observado.	– Mundo lingüístico previsto.
– Mundo lingüístico preferido.	– Líneas de demarcación.
– Tesis.	– Visión del mundo.
– Inmanencia.	– Trascendencia.
– Problemática.	– Filosofía espontánea.
– Hermenéutica inmanente.	– Hermenéutica trascendental.

D. Organización de los contenidos.

1. Planteamiento temático.
2. La vertiente sincrónica de la reflexión glotológica lingüística.
3. Las tesis de la Lingüística desde la Filosofía de la ciencia.
4. Líneas de demarcación entre lo fenomenológico y lo trascendental.
5. Conocimiento del objeto lingüístico y visión del mundo.
6. La vertiente diacrónica de la reflexión glotológica lingüística.
7. La filosofía espontánea de los discursos lingüísticos desde la vertiente historiográfica.
   7.1. El discurso transformatorio.
   7.2. El discurso estructural.
8. Otras formulaciones hermenéuticas.
   8.1. La hermenéutica trascendental-existencial de Gadamer.
   8.2. La hermenéutica crítico-estructural del lenguaje.

Una vez que haya estudiado el tema y con el fin de que alcance una visión panorámica del mismo que le ayude a *sintetizar, ordenar* y *estructurar* una información de cierta amplitud y a preparar una posible prueba de examen, realice un **cuadro sinóptico o esquema** en el que, partiendo de la estructuración propuesta anteriormente, organice de manera resumida los contenidos fundamentales del tema. Utilice para ello únicamente el espacio que se le propone.

E. Desarrollo de los contenidos.

1. Planteamiento temático.

Una vez que hemos cubierto ya dos de las tres vías de estudios lingüísticos que propusimos en *Lingüística general I* (la Teoría del lenguaje y la Teoría de la lengua), proponemos ahora la tercera forma de hacerlo. Se trata de una aproximación *globalizante* ya, es decir, al proceso de aprehensión mediante el cual llegamos al lenguaje a través de las lenguas como objetos materiales que actualizan precisamente esta capacidad de lenguaje.

Así desarrollaremos la tercera vía de estudios lingüísticos (la Teoría de la gramática), precisando en este capítulo los distintos dispositivos teóricos (gramáticas) que los lingüistas han creado precisamente con el objeto de reflexionar sobre el propio conocimiento del objeto lingüístico.

En este sentido, nuestro punto de partida para el estudio lingüístico lo constituyó el lenguaje (Teoría del lenguaje), al que realizamos una aproximación *ontológica*. Sin embargo, y puesto que éste se materializa empíricamente a través de las lenguas como sistemas, tuvimos que acercarnos a él *metodológicamente* a través de las teorías sobre la lengua. Ahora lo haremos *epistemológicamente*, aglutinando de manera global el procedimiento anterior, reflexionando sobre la teoría de la gramática.

Por ello, la aproximación epistemológica a la Lingüística no nos permite quedarnos simplemente en la aproximación metodológica (lenguas) ni en la ontológica (lenguaje) sino que posibilita acercarnos al lenguaje de manera globalizante como modelo puro del espíritu.

Ello es posible gracias al segundo de los caracteres de la Lingüística explicados con anterioridad (Capítulo 1 de *Lingüística general I*); a saber, el *hermenéutico*, que nos permite acercarnos al fenómeno del lenguaje con el propósito de interpretarlo. Y es que, de hecho, la hermenéutica como técnica de interpretación lingüística desemboca en una reflexión sobre el lenguaje que aglutina las propuestas cientificistas propias del acercamiento objetual con las más ideológicas, propias en este caso del acercamiento humanista.

Esta interpretación lingüística constituye no ya una teoría sobre el lenguaje, sino una teoría que tiene la obligación de definirse a sí misma —lo que constituye una epistemología—, ya que no nos interesa ahora el conocimiento de nuestro objeto sino el procedimiento que explica cómo se produce precisamente este conocimiento. Es, consecuentemente, la reflexión glotológica que señalábamos en el capítulo 1 de *Lingüística general I* y que posee dos vertientes posibles:

a) Una sincrónica, plasmada en lo que se denomina *Filosofía de la ciencia lingüística.*

b) Y otra diacrónica, plasmada, en este caso, en la *Historiografía lingüística.*

Vías de la Lingüística	Puntos de vista, posturas y vertientes	Perspectivas
Teoría del lenguaje	Social	Idealista
	Simbólica	
	Neuropsicológica	
Teoría de la lengua	Descriptiva	Realista
	Histórica	
	Tipológica	
Teoría de la gramática	Filosofía de la ciencia	Epistemológica
	Historiografía lingüística	

Fig. 1: La Filosofía de la ciencia y la Historiografía lingüística como vertientes de la investigación lingüística.

Recuérdese que el cuadro propuesto nos permitió dar una definición precisa de las distintas vías que posee la Lingüística para acercarse a su objeto. Se trataba de una definición relacional que nos permitía considerar todos los aspectos que aparecen horizontalmente en el cuadro. Así definíamos nuestras vías de acceso al objeto lingüístico de la siguiente manera:

– *Teoría del lenguaje*: primera vía de los estudios lingüísticos que, a partir de la dialéctica entre lenguaje y lengua, se acerca al primer miembro de la dialéctica (el lenguaje), desde una orientación externa, adoptando el punto de vista social, simbólico o biológico y la perspectiva de estudio idealista.

– *Teoría de la lengua*: segunda vía de los estudios lingüísticos que, a partir de la dialéctica entre lenguaje y lengua, se acerca al segundo miembro de la dialéctica (la lengua) con un enfoque empírico, desde una orientación interna, adoptando las posturas descriptiva e histórica (en el caso de la Lingüística particular) o tipológica (en el caso de la Lingüística general) y la perspectiva de estudio realista.

– *Teoría de la gramática*: tercera vía de los estudios lingüísticos que, a partir de la dialéctica entre lenguaje y lengua, se acerca al segundo miembro de la dialéctica (la lengua) con un enfoque teórico, desde una orientación interna, adoptando las vertientes sincrónica (Filosofía de la ciencia) y diacrónica (Historiografía lingüística) y la perspectiva de estudio epistemológica.

Lo que nos interesa completar ahora son las dos definiciones de las vertientes señaladas; a saber:

– *Filosofía de la ciencia*: vertiente sincrónica que adopta la tercera vía de los estudios lingüísticos (la Teoría de la gramática) para, a partir de la dialéctica entre lenguaje y lengua, acercarse al segundo miembro de la dialéctica (lengua), desde una orientación interna, con un enfoque teórico y una perspectiva epistemológica.

– *Historiografía lingüística*: vertiente diacrónica que adopta la tercera vía de los estudios lingüísticos (la Teoría de la gramática) para, a partir de la dialéctica entre lenguaje y lengua, acercarse al segundo miembro de la dialéctica (lengua), desde una orientación interna, con un enfoque teórico y una perspectiva epistemológica.

Así pues, vamos a estudiar en este capítulo estas dos vertientes señaladas con anterioridad, así como algunas formulaciones hermenéuticas.

2. La vertiente sincrónica de la reflexión glotológica lingüística.

Asistimos hoy en día a un proceso epistémico en el que la descripción empírica y la reflexión abstracta se disputan un espacio en el quehacer lingüístico, hecho este motivado por la rigidez de ciertas dicotomías que responden en el fondo al enfrentamiento entre los dos grandes paradigmas que han organizado la historia del saber —el Idealista y el Realista— (Capítulo 2 de *Lingüística general I*) y que en la actualidad, precisamente por la ampliación objetual que se ha producido en nuestro ámbito disciplinario al introducir al sujeto, exigen la síntesis integral que desde la concepción epistemológica de la Lingüística nos permita la relación complementaria entre la reflexión abstracta llevada hasta el final de su proceso (Teoría del lenguaje) y la descripción empírica de las unidades lingüísticas (Teoría de la lengua).

No se trata, por tanto, de construir una Teoría —situándonos únicamente en la vertiente más inmanente y formalizada del ámbito lingüístico— o un Modelo —estudiando la vertiente objetual como paso a la caracterización sujetual— que desarrolle de manera abstracta la descripción y explicación de nuestro objeto para determinar, en el primero de los casos, la verdad, o, en el segundo, la corrección de sus planteamientos internos, sino de aprehender un renovado objeto de estudio (por la ampliación sujetual que se ha producido en nuestro ámbito disciplinario) para llegar a su conocimiento profundo mediante la elaboración epistemológica que nos permita integrar y —lo que es más importante— organizar metodológica y complementariamente la descripción de la realidad lingüística empírica y factual (los datos lingüísticos que constituyen los actos de habla), la explicación de la posible realidad lingüística potencial (a partir de una formulación modélica sobre la lengua) y, finalmente, la interpretación de todo el proceso gracias al poder mediador del lenguaje.

Por ello, la investigación desde la *Filosofía de la ciencia lingüística* añade a la formulación científica tradicional basada en la *reflexión empirista* del Paradigma Realista —que a partir de la comparación entre los datos y las teorías lingüísticas provoca la consonancia mediante la producción de nuevas tesis teóricas que se ajusten a los datos, otorgando, por tanto, la primacía a éstos últimos— y en la *reflexión criticista* del Paradigma Idealista —que a partir de la comparación entre los datos lingüísticos y los juicios de valor provoca la consonancia mediante la producción de nuevos datos que se ajusten a los valores, otorgando, consecuentemente, la primacía a éstos últimos—, la *creación de nuevas tesis sobre el mundo lingüístico previsto* (teorías) y el *mundo lingüístico preferido según un sistema de valores* (modelos), que juntos constituirán una nueva realidad lingüística, hecha a partir de la consonancia entre datos, teorías y modelos, y valores:

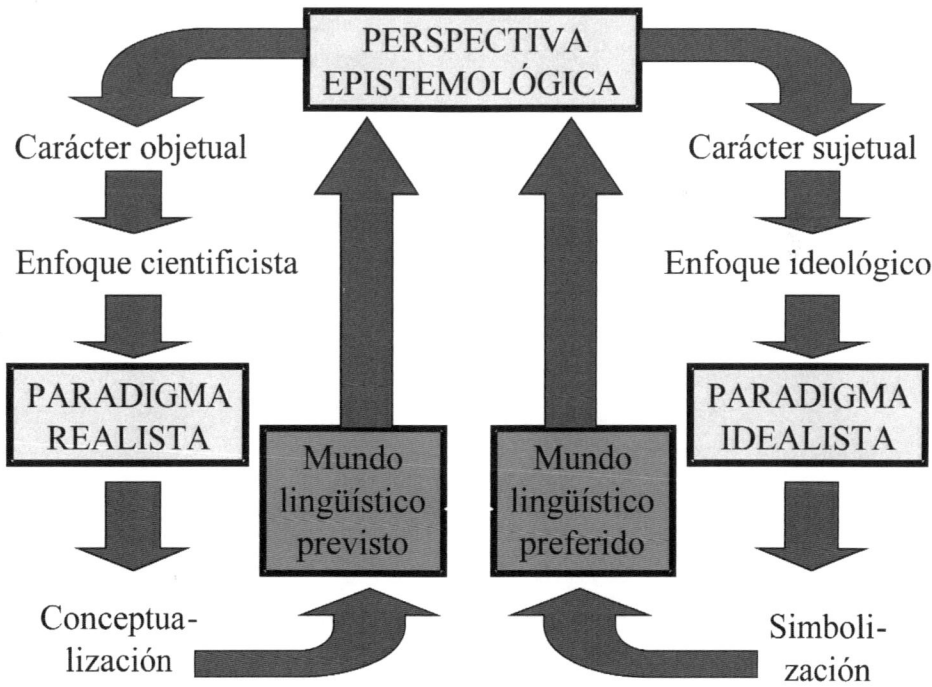

Fig. 2: Perspectiva epistemológica en la investigación lingüística sincrónica.

El proceso para ello se produce:

a)   a partir de la adición a los datos de la experiencia que conforman el *mundo exterior*, de los datos lingüísticos que constituirán lo que será el *mundo lingüístico observado;*

b)   a partir de la intervención de la Razón, que articula el aspecto lingüístico más realista del *mundo interior* mediante procedimientos lógicos plasmados en Teorías sobre lo que será el *mundo lingüístico previsto*;

c)   a partir de la intervención de la Intuición, que articula el aspecto lingüístico más idealista del *mundo interior* mediante procedimientos más intuitivos plasmados en Modelos sobre lo que será el *mundo lingüístico preferido* según el sistema de valores.

Sólo así, el mundo lingüístico observado (que articula el mundo exterior), el mundo lingüístico previsto y el preferido (que actualizan el interior) podrán relacionarse constituyendo una nueva realidad lingüística, hecha a partir de la consonancia entre datos, teorías y modelos, y valores.

De forma esquemática podríamos representar esta idea de la siguiente manera:

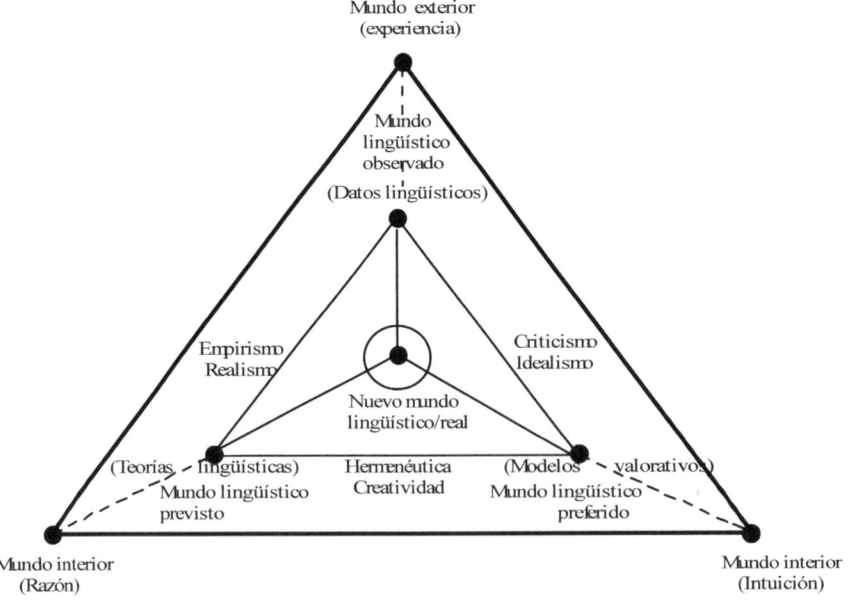

Fig. 3: Vertiente sincrónica de la investigación lingüística.

Como puede observarse, hemos elaborado dos triángulos superpuestos, uno de mayor tamaño, que representa los dos mundos del universo; a saber, el *exterior*, concretado en experiencias, y el *interior*, formado por el eje de los polos razón e intuición. Las diferentes naturalezas de ambos mundos pueden ponerse en contacto gracias al *mundo lingüístico*, representado ahora por el segundo triángulo, núcleo del primero. Este mundo lingüístico pone en relación la concreción del mundo exterior en experiencias lingüísticas que constituyen los datos fácticos del *mundo lingüístico observado* con la elaboración del mundo interior, ya sea ésta basada en procedimientos lógicos y plasmada en teorías sobre el *mundo lingüístico previsto* o en procedimientos más intuitivos concretados en el sistema de valores del *mundo lingüístico preferido*.

Los lados del triángulo simbolizan los distintos aspectos de la actividad investigadora; a saber, la *empirista*, la *criticista* y la *creativa*, que vienen a completarse con la elaboración de un *nuevo mundo lingüístico* (círculo de tamaño mayor), hecho de la síntesis entre nuevas *teorías* y *modelos* sobre los *datos lingüísticos*.

Según Pêcheux, ello es posible porque la Filosofía de la ciencia en cuanto técnica hermenéutica nos permite:

a) *Enunciar tesis* (es decir, proposiciones que no dan lugar como en las ciencias a razonamientos, pruebas u demostraciones, sino a justificaciones particulares de tipo racional), sin pretender encontrar la verdad sino elaborar planteamientos correctos y, consecuentemente, coherentes con la base episte-mológica que sustente la reflexión.

b) Establecer *líneas de demarcación* entre lo epistemológico de las epistemologías y lo científico de las ciencias.

c) Deslindar la visión del mundo, los aspectos sujetuales del discurso ideológico (humanismo), del conocimiento del objeto real, propio de la he-rencia cientificista (formalismo).

Veamos, pues, cada uno de estos aspectos; a saber, las *tesis*, las *líneas de demarcación* y la *separación* entre lo objetual y sujetual que la reflexión filosófica nos permite realizar en nuestro ámbito disciplinario.

3. Las tesis de la Lingüística desde la Filosofía de la ciencia.

Las *tesis* fundamentales en las que se basa la concepción integral de la Lingüística epistemológica que hemos desarrollado en este trabajo son las siguientes:

a) La propia naturaleza del objeto lingüístico —que tiene una parte inmanente (lengua) y otra trascendente (lenguaje)— nos permite la concepción de una Lingüística que, desde una vertiente sincrónica, es no sólo *realista* —puesto que describe los aspectos objetivos y observables de nuestro ámbito disciplinario— sino también *idealista* —ya que, en este caso, explica los aspectos sujetuales de nuestra disciplina— en el marco de la concepción interpretativa de la Lingüística epistemológica —hermenéutica— que permite no sólo entender la realidad no como ser sino como lenguaje (comunicación) sino reinterpretar esta realidad a partir del lenguaje.

b)   La segunda tesis parte de la anterior desde el momento en el que el lenguaje no puede ni debe ser entendido sólo como una cadena de signos lingüísticos basados en la relación significativa significado–significante, por lo que debe considerarse el aspecto *intencional*, la función trascendente del sujeto.

c)   La tercera tesis inherente a la concepción hermenéutica de la Lingüística epistemológica nos lleva inevitablemente a un cuestionamiento del planteamiento restrictivo en torno a la periodización de los estudios lingüísticos que sitúan el inicio de la Lingüística en el siglo xix con el *Curso de Lingüística general* de Saussure o incluso con las *Estructuras sintácticas* de Chomsky. En su lugar, debemos ampliar los límites de la disciplina lingüística, ya sea considerando la Lingüística anterior a Saussure también científica —puesto que el hecho de responder a propuestas diferentes de las postuladas por la denominada Lingüística científica no le otorga el estatuto de acientífica— o considerando, por la misma razón, la Lingüística posterior a Saussure también acientífica.

4. Líneas de demarcación entre lo fenomenológico y lo trascendental.

Si consideramos ahora las *líneas de demarcación* que nos permiten diferenciar las parcelas ideológica y científica inmersas en el discurso lingüístico, podemos establecer las siguientes distinciones:

a)   Primeramente, como resultado de la ampliación objetual acaecida en nuestro ámbito disciplinario, se produce una *ampliación epistemológica* atravesada por un eje de dos polos; a saber, el que como resultado de la conversión del lenguaje en objeto autónomo posibilita el desarrollo de los *elementos intracientíficos* con los que Althusser caracteriza el discurrir científico —objeto, teoría y método—; y el que, en este caso, como resultado de la conversión del lenguaje en sujeto posibilita ahora la elaboración de *elementos extracientíficos* —datos de experiencias, modelo y técnica— inherentes al discurrir ideológico (recuérdese lo visto en el capítulo 1 de *Lingüística general I*).

b)   En segundo lugar, se produce también una *ampliación metodológica* que aglutina dialécticamente la caracterización sujetual de nuestro ámbito disciplinario —estudio ontológico del lenguaje (primera vía de estudios lingüísticos)— con la objetual —estudio metodológico del lenguaje a través de las lenguas como sistemas estructurados (segunda vía de estudios lingüísticos)—.

c) Herencia del planteamiento anterior es la nueva manera de concebir el lenguaje que, como sujeto trascendente, necesita, dado su carácter espiritual, la inmanencia de objetos lingüísticos a través de los cuales hacerse patente y existir; dicho en términos saussureanos, el lenguaje sujeto necesita para existir la materialización en la lengua y el habla objetos. De ello se deduce que la reflexión sobre la lengua objeto deba ir unida a la reflexión sobre el lenguaje.

d) Aunque somos conscientes de que la realidad lingüística no puede ni debe limitarse a dicotomías tan rígidas, lo verdaderamente útil de esta dialéctica es la separación entre los planos *lingüístico* o de la realidad lingüística, y *glotológico*, o de la teoría lingüística (tercera vía de estudios lingüísticos). Tal separación la entendemos, obviamente, desde un planteamiento metodológico, puesto que, aunque la realidad lingüística y la reflexión sobre la misma sean factores de naturaleza diferente, su condicionamiento mutuo exige el vaivén dialéctico que pasa de la lengua objeto al terreno glotológico y viceversa.

e) Ello justifica, pues, la reflexión glotológica que estamos realizando, *sincrónicamente* desde la Filosofía de la ciencia y *diacrónicamente*, desde la Historiografía lingüística.

5. Conocimiento del objeto lingüístico y visión del mundo.

En resumidas cuentas, el trabajo epistemológico ha consistido:

a) Primero, en una *ampliación objetual* (desde la nueva perspectiva del lenguaje sujeto) en ámbitos epistémicos intermedios entre el conceptual y el categorial, entre los niveles empírico y trascendental, realizado en la segunda parte del libro en la que estudiamos el lenguaje (Teoría del lenguaje) desde una aproximación *ontológica*.

b) Segundo, en la aplicación de teorías en la tercera parte del libro para estudiar el lenguaje de manera *metodológica*, es decir, concretado en las lenguas (Teoría de la lengua).

c) Y tercero, en aglutinar y relacionar la Teoría del lenguaje y la Teoría de la lengua desde el prisma globalizante de la reflexión epistemológica (Teoría de la gramática).

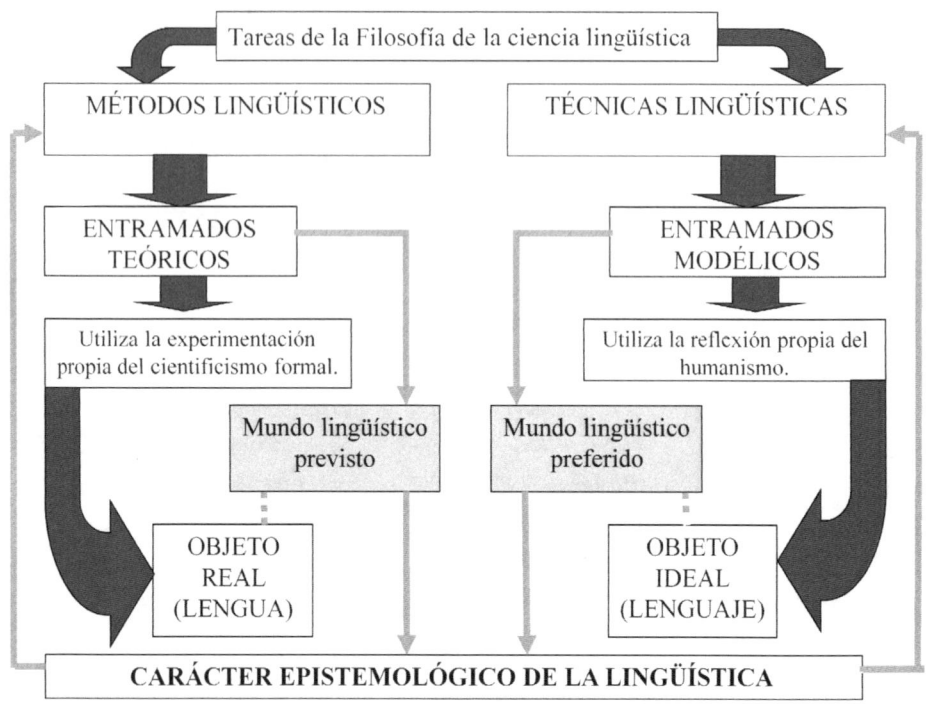

Fig. 4: Tareas de la Filosofía de la ciencia lingüística.

De esta forma, conseguimos aunar en un mismo marco metodológico propuestas —teóricas e ideológicas— hasta ahora irreconciliables; a saber:

a) El abstraccionismo de la descripción racionalista de la Lingüística Objetual, con la corrección de la explicación idealista de la Lingüística Sujetual.

b) La pretendida pureza de lo empírico de las propuestas formalistas con la grandeza de lo trascendental de las propuestas idealistas.

c) La objetivación de la ciencia, que domina la Naturaleza, con la subjetivación del arte que, por medio del signo, asimila la Cultura al ideal humano.

El lingüista aparece, pues, como un ente doble, como un hombre positivo, que proyecta un hombre objeto que se atiene a hechos; y como un hombre idealista, que proyecta un hombre sujeto que se trasciende a sí mismo en su propio lenguaje.

Se trata, en definitiva, de comprender el lenguaje captando el sentido de las palabras en cuanto expresión lingüística, y aprehendiendo, al mismo tiempo, la realidad intencional, a la que se une todo un sistema de valores.

6. La vertiente diacrónica de la reflexión glotológica lingüística.

Ahora debemos reflexionar sobre la segunda de las vertientes que puede adoptar la reflexión glotológica sobre nuestro ámbito disciplinario: la vertiente diacrónica.

Ésta está constituida por la *Historiografía lingüística* en cuanto estudio de los textos que han favorecido el auge de la Lingüística a lo largo de los años. Todos estos textos se caracterizan por poseer un carácter *dinámico* debido a que los tecnicismos lingüísticos (frente a la invariabilidad de los conceptos científicos) están en un proceso de cambio evolutivo.

El acercamiento historiográfico pretende desvelar la problemática que subyace en los textos lingüísticos, puesto que todos los textos sobre el lenguaje contienen una problemática autónoma que aparece reflejada en las propias palabras del texto en cuestión. En este sentido, la tarea de la Historiografía lingüística en cuanto vertiente diacrónica de la reflexión glotológica lingüística consiste, precisamente, en deslindar esta problemática.

Podemos entender, consecuentemente, la problemática como la unidad específica de toda formación teórica general (en nuestro caso, la lingüística) y el lugar en el que ubica esa unidad. Así, podíamos poner como ejemplo la siguiente problemática: *el lenguaje en el siglo xix*, formada por la unión de la unidad específica (el lenguaje) y la formulación teórica en la que se ubica (en el siglo xix).

Las razones por la que la Historiografía pretende desvelar estas problemáticas son variadas. Entre ellas podemos citar las siguientes:

a)   El hecho de que la problemática textual es la causante del auge que ha sufrido la Lingüística y que ha permitido su evolución.

b)   Por otro lado, porque los textos suelen esconder su problemática, lo que posibilita, ciertamente, la manipulación textual, tan frecuente en la cultura contemporánea.

c)   A veces, incluso porque los textos pueden llegar a ignorar su propia problemática, fruto de una filosofía espontánea de carácter consciente o inconsciente de los lingüistas que han escrito los textos.

d)   Finalmente, porque la problemática es un elemento activo que participa en la propia organización textual y le es inherente.

Para analizar la problemática de los discursos lingüísticos Crespillo propone realizar una doble operación: *confrontar* la historia lineal inherente a la visión epistemológica de la Lingüística que sustentamos, con la historia de las discontinuidades propia exclusivamente del cientificismo lingüístico; y *deslindar* lo ideológico de lo científico que aparece en los textos lingüísticos.

La razón para ello es que, en general, los discursos lingüísticos hacen intervenir la noción de sujeto filosófico, pero lo hacen en un entramado que tiene la apariencia de una conceptualización científica; por eso, es la *problemática del sujeto* la que se oculta —y a veces se ignora— en los textos lingüísticos.

La *razón para esta ocultación* y para la confusión entre los elementos ideológicos y científicos que hemos señalado, está en lo que Althusser denomina *filosofía espontánea*, modalidad que afecta a los elementos mediante los cuales el teórico de cualquier disciplina construye su entramado particular. Esta filosofía espontánea es la que pretende desentrañar la Historiografía lingüística como vertiente diacrónica de la reflexión glotológica en el ámbito lingüístico.

7. La filosofía espontánea de los discursos lingüísticos desde la vertiente historiográfica.

A partir de lo expuesto, podemos decir que los dos grandes paradigmas de la Lingüística; a saber, el estructuralista y el transformatorio deben entenderse dentro de este prisma y bajo la linealidad señalada, como el desarrollo de una problemática específica bajo el manto de una filosofía espontánea también específica. Veámoslo, completando lo expuesto en el capítulo 2 de *Lingüística general I.*

7.1. El discurso transformatorio.
Éste presenta una visión trascendental del lenguaje —conocer es reconocerse en el lenguaje— desarrollando (como avanzamos en el mencionado capítulo 2) linealmente la *problemática del sujeto cartesiano*, bajo una filosofía espontánea que puede ser de dos maneras:

a) *Consciente,* en la primera modalidad de estos discursos, la sintaxis, que actualiza el racionalismo cartesiano en los distintos modelos sintácticos.

b) *Inconsciente*, en la segunda modalidad de los discursos transformatorios, la semántica, porque las representaciones semánticas coinciden con las de la lógica simbólica, presentando, en este caso, una influencia más neopositivista.

Esta reflexión lingüística (paralela a la hermenéutica filosófica trascendental del conocimiento desarrollada por Dilthey o Heidegger) fue comenzada por Platón, recogida por el Nominalismo Medieval y el racionalismo cartesiano, y continuada en la Edad Moderna por Herder (recuérdese lo expuesto en el capítulo 2 de *Lingüística general I*).

Por ello, el lenguaje no es un instrumento ya, sino que el acto de pensar mismo es un acto de lenguaje, y puesto que el hombre es un ser activo y con libertad de pensar, es una criatura de lenguaje. Desde este planteamiento, el lenguaje se convierte en el creador del hombre mismo, en la determinación de la energía del Espíritu.

Consecuentemente, el lenguaje es un instrumento innato (Descartes) de la Razón; no es ni una ideología ni una concepción del mundo, sino el mundo intermedio mediador que permite el auténtico entendimiento (a la vez subjetivo y objetivo) de la realidad, realizado gracias a la fuerza del espíritu creador humano que se objetiva y autoencuentra de un modo individual y social a la vez, en el lenguaje.

Por ello, frente a la concepción positivista del lenguaje como objeto mediador de la realidad inmediata, el lenguaje aparece como sujeto constitutivo de la realidad mediata.

7.2. El discurso estructural.

Éste presenta, a su vez, una visión inmanente del lenguaje —conocer es conocer primeramente la realidad funcional y convencional de nuestro lenguaje al uso—, desarrollando linealmente y bajo una filosofía espontánea inconsciente la *problemática del sujeto kantiano*, la dialéctica entre lo empírico y lo trascendental llevada a lo lingüístico.

Esta reflexión lingüística (paralela a la hermenéutica filosófica inmanente del conocimiento desarrollada por Bollnow) fue comenzada por Aristóteles, continuada por Santo Tomás y la reflexión empirista, y desarrollada por la filosofía kantiana (recuérdese lo expuesto también en el capítulo 2 de *Lingüística general I*).

Desde la reflexión aristotélica sobre el funcionamiento y las relaciones que se pueden establecer entre las palabras, el lenguaje se convierte en representación de nosotros mismos y después de las cosas, expresando un significado mediante un acuerdo.

Por ello, en este caso se trata de justificar el fenómeno lingüístico no desde la ontología, sino desde la actuación empírica, desde el habla, para llegar a la estructura del conocimiento.

Así, la doble faceta empírica (lengua y habla) y trascendental (lenguaje), permite la reflexión estructural de origen kantiano que concibe la doble funcionalidad en el lenguaje que hemos desarrollado anteriormente; a saber:

a) La de la *lengua*, como el sistema interior y social que va a permitir la actualización de la parte trascendente del lenguaje.

b) La del *habla*, en este caso como la realización individual y exterior que va a actualizar la parte inmanente del lenguaje.

8. Otras formulaciones hermenéuticas.

Para terminar esta breve reflexión epistemológica, debemos recordar que uno de los aspectos más importantes que han organizado diacrónicamente el saber lingüístico ha sido el reconocimiento del eje demarcativo manifiesto por los polos del *empirismo* y el *trascendentalismo* que, como ocurriera en el terreno lingüístico estricto, ha permitido la escisión y la andadura metodológica independiente e inconexa.

Sin embargo, el carácter dialéctico y globalizante de la reflexión epistemológica nos ha permitido el acercamiento unificador, ya que ésta no tiene razones para ser parcialmente trascendentalista ni exclusivamente inmanentista o positivista cuando el lenguaje (objeto y sujeto de interpretación a la vez) es concebido como *trascendente* e *inmanente, subjetivo* y *objetivo*.

Ello justifica la importancia que se le otorgó en la formulación gadameriana a la hermenéutica en cuanto técnica lingüística (descriptiva y explicativa) comprensiva del sentido que pasamos a comentar.

8.1. La hermenéutica trascendental–existencial de Gadamer.

En medio de este estado de la cuestión de una *hermenéutica del conocimiento* y una *hermenéutica del lenguaje*, surge la figura de Gadamer, de reconocida importancia por su pretensión de conciliar la propuesta proveniente de las Ciencias del Espíritu con la proveniente del Idealismo.

Para Gadamer, el proceso de auténtico entendimiento implica, necesariamente, un procedimiento interpretativo del lenguaje que nos permita llegar, finalmente, a la comprensión total. La *importancia del lenguaje* resulta, pues, claramente matizada y aparentemente formalizada como el *medium* necesario para todo entendimiento e interpretación.

Por ello, conviene recordar ahora los *puntos fundamentales de su hermenéutica*, sistematizados por Ortiz Osés y reflejados en la siguiente formulación:

a) todo conocimiento, por el mero hecho de llevar implícita una idea comprensiva, implica un procedimiento interpretativo (más o menos sistematizado) del lenguaje;

b) consecuentemente, la interpretación puede concebirse como la traducción de un lenguaje (texto) a nuestro lenguaje;

c) esta transformación que inducimos ha de adaptarse al objeto;

d) toda interpretación es dialéctica (objetiva/subjetiva); esta dialéctica no enfrenta al sujeto y al objeto, sino que reintegra la interpretación en el régimen universal de la interpretación histórica;

e) esta historia, sujeto de nuestra propia interpretación, resulta ser lenguaje, que hay que contestar, diálogo que hay que realizar;

f) el texto es antes sujeto que objeto de interpretación;

g) y, finalmente, la interpretación es lenguaje que, de esta forma, se convierte en el medio en el que el objeto (texto) y el sujeto (intérprete) son entendidos. Interpretar es, por lo tanto, dejar que el lenguaje «hable» lo que nos dice.

8.2. *La hermenéutica crítico–estructural del lenguaje.*

Finalmente, la hermenéutica crítico-estructural sostiene que interpretar no es meramente entender lo que el lenguaje *dice* (lo que expresa a través de su inmanencia), sino atender a lo que el lenguaje *calla* (a aquello que permanece oculto tras la letra impresa, a aquella trascendencia de su pureza, que no puede materializarse). Pues, más acá de la *función mediadora* del lenguaje, según la cual objeto y sujeto quedan neutralizados en su medio lingüístico, reaparece una *función inmediadora*, según la cual «objetivo» y «subjetivo» son valores que se disputan en el discurso un espacio.

Es el problema de la *mediación hegeliana* el que radica aquí: el lenguaje es el que puede verificarnos la verdad del entendimiento humano esencialmente lingüístico. El lenguaje significa, pues, la interpretación primera de la realidad y del hombre.

El ser del lenguaje no consiste en un mero descubrimiento (como pensaba Gadamer), ni en un mero acuerdo (como afirmaban los teóricos escolásticos), sino en un *consentimiento* y no en un mero convenio (positivismo), y el entendimiento es *comprensión*, *integración* de estos dos factores en el marco que la concepción epistemológica de la Lingüística posibilita.

En resumidas cuentas, frente a la Filosofía Clásica, que concibe el entendimiento como la comprensión de la realidad, y la Filosofía Moderna, basada en su concepción del conocimiento como un ente productivo que sirve al hombre para reconocerse en el mundo, la Hermenéutica como técnica lingüística de interpretación sirve a la Filosofía Contemporánea para situar al *lenguaje como sujeto verificador del hombre en el mundo.*

Finalmente, considere que para haber alcanzado correctamente los objetivos propuestos en el proceso de enseñanza y aprendizaje del tema finalizado, debe haber comprendido con claridad que:

1. La tercera vía de los estudios lingüísticos consiste en una aproximación globalizante al proceso de aprehensión mediante el cual llegamos al lenguaje a través de las lenguas como objetos materiales que actualizan precisamente esta capacidad de lenguaje, a partir de los distintos dispositivos teóricos (gramáticas) que los lingüistas han creado para ello.

2. La vertiente sincrónica desde la Filosofía de la ciencia lingüística añade a la formulación científica tradicional basada en la reflexión empirista del Paradigma Realista —que a partir de la comparación entre los datos y las teorías lingüísticas provoca la consonancia mediante la producción de nuevas tesis teóricas que se ajusten a los datos, otorgando, por tanto, la primacía a éstos últimos— y en la reflexión criticista del Paradigma Idealista —que a partir de la comparación entre los datos lingüísticos y los juicios de valor provoca la consonancia mediante la producción de nuevos datos que se ajusten a los valores, otorgando, consecuentemente, la primacía a éstos últimos—, la creación de nuevas tesis sobre el mundo lingüístico previsto (teorías) y el mundo lingüístico preferido según un sistema de valores (modelos), que juntos constituirán una nueva realidad lingüística, hecha a partir de la consonancia entre datos, teorías y modelos, y valores.

3. Las tesis fundamentales en las que se basa la concepción integral de la Lingüística epistemológica son las siguientes: 1) el objeto lingüístico —que tiene una parte inmanente (lengua) y otra trascendente (lenguaje)— nos permite la concepción de una Lingüística que, desde una vertiente sincrónica, es no sólo realista —puesto que describe los aspectos objetivos y observables de nuestro ámbito disciplinario— sino también idealista —ya que, en este caso, explica los aspectos sujetuales de nuestra disciplina. 2) Debe considerarse el aspecto intencional del lenguaje. 3) Debe cuestionarse la concepción restrictiva en torno a la periodización de los estudios lingüísticos que sitúan el inicio de la Lingüística en el siglo XIX, propiciando una historia lineal.

4. Por todo ello, las parcelas ideológica y científica están presentes en el discurso lingüístico. Por lo que el trabajo del lingüista consiste en: 1) ampliar el objeto de estudio (desde la nueva perspectiva del lenguaje sujeto) en

ámbitos epistémicos intermedios entre el conceptual y el categorial, entre los niveles empírico y trascendental, aproximándonos al lenguaje (Teoría del lenguaje) ontológicamente; 2) aplicar teorías para estudiar el lenguaje de manera metodológica, es decir, concretado en las lenguas (Teoría de la lenguas); y 3) aglutinar y relacionar la Teoría del lenguaje y la Teoría de la lengua desde el prisma globalizante de la reflexión epistemológica (Teoría de la gramática).

5.   La tarea de la Historiografía lingüística en cuanto vertiente diacrónica de la reflexión glotológica lingüística consiste en desvelar la problemática que subyace en los textos lingüísticos, puesto que todos los textos sobre el lenguaje contienen una problemática autónoma que aparece reflejada en las propias palabras del texto en cuestión.

6.   El Paradigma Transformatorio presenta una visión trascendental del lenguaje —conocer es reconocerse en el lenguaje— desarrollando linealmente la problemática del sujeto cartesiano; el Paradigma estructural presenta, a su vez, una visión inmanente del lenguaje —conocer es conocer primeramente la realidad funcional y convencional de nuestro lenguaje al uso—, desarrollando linealmente y bajo una filosofía espontánea inconsciente la problemática del sujeto kantiano, la dialéctica entre lo empírico y lo trascendental llevada a lo lingüístico.

7.   Otras formulaciones hermenéuticas importantes han sido la de Gadamer y la crítico-estructural.

F. Actividades sugeridas.

— A continuación vaya anotando las dudas que le van surgiendo tras la lectura de los distintos puntos del tema y después la resolución de las mismas, ya sea por las clases recibidas, el estudio personal o las tutorías realizadas. Este proceso le servirá tanto para la mejor comprensión de la materia como para la preparación de la prueba final.

— Conteste a las siguientes cuestiones:

1. Enmarque el planteamiento epistemológico en el marco general de las distintas vías de estudios lingüísticos.

2. Explique cuáles son las dos vertientes de estudios epistemológicos de nuestro ámbito disciplinario.

3. Valore el planteamiento explicativo de los fenómenos lingüísticos desde la vertiente de la Filosofía de la ciencia y explique su procedimiento.

4. ¿Qué aporta la Filosofía de la ciencia a los estudios lingüísticos?

5. Explique las tesis principales de la Filosofía de la ciencia.

6. ¿En qué consiste la Historiografía lingüística?

7. Valore la filosofía espontánea de los principales discursos lingüísticos.

A continuación, utilice este espacio para resolver los ejercicios adicionales que le pueda proponer su profesor o para contestar a las preguntas de los posibles documentales visionados durante las clases.

— Comente los siguientes textos explicando su contenido y realizando la pertinente valoración. Como orientación para el análisis crítico sugerimos el presente modelo:

1. Breve noticia sobre el autor del texto.
2. Determinación de la problemática del texto, señalando su unidad específica y la formulación teórica en la que se ubica la misma.
3. Establecimiento de la estructura que presenta el texto; esto es, división en partes temáticas.
4. Exposición de la tesis que defiende el autor sobre la problemática planteada, señalando:
   4.1. La filosofía espontánea que afecta a su propuesta.
   4.2. Las ideas principales y secundarias del texto.
5. Precisión como conclusión de la respuesta que se pueda dar a la problemática planteada.
6. Valoración del texto en su conjunto a partir de una breve opinión personal.

1. Texto de Mardones:

«Seguramente, hasta la epistemología considerada 'general' exige una cierta competencia en materia de ciencia; pero la epistemología no pretende ni repetir ni reemplazar a la ciencia. En un sentido accesorio, conviene decidir si la epistemología debe estar hecha por 'literatos' que tengan un mínimo de investigación científica, o por 'científicos' en posesión de una formación filosófica. Con una enseñanza realmente pluridisciplinar donde 'literatos' y 'científicos' no estuvieran separados por barreras de toda clase (mentales y también institucionales) esta cuestión perdería mucha de su importancia».

(J. M. Mardones, *Filosofía de las Ciencias Humanas y Sociales*, Anthropos, Barcelona, 1991).

G. Lecturas recomendadas.

BERNARDO, J. Mª, *La construcción de la Lingüística. Un debate epistemológico*, Universidad de Valencia, Valencia, 1995.
Exposición de las cuestiones fundamentales de la Epistemología de la Lingüística.

BUNGE, M., *Epistemología*, Ariel, Barcelona, 1980, pp. 9-27.
Clara presentación del ámbito de la Epistemología, con su historia y grandes ramas.

JIMÉNEZ RUIZ, J. L., «Fundamentos de Lingüística epistemológica» *apud Epistemología del lenguaje*, Universidad de Alicante, Alicante, 2000, pp. 11-45.
Presentación de las bases para una reflexión integral y creativa sobre el lenguaje.

H. Ejercicios de autoevaluación.

Con el fin de que se pueda comprobar el grado de asimilación de los contenidos, presentamos una serie de cuestiones, cada una con tres alternativas de respuestas. Una vez que haya estudiado el tema, realice el test rodeando con un círculo la letra correspondiente a la alternativa que considere más acertada. Después justifique las razones por las que piensa que la respuesta elegida es la correcta, indicando también las razones que invalidan la corrección de las restantes.

Cuando tenga dudas en alguna de las respuestas vuelva a repasar la parte correspondiente del capítulo e inténtelo otra vez.

1. En los discursos lingüísticos las nociones admiten variabilidad

A Siempre.
B Nunca.
C La noción no es un elemento lingüístico.

2. La hermenéutica trascendental del lenguaje fue comenzada por

A Platón.
B Aristóteles.
C Saussure.

3. Los textos lingüísticos contienen

A Una problemática autónoma.
B Una problemática oculta.
C Las respuestas A y B son correctas.

4. La Gramática transformatoria puede considerarse una traducción al ámbito lingüístico del

A Racionalismo cartesiano.
B Empirismo.
C La filosofía de Kant.

5. Para la hermenéutica inmanente, el lenguaje es

A El creador del hombre.
B El conjunto de reglas que permiten el juego lingüístico.
C Las respuestas A y B son correctas.

6. Para analizar la problemática que aparece inmersa en los discursos lingüísticos debemos

A Separar el voluntarismo consciente del inconsciente.
B Confrontar la historia lineal con la ruptura de la historia de la Lingüística.
C Establecer líneas de demarcación entre lo epistemológico de las ciencias y lo científico de las epistemologías.

7. La problemática que se oculta en los textos lingüísticos es

A La del sujeto filosófico.
B La del objeto científico.
C Las respuestas A y B son correctas.

8. El formalismo, desde un planteamiento metodológico

A Refuerza los aspectos humanísticos del lenguaje.
B Ignora los aspectos humanísticos del lenguaje.
C Refuerza el estatuto subjetivista del lenguaje.

9. Los planteamientos epistemológicos realizados en la Lingüística se basan en un criterio de

A Adecuación.
B Verdad.
C Corrección.

10. Desde una perspectiva epistemológica, la Lingüística del sujeto desarrolla un conocimiento

A Descriptivo.
B Explicativo.
C Interpretativo.

11. La afirmación «en el lenguaje se oculta la auténtica realidad del ser que somos» es de

A Wittgenstein.
B Heidegger.
C Las respuestas A y B no son correctas.

12. En el Positivismo, el lenguaje se concibe

A Como objeto de estudio e investigación.
B Como sujeto de la realidad inmediata.
C Como sujeto de la realidad mediata.

13. Desde los presupuestos de la hermenéutica inmanente, el lenguaje se concibe

A Como un conjunto de reglas.
B Como un sujeto.
C Como un ser oculto.

14. Para Gadamer, el entendimiento implica

A Un proceso descriptivo del lenguaje.
B Un proceso explicativo del lenguaje.
C Un proceso interpretativo del lenguaje.

15. La concepción epistemológica de la Lingüística posibilita

A La descripción del Lenguaje sujeto.
B La elaboración de métodos explicativos.
C La integración del Formalismo y el Humanismo.

16. Para la Filosofía contemporánea, el lenguaje

A Permite al hombre conocer el mundo.
B Permite al hombre reconocer el mundo.
C Verifica al hombre en el mundo.

17. La reflexión empirista se produce en el

A Paradigma Realista de la Lingüística.
B Paradigma Idealista de la Lingüística.
C Ambos a la vez.

18. Los valores son importantes para

A El empirismo.
B El criticismo.
C El realismo.

19. Las teorías son los elementos intracientíficos encargados de describir

A El mundo lingüístico observado.
B El mundo lingüístico previsto.
C El mundo lingüístico preferido.

20. La caracterización objetual de la Lingüística se produce mediante un acercamiento de orden

A Ontológico.
B Metodológico.
C Epistemológico.

21. Los paradigmas de las Ciencias y de las Epistemologías se diferencian

A En el carácter nocional o conceptual de sus elementos.
B En sus fundamentos metodológicos.
C En el carácter teórico o modélico de sus elementos.

22. El lenguaje como sujeto inmanente necesita para poder existir la materialización

A En la lengua o en el habla.
B En la lengua y en el habla.
C Las respuestas A y B no son correctas.

23. La ampliación objetual que se ha establecido en nuestro ámbito disciplinario se ha debido

A A la concepción del lenguaje como sujeto.
B A la concepción del lenguaje como objeto.
C A la concepción de la lengua como objeto.

24. La Lingüística sujetual realiza

A Una descripción racionalista.
B Una explicación idealista.
C Una interpretación globalizante.

25. Para la Lingüística del sujeto, lo empírico tiene un carácter

A Puro.
B Impuro.
C Trascendental.

I. Glosario.

Continuidad: Carácter específico de la historia de la Lingüística basado en la ausencia de ruptura epistemológica con los precursores anteriores.

Dinamicidad terminológica: Principio lingüístico basado en el cambio evolutivo de los tecnicismos lingüísticos frente a la invariabilidad de los conceptos científicos, que posibilita la ruptura del estatuto cientificista de la Lingüística.

Discontinuidad: Carácter específico de la historia de las ciencias basado en la ruptura epistemológica con los precursores anteriores.

Filosofía espontánea: Reflexión (consciente o inconsciente) que afecta a los elementos mediante los cuales el teórico de cualquier disciplina construye su entramado particular y que, en el caso de los discursos lingüísticos, ha causado la confusión entre los elementos científicos e ideológicos.

Formalista: [Lingüística] Que separa el signo de la realidad para estudiarlo en su relación con otros signos en un sistema lógico cerrado.

Habla Objeto: Ámbito disciplinario de la Lingüística de orientación interna, constituido por los actos concretos e individuales de la facultad del lenguaje.

Hermenéutica inmanente: Interpretación lingüística en la que el conocimiento se concibe como la aprehensión de la realidad funcional y convencional de nuestro lenguaje al uso.

Hermenéutica trascendental: Interpretación lingüística en la que el conocimiento se concibe como el reconocimiento en el lenguaje.

Hermenéutica: Técnica de la concepción epistemológica de la Lingüística basada en la descripción fenomenológica y la explicación trascendental.

Humanista: [Lingüística] Que concibe el signo en su relación con la realidad y lo estudia como elemento de un sistema social.

Ignorancia: Función de la problemática consistente en el desconocimiento que a veces los textos hacen de ella.

Intervención contextual: Función de la problemática consistente en su participación en la propia organización del texto.

Lengua objeto: Ámbito disciplinario de la Lingüística de orientación interna, constituido por el producto abstracto y social de la facultad del lenguaje.

Lenguaje sujeto: Ámbito disciplinario de la Lingüística de orientación externa.

Mundo lingüístico observado: Fenómenos cuyo conjunto constituye el ámbito disciplinario de la Lingüística.

Mundo lingüístico preferido: Fenómenos lingüísticos cuyo funcionamiento ha sido establecido por modelos de la Lingüística.

Mundo lingüístico previsto: Fenómenos lingüísticos cuyo funcionamiento ha sido establecido por las teorías de la Lingüística.

Ocultamiento: Función de la problemática consistente en su aparición solapada y encubierta en los textos.

Paradigma Idealista: Conjunto de modelos y propuestas modélicas de un dominio filosófico.

Paradigma Realista: Conjunto de teorías y propuestas teóricas de un dominio científico.

Planteamiento epistemológico: Aquél que pretende acercarse al procedimiento de conocimiento del lenguaje de manera globalizante, aglutinando ontología y metodología.

Planteamiento metodológico: Aquél que pretende analizar nuestro objeto de estudio (el lenguaje) a través de las lenguas.

Planteamiento ontológico: Aquél que pretende caracterizar el «ser» de nuestro objeto de estudio, precisando sus particularidades desde distintos ámbitos.

Problemática: Unidad específica de toda formulación teórica en sentido general y lugar en el que se ubica esa unidad.

Propuesta modélica: Desarrollo específico del modelo para explicar los datos de la experiencia.

Propuesta teórica: Desarrollo específico de la teoría para describir el objeto de estudio e investigación.

Reflexión creativa: La que se realiza desde la perspectiva epistemológica, aglutinando realismo e idealismo.

Reflexión criticista: La que se realiza en el Paradigma Idealista de la Lingüística.

Reflexión empirista: La que se realiza en el Paradigma Realista de la Lingüística.

Tesis: Proposiciones basadas en el criterio de corrección que dan lugar a justificaciones particulares de tipo racional.

J. Bibliografía general.

AJDUKIEWICZ, K., *Introducción a la Filosofía: Epistemología y Metafísica*, Cátedra, Madrid, 1994.

BACHELARD, G., *Epistemología*, Anagrama, Barcelona, 1983.

BERNÁRDEZ, E., *Teoría y Epistemología del texto*, Cátedra, Madrid, 1995.

BERNARDO PANIAGUA, J. Mª, *La construcción de la Lingüística. Un debate epistemológico*, Universidad de Valencia, Valencia, 1995.

BRUNET ICART, I. & VALERO IGLESIAS, L., *Epistemología I. Sociología de la ciencia*, P.P.U., Barcelona, 1996.

BUNGE, M., *Epistemología*, Ariel, Barcelona, 1980.

BUNGE, M., *La investigación científica*, Ariel, Barcelona, 1969.

BUNGE, M., *Lingüística y Filosofía*, Ariel, Barcelona, 1983.

DANCY, J., *Introducción a la epistemología contemporánea*, Tecnos, Madrid, 1993.

DÍEZ, J. A. & MOULINES, C. U., *Fundamentos de Filosofía de la Ciencia*, Ariel, Barcelona, 1999.

ECHEVERRÍA, J., *Filosofía de la Ciencia*, Akal, Madrid, 1995.

ESTANY, A., *Introducción a la Filosofía de la ciencia*, Crítica, Barcelona, 1993.

FERNÁNDEZ PÉREZ, M., *La investigación lingüística desde la Filosofía de la ciencia*, Verba, anexo 28, Universidad de Santiago, Santiago de Compostela, 1986.

GAETA, R. & ROBLES, N., *Nociones de Epistemología*, Eudeba, Buenos Aires, 1988.

GONZÁLEZ ECHEVARRÍA, A., *Epistemología y método*, Cometa, Zaragoza, 1996.

ITKONEN, E., *Grammatical Theory and Metascience*, Benjamins, Amsterdam, 1978.

JIMÉNEZ RUIZ, J. L., *Epistemología del lenguaje*, Universidad de Alicante, Alicante, 2000.

JIMÉNEZ RUIZ, J. L., *Metodología de la investigación lingüística*, Universidad de Alicante, Alicante, 2007.

LAKATOS, I., *Historia de la ciencia y sus reconstrucciones racionales*, Tecnos, Madrid, 1974.

LENK, H., *Entre la Epistemología y la Ciencia social*, Alfa, Barcelona, 1988.

LORES ARNAIZ, Mª R., *Hacia una epistemología de las Ciencias Humanas*, Belgrano, Buenos Aires, 1986.

MARDONES, J. M., *Filosofía de las ciencias humanas y sociales. Materiales para una fundamentación científica*, Anthropos, Barcelona, 1991.

MARTÍN SANTOS, L., *Diez lecciones de epistemología*, Akal, Madrid, 1991.

MONSERRAT, J., *Epistemología evolutiva y teoría de la ciencia*, Universidad Pontificia de Comillas, Madrid, 1984.

OLIVÉ, L. (ed.), *Racionalidad epistémica*, Trotta, Madrid, 1995.

ORTIZ OSÉS, A., *Antropología hermenéutica,* Editorial Ricardo Aguilera, Madrid, 1973.

ORTIZOSÉS,A.,*Lanuevafilosofíahermenéutica,*Anthropos,Barcelona,1986.

POLO, J., *Epistemología del lenguaje e historia de la Lingüística*, Gredos, Madrid, 1986.

POPPER, K. R., *La lógica de la investigación científica*, Tecnos, Madrid, 1977.

RODRÍGUEZ ALCÁZAR, F. J., *Ciencia, valores y relativismo. Una defensa de la filosofía de la ciencia*, Comares, Granada, 2000.

SIERRABRAVO,R.,*CienciasSociales.Epistemología,LógicayMetodología*, Paraninfo, Madrid, 1983.

BIBLIOGRAFÍA BÁSICA

El conocimiento de las fuentes objetivas y, consecuentemente, de la bibliografía constituye el aspecto fundamental para el estudio reflexivo.

Por ello, y aunque no todas las fuentes tienen el mismo carácter, puesto que unas se relacionan con los materiales y datos concretos de la materia y otras lo hacen con conocimientos teóricos generales, debemos conocer y manejar ambas para que nuestro aprendizaje sea global sobre ambos planos.

Así, los textos lingüísticos con los que se deben familiarizar los alumnos pueden dividirse cuando el objeto es un libro en dos grandes grupos: *directos* e *indirectos*. Los *directos* son aquellos que no han sido interpretados y se presentan recogidos para su análisis, es decir, los escritos del autor que estudiemos; los *indirectos* son los que nos ofrecen los materiales elaborados, siendo el fruto de otras investigaciones previas, es decir, los trabajos publicados sobre el autor que estudiemos, sobre todo, tratados generales y particulares sobre materias correspondientes a nuestra asignatura, manuales, monografías, artículos y reseñas.

En un ámbito de estudio tan dilatado como el nuestro, los materiales bibliográficos se ofrecen como un dominio inabarcable para una sola persona. Por ello, resultan de gran ayuda en esta situación los repertorios bibliográficos y los distintos centros de documentación bibliográfica computerizados para un seguimiento constante de las publicaciones periódicas, a partir del cual organizar los propios materiales.

Consecuentemente, se impone además, desde una planteamiento didáctico, renunciar a las largas listas de obras, carentes de sentido, para adoptar una propuesta más razonable y eficaz que tenderá, no ya al conocimiento pormenorizado de las obras, sino de las directrices fundamentales del pensamiento lingüístico entre los que se mueven los hilos del entramado bibliográfico, todo ello dirigido desde una actitud de justa objetividad en la que no cabrán ni el dogmatismo excluyente ni el eclecticismo enciclopedista indiscriminado.

Por ello, movidos por el afán didáctico señalado, recordamos ahora el complemento bibliográfico señalado en *Lingüística general I* de los repertorios generales (bibliografía general sobre Lingüística, enciclopedias y panorámicas de la Lingüística y diccionarios terminológicos), que servirán de orientación al alumno en la tarea de aprendizaje.

A. INTRODUCCIÓN A LA LINGÜÍSTICA.

La presente adenda no es una lista exhaustiva de las principales obras sobre Lingüística general. Es simplemente una guía, una ayuda con la que se pueda hacer frente a una aportación bibliográfica más amplia que la que aparece en los capítulos precedentes.

AA. VV. (1999): *Manual de Lingüística*, Xerais, Vigo.

AA. VV. (1983): *Introducción a la lingüística*, Alhambra Universidad, Madrid.

ABAD, F. & GARCÍA BERRIO, A. (1977): *Introducción a la Lingüística*, Alhambra, Madrid.

AKMAJIAN, A. et alii (1984): *Lingüística: una introducción al lenguaje y a la comunicación*, Alianza Universidad, Madrid.

Alonso Cortés, A. & Pinto, A. (1994): *Ejercicios de Lingüística*, Universidad Complutense, Madrid.

ALVAR, M. (dir.) (2000): *Introducción a la lingüística española*, Ariel, Barcelona.

ARENS, H. (1975): *La Lingüística*, Gredos, Madrid.

Atkinson, M., Kilby, D. & Roca, I. (1982): *Foundations of General Linguistics*, G. Allen, Londres.

BENVENISTE, E. (1974): *Problemas de Lingüística General*, Siglo XXI, México.

BLOOMFIELD, L. (1976): *Language, Allen y Unwin*, Londres.

CASADO VELARDE, M. (1988): *Lenguaje y cultura*, Síntesis, Madrid, 1988.

CATALÁN, D. (1967): *La lengua de lingüística española y concepción del lenguaje*, Gredos, Madrid.

CERDÁ, R. (1979): *Lingüística hoy*, Teide, Barcelona.

CHAO, Y. R. (1975): *Introducción a la Lingüística*, Cátedra, Madrid.

CHOMSKY, N. (1970): *Aspectos de la teoría de la sintaxis*, Aguilar, Madrid.

CHOMSKY, N. (1974): *Estructuras sintácticas*, Siglo XXI, México.

CHOMSKY, N. (1975): *Lingüística cartesiana*, Gredos, Madrid.

Clark, H. (1996): *Using language*, Cambridge University Press, Cambridge.

COLLADO, J. A. (1973): *Historia de la Lingüística*, Gredos, Madrid.

COLLADO, J. A. (1978): *Fundamentos de Lingüística general*, Gredos, Madrid.

COSERIU, E. (1967): *Teoría del lenguaje y Lingüística general*, Gredos, Madrid.

COSERIU, E. (1973): *Tradición y novedad de la ciencia del lenguaje*, Gredos, Madrid.

COSERIU, E. (1981): *Lecciones de Lingüística general*, Gredos, Madrid.

COSERIU, E. (1986): *Introducción a la Lingüística*, Gredos, Madrid.

CRANE, L., YEAGER, E. & WHITMAN, R. (1981): *An Introduction to Linguistics*, Brown, Boston.

FERNÁNDEZ PÉREZ, M. (1999): *Introducción a la Lingüística*, Ariel, Barcelona.

FINCH, G. (1998): *How to study Linguistics*, Macmillan, London.

FINCH, G. (2000): *Linguistic terms and concepts*, Series How to Study, Macmillan Press, London.

GARCÍA BERRIO, A. (1977): *La Lingüística moderna*, Planeta, Barcelona.

GLEASON, H. A. (1975): *Introducción a la Lingüística descriptiva*, Gredos, Madrid.

GRACIA, F. (1972): *Presentación del lenguaje*, Taurus, Madrid.

HEESCHEN, C. (1975): *Cuestiones fundamentales de Lingüística*, Gredos, Madrid.

HEILMANN, L. (1983): *Linguistica e Umanesimo*, Il Mulino, Bolonia.

HJELMSLEV, L. (1969): *Prolegómenos a una teoría del lenguaje*, Gredos, Madrid.

HJELMSLEV, L. (1972): *Ensayos lingüísticos*, Gredos, Madrid.

HOCKETT, Ch. (1972): *Curso de Lingüística moderna*, Eudeba, Buenos Aires.

JAKOBSON, R. (1975): *Ensayos de Lingüística general*, Seix Barral, Barcelona.

JIMÉNEZ RUIZ, J. L. (2000): *Epistemología del lenguaje*, Universidad de Alicante, Alicante.

JIMÉNEZ RUIZ, J. L. (2001): *Iniciación a la Lingüística*, Club Universitario, Alicante.

JIMÉNEZ RUIZ, J. L. (2007): *Metodología de la investigación lingüística*, Universidad de Alicante, Alicante.

KURYLOWICZ, J. (1973): *Esquisse Linguistiques*, Wilhem Fink, Munich.

LAMÍQUIZ, V. (1975): *Lingüística española*, PUS, Sevilla.

LAMÍQUIZ, V. (1987): *Lengua española. Métodos y estructuras lingüísticas*, Ariel, Barcelona.

LÁZARO CARRETER, F. (1980): *Estudios de Lingüística*, Crítica, Barcelona.

LEPSCHY, G. (1971): *La Lingüística estructural*, Anagrama, Barcelona.

LEROY, M. (1974): *Las grandes corrientes de la Lingüística*, F.C.E., México.

LLORENTE MALDONADO, A. (1967): *Teoría de la lengua e historia de la lingüística*, Alcalá, Madrid.

LOPE BLANCH, J. M. (1990): *Estudios de historia lingüística hispánica*, Arco/Libros, Madrid.

LÓPEZ GARCÍA, A. et alii (1990): *Lingüística General y Aplicada*, Universidad de Valencia, Valencia.

LÓPEZ MORALES, H. (ed.) (1983): *Introducción a la Lingüística actual*, Playor, Madrid.

LYONS, J. (1975): *Nuevos horizontes de la Lingüística*, Alianza, Madrid.

LYONS, J. (1981): *Introducción en la Lingüística teórica*, Teide, Barcelona.

LYONS, J. (1993): *Introducción al lenguaje y a la Lingüística*, Teide, Barcelona.

MALMBERG, B. (1966): *La lengua y el hombre*, Istmo, Madrid.

MALMBERG, B. (1970): *Los nuevos caminos de la Lingüística*, Siglo XXI, México.

MANOLIU, M. (1977): *El estructuralismo lingüístico*, Cátedra, Madrid.

MANTECA, A. (1987): *Lingüística General*, Cátedra, Madrid.

MARCOS MARÍN, F. (1975): *Lingüística y lengua española: introducción, historia y métodos*, Cincel, Madrid.

MARCOS MARÍN, F. (1990): *Introducción a la Lingüística. Historia y modelo*, Síntesis, Madrid.

MARCOS MARÍN, R. & SÁNCHEZ LOBATO, J. (1991): *Lingüística aplicada*, Síntesis, Madrid.

MARSÁ, F. (2001): *Nuevos modelos para ejercicio lingüístico*, Ariel, Barcelona.

Martín Vide, C. (ed.) (1996): *Elementos de Lingüística*, Octaedro, Barcelona.

MARTINET, A. (1965): *Elementos de Lingüística general*, Gredos, Madrid.

MARTINET, A. (1971): *La Lingüística sincrónica*, Gredos, Madrid.

MARTINET, A. (1972): *La Lingüística*, Anagrama, Barcelona, 1972.

Martínez Celdrán, E. (1995): *Bases para el estudio del lenguaje*, Octaedro, Barcelona.

MEILLET, A. (1921): *Linguistique Historique et Linguistique Générale*, Société Linguistique de París, París.

MORENO CABRERA, J. C. (1991, 1995): *Curso universitario de Lingüística general I, II,* Síntesis, Madrid.

MOUNIN, G. (1969): *Claves para la Lingüística*, Anagrama, Barcelona.

MOUNIN, G. (1976): *La Lingüística en el siglo xx*, Gredos, Madrid.

MOUNIN, G. (1983): *Historia de la Lingüística*, Gredos, Madrid, 1983.

MOURELLE DE LEMA, M. (1977): *Historia y principios fundamentales de la Lingüística*, Prensa Española, Madrid.

NEWMEYER, F. (comp.) (1988): *Panorama de la Lingüística moderna de la Universidad de Cambridge I. Teoría lingüística: Fundamentos*, Visor, Madrid.

O'Grady, W., Dobrovolsky, M. & Katamba, F. (1997): *Contemporary Linguistics. An Introduction*, Longman, Londres.

PALMER, L. R. (1975): *Introducción crítica a la Lingüística descriptiva y comparada*, Gredos, Madrid.

PEDRETTI DE BOLÓN, A. (1978): *Antigua y nueva gramática*, Panel editores, Uruguay.

PORZIG, W. (1974): *El mundo maravilloso del lenguaje*, Gredos, Madrid.

POTTIER, B. (1968): *Lingüística moderna y filología hispánica*, Gredos, Madrid.

POTTIER, B. (1968): *Presentación de la Lingüística*, Alcalá, Madrid.

POTTIER, B. (1977): *Lingüística general*, Gredos, Madrid.

PRIETO, L. J. (1977): *Estudios de Lingüística y semiología generales*, Nueva Imagen, México.

ROBINS, R. H. (1964): *Lingüística general*, Gredos, Madrid.

ROBINS, R. H. (1980): *Breve historia de la Lingüística*, Paraninfo, Madrid.

RODRÍGUEZ ADRADOS, F. (1969): *Estudios de Lingüística general*, Planeta, Barcelona.

RODRÍGUEZ ADRADOS, F. (1969): *Lingüística estructural*, Gredos, Madrid.

RODRÍGUEZ ADRADOS, F. (1988): *Nuevos estudios de Lingüística general y de teoría literaria*, Ariel, Barcelona.

SABIN, A. & URRUTIA, J. (1974): *Semiología y Lingüística General*, Alcalá, Madrid.

Salazar García, V. (1998): *Léxico y teoría gramatical en la Lingüística del siglo xx*, Sabir ediciones, Barcelona.

SANTERRE, R. (1969): *Introducción al estructuralismo*, Nueva Visión, Buenos Aires.

SAPIR, E. (1974): *El lenguaje*, F.C.E., México.

SAUSSURE, F. de (1945): *Curso de Lingüística general*, Losada, Buenos Aires.

SIMONE, R. (1993): *Fundamentos de Lingüística*, Ariel, Barcelona.

SMITH, N. & WILSON, D. (1983): *Lingüística moderna*, Anagrama Barcelona.

TODOROV, T. (1969): *Introducción al estructuralismo*, Nueva Visión, Buenos Aires.

TRASK, L. (1998): *Language: the basics*, Routledge, Londres.

TUSÓN, J. (1984): *Lingüística. Una introducción al estudio del lenguaje con textos comentados y ejercicios*, Barcanova, Barcelona.

VERA LUJÁN, A. & GARCÍA BERRIO, A. (1977): *Fundamentos de teoría lingüística*, Comunicación, Madrid.

WANDRUSZKA, M. (1980): *Interlingüística. Esbozo para una nueva ciencia del lenguaje*, Gredos, Madrid.

WARDHAUGH, R. (1993): *Investigating Language. Central problems in linguistics*, Blackwell, Oxford.

WIDDOWSON, H. G. (1996): *Linguistics*, Oxford University Press, Oxford.

YLLERA, A. et alii (1983): *Introducción a la Lingüística*, Alhambra, Madrid.

YULE, G (1998): *El lenguaje*, Cambridge University Press, Cambridge.

B. ENCICLOPEDIAS Y PANORÁMICAS DE LA LINGÜÍSTICA.

A continuación presentamos algunas enciclopedias que nos aportan una visión general de la Lingüística.

ASHER, R. E. (ed.) (1994): *The Encyclopedia of Language and Linguistics*, Pergamon Press, Nueva York.

BRIGHT, W. (ed.) (1992): *International Encyclopedia of Linguistics*, Oxford University Press, Oxford.

COLLINGE, N. E. (ed.) (1990): *An Encyclopedia of Language*, Routledge, Londres-Nueva York.

CRYSTAL, D. (1994): *Enciclopedia del lenguaje de la Universidad de Cambridge*, Taurus, Madrid.

MALMKJAER, K. (1991): *The Linguistics Encyclopedia*, Routledge, Londres-Nueva York.

NEWMEYER, F. (coord.) (1993): *Panorama de la Lingüística moderna de la Universidad de Cambridge*, Visor, Madrid.

C. DICCIONARIOS TERMINOLÓGICOS.

Aunque presentamos a continuación de este apartado un glosario de los principales términos lingüísticos con la finalidad de que el alumno pueda consultar aquellos de mayor dificultad, la complejidad que conlleva la reflexión glotológica en un primer momento, nos aconseja la indicación de una serie de obras lexicográficas de apoyo.

ABRAHAM, W. (1981): *Diccionario de terminología lingüística actual*, Gredos, Madrid.

ALCARAZ VARÓ, E. & MARTÍNEZ LINARES, M. A. (1997): *Diccionario de Lingüística moderna*, Ariel, Barcelona.

BENSE, M. & WALTER, E. (1975): *La semiótica. Guía alfabética,* Anagrama, Barcelona.

BUSSMANN, H. (1996): *Routledge Dictionary of Language and Linguistics*, Routledge, Londres-Nueva York.

CARDONA, G. R. (1991): *Diccionario de Lingüística*, Ariel, Barcelona.

DUBOIS, J. et alii (1979): *Diccionario de Lingüística*, Alianza, Madrid.

DUCROT, O & TODOROV, T. (1974): *Diccionario enciclopédico de las ciencias del lenguaje*, Siglo XXI, Buenos Aires.

LÁZARO CARRETER, F. (1987): *Diccionario de términos filológicos*, Gredos, Madrid.

LEWANDOWSKI, K. (1982): *Diccionario de Lingüística*, Cátedra, Madrid.

MARTINET, A. (1972): *La Lingüística. Guía alfabética*, Anagrama, Barcelona.

MORENO CABRERA, J. C. (1998): *Diccionario de Lingüística neológico y multilingüe*, Síntesis, Madrid.

MOUNIN, G. (1974): *Dictionnaire de la linguistique*, Presses Universitaires de France, París.

PEI, M. & GAYNOR, F. (1965): *A Dictionary of Linguistics*, Peter Owen, Londres.

PÉREZ SALDANYA, M. (1998): *Diccionari de Lingüística*, Colomar editors, Oliva.

PHELIZON, J. F. (1976): *Vocabulaire de la linguistique*, Roudil, París.

POTTIER, B. (1985): *El lenguaje (Diccionario de Lingüística)*, Mensajero, Bilbao.

SEBEOK, T. A. (1986): *Encyclopedic Dictionary of Semiotics*, Mouton-de Gruyter, Berlín.

TRASK, L. (1996): *Student's Dictionary of Language and Linguistics*, Routledge, Londres-Nueva York.

WELTE, W. (1985): *Lingüística moderna: terminología y bibliografía*, Gredos, Madrid.

D. RECURSOS EN INTERNET.

Finalmente, presentamos una serie de páginas web en las que el alumno podrá encontrar información sobre aspectos relacionados con la Lingüística.

http://www.aelfe.org/
Asociación Europea de Lenguas para fines específicos.

http://cvc.cervantes.es
Centro Virtual Cervantes.

http://www.cervantesvirtual.com/seccion/lengua
Biblioteca Virtual Miguel de Cervantes, Portal de Lengua.

http://www.dialnet.unirioja.es
Base de datos bibliográfica catalogada por autores, textos, revistas, etc.

http://www.educaweb.com/cursos/linguistica-aplicada-a-la-traduccion-643166.html
Oferta de cursos sobre la Lingüística y la Traducción.

http://www.ua.es/dpto/dfelg/publicaciones/estudios-linguistica/
Revista Estudios de Lingüística, Universidad de Alicante (ELUA).

http://www.griale.es/
Grupo de Investigación para la Pragmática y la Ironía del Español, Universidad de Alicante

http://www.iula.upf.edu/
Institut Universitari de Lingüística Aplicada, Universitat Pompeu Fabra.

http://latindex.com

Sistema regional de información en línea para revistas científicas de América Latina, el Caribe, España y Portugal. Directorio, catálogo e índice.

http://.liceus.com/cgi-bin/aco/ling_geral/index.asp
Portal de Humanidades con una página de Lingüística general con temas de divulgación y artículos especializados.

http://www.maec.es/es/Home/Paginas/HomeEs.aspx
Ministerio de Asuntos Exteriores y de Cooperación.

http://www.rae.es/rae.html
Real Academia Española.

http://rua.ua.es/
RUA: Repositorio Institucional de la Universidad de Alicante.

http://www.sil.org/
Summer Institute of Linguistics.

http://www.uned.es/sel/
Sociedad Española de Lingüística.

http://www.eblul.org
Promoción de la diversidad lingüística en España.

http://www.portalingua.info
Información de recursos lingüísticos existentes en internet.

GLOSARIO GENERAL

A continuación presentamos las nociones lingüísticas que aparecen definidas en los glosarios que figuran en los distintos capítulos del libro. Tras ella indicamos el número del capítulo o capítulos en los que pueden consultarse las definiciones de las mismas.

A
Acontecimientos de habla: 5.
Acto ilocutivo: 5.
Acto locutivo: 5.
Acto perlocutivo: 5.
Actos compromisivos: 5.
Actos de enunciación: 5.
Actos de habla: 5.
Actos declarativos: 5.
Actos directivos: 5.
Actos expresivos: 5.
Actos ilocucionarios: 5.
Actos perlocucionarios: 5.
Actos proposicionales: 5.
Actos representativos: 5.
Actualización: 3.
Actualizador: 3.
Adecuación: 1.
Aislada: 2.
Alofono: 2.
Alomorfo: 3.
Alteridad: 2.
Análisis conversacional: 5.
Análisis del discurso: 4.
Antonimia: 4.
Antropología lingüística: 5.
Archilexema: 4.

Archisemema: 4.
Atomismo: 1.
Atribución: 3.

B
Base: 2.
Binarismo: 4.

C
Campo léxico: 4.
Campo semántico: 4.
Categoría básica: 3.
Categoría contextual: 3.
Categoría lingüística: 3.
Categoría primaria: 3.
Categoría secundaria: 3.
Categoría semántica: 4.
Categoría terciaria: 3.
Cero: 2.
Clase distribucional: 1.
Coherencia: 4.
Cohesión: 4.
Competencia comunicativa: 6.
Conductismo: 5.
Connotación: 4.
Consustancialidad cuantitativa: 1.
Contenido absoluto: 1.

Contenido relativo: 1.
Contenido: 1.
Continuidad: 7.
Coordinación: 3.
Correlación: 2.
Cuantificador: 3.

D
Designación: 4.
Diferencial: 2.
Diglosia: 5.
Dinamicidad terminológica: 7.
Discontinuidad: 7.
Disjunta: 2.
Distribución: 1.
Distribución complementaria: 1.

E
Elementos de relación: 3.
Enfoque comunicativo: 6.
Enunciado: 4.
Equivalencia distribucional. 1.
Etnolingüística: 5.
Etnometodología: 5.
Expresión: 1.

F
Facultativo: 3.
Filosofía analítica del lenguaje: 5.
Filosofía del lenguaje: 5.
Filosofía espontánea: 7.
Filosofía hermenéutica
del lenguaje: 5.
Fonema: 2.
Fonemática: 2.
Fonética acústica: 2.
Fonética articulatoria: 2.
Fonética descriptiva: 2.
Fonética general: 2.

Fonética histórica: 2.
Fonética: 2.
Fono: 2.
Fonología descriptiva: 2.
Fonología diacrónica: 2.
Fonología general: 2.
Fonología: 2.
Fonón: 2.
Forma fonética: 1.
Forma lexicológica: 1.
Forma morfológica: 1.
Forma: 1.
Formalista: 7.
Formante: 3.
Formulación: 4.
Función combinatoria: 1.
Función contrastiva: 1.
Función fonológica: 1.
Función semántica: 1.
Función sintáctica: 1.

G
Género próximo: 4.
Glosodidáctica: 6.
Gramaticalización: 3.
Grupo funcional: 4.
Gramema: 3.

H
Habla Objeto: 7.
Hermenéutica inmanente: 7.
Hermenéutica trascendental: 7.
Hermenéutica: 7.
Heterogéneo: 3.
Heterosintagmático: 3.
Hilemórfico: 1.
Homogénea: 2.
Homogéneo: 3.
Homonimia: 4.

Homosemia: 4.
Homosintagmático: 3.
Humanista: 7.

I

Identificación: 4.
Ignorancia: 7.
Implicaciones: 5.
Incidencia: 3.
Inclusión distribucional: 1.
Infraestructura: 1.
Instrumentalismo: 6.
Intersección distribucional: 1.
Intervención contextual: 7.
Introductor: 3.

L

Lengua objeto: 7.
Lenguaje sujeto: 7.
Lexema: 4.
Lexía: 4.
Lexicalización: 4.
Léxico: 4.
Lexicología: 4.
Lingüística clínica: 6.
Lingüística computacional: 6.
Lingüística de *corpora*: 6.
Lingüística textual: 4.
Lógicamente equipolente: 2.
Lógicamente privativa: 2.

M

Macrosociolingüística: 5.
Marca funcional: 1.
Materia: 1.
Máxima de aprobación: 5.
Máxima de cantidad: 5.
Máxima de cualidad: 5.

Máxima de generosidad: 5.
Máxima de modestia: 5.
Máxima de modo o manera: 5.
Máxima de pacto: 5.
Máxima de relevancia: 5.
Máxima de solidaridad: 5.
Máxima de tacto 5.
Máximas conversacionales: 5.
Metáfora: 4.
Método audiolingual: 6.
Método de gramática-traducción: 6.
Método directo: 6.
Método estructural: 1.
Metonimia: 4.
Microsociolingüística: 5.
Monema: 3.
Morfema: 3.
Morfo: 3.
Morfología: 3.
Morfonología: 3.
Mundo lingüístico observado: 7.
Mundo lingüístico preferido: 7.
Mundo lingüístico previsto: 7.

N

Narratología: 4.
Neurolingüística: 5.
Nexo: 3.
Núcleo: 3.

O

Ocultamiento: 7.
Onomasiología: 4.
Oración: 3.
Ortofonía: 2.

P

Paradigma Idealista: 7.

Teoría modular: 5.
Tesis: 7.
Texto: 4.
Traductología: 6.
Transcategorización: 3.
Trapecio metodológico: 1.
Triángulo metodológico: 1.
Turno: 5.

V

Variación libre: 1.
Virtuema: 4.
Vocabulario: 4.

Y

Yuxtaposición: 3.

CONTRATO DE APRENDIZAJE

ESTA GUÍA DOCENTE PERTENECE A:

....

DEL GRUPO .... CORRESPONDIENTE AL CURSO

ACADÉMICO ……………..……………..

Por la presente hago constar que todas las anotaciones que aparecen en la misma son personales y fruto de mis estudios.

Fdo.: El alumno

Vº Bº: El profesor

Fecha: ……………….....